U0924355

行政法基础理论与实践

段艳鸽　窦艳群　刘　娟◎著

中国出版集团
中国民主法制出版社
全国百佳图书出版单位

图书在版编目（CIP）数据

行政法基础理论与实践 / 段艳鸽，窦艳群，刘娟著
. — 北京：中国民主法制出版社，2023.3
ISBN 978-7-5162-3145-6

Ⅰ. ①行… Ⅱ. ①段… ②窦… ③刘… Ⅲ. ①行政法－研究－中国 Ⅳ. ① D922.104

中国国家版本馆 CIP 数据核字 (2023) 第 045316 号

图书出品人：刘海涛
出 版 统 筹：石　松
责 任 编 辑：刘险涛

书　　名 / 行政法基础理论与实践
作　　者 / 段艳鸽　窦艳群　刘　娟　著

出版·发行 / 中国民主法制出版社
地址 / 北京市丰台区右安门外玉林里 7 号（100069）
电话 /（010）63055259（总编室）　63058068　63057714（营销中心）
传真 /（010）63055259
http: //www.npcpub.com
E-mail: mzfz@npcpub.com
经销 / 新华书店
开本 / 16 开　787 毫米 ×1092 毫米
印张 / 12.75　**字数** / 242 千字
版本 / 2023 年 8 月第 1 版　2023 年 8 月第 1 次印刷
印刷 / 廊坊市源鹏印务有限公司

书号 / ISBN 978-7-5162-3145-6
定价 / 58.00 元
出版声明 / 版权所有，侵权必究。

（如有缺页或倒装，本社负责退换）

目　录

第一章　行政法学体系及学科发展

第一节　行政法的历史沿革

一、行政法概述

行政法是关于行政权的授予、行政权的行使以及对行政权的监督的法律规范，调整的是行政机关与行政管理相对人之间因行政管理活动发生的关系，遵循职权法定、程序法定、公正公开、有效监督等原则，既保障行政机关依法行使职权，又注重保障公民、法人和其他组织的权利。

我国十分重视对行政机关行使权力的规范，依法加强对行政权力行使的监督，确保行政机关依法正确行使权力。我国制定了行政处罚法，确立了处罚法定、公正公开、过罚相当、处罚与教育相结合等基本原则，规范了行政处罚的设定权，规定了较为完备的行政处罚决定和执行程序，建立了行政处罚听证制度，行政机关在作出对当事人的生产生活可能产生重大影响的行政处罚决定前，赋予当事人要求听证的权利；制定了行政复议法，规定了行政机关内部自我纠正错误的机制，为公民、法人和其他组织合法权益提供救济；制定了行政许可法，规定了行政许可的设定、实施机关和实施程序，规范了行政许可制度，并为减少行政许可，明确了可以设定行政许可的事项，同时规定，在公民、法人或者其他组织能够自主决定、市场竞争机制能够有效调节、行业组织和中介机构能够自律管理、行政机关采用事后监督等其他行政管理方式能够解决的情形下，不设行政许可；制定了行政强制法，明确了设定和实施行政强制的原则，规范了行政强制的种类、设定权限、实施主体和实施程序，为保证和监督行政机关依法行政，保护公民、法人和其他组织的合法权益，提供了法律依据。

二、行政法发展阶段

我国现有的行政法体系建立主要是在十一届三中全会以后，为了使被破坏的各级国家行政机关尽快恢复运转，使混乱的社会秩序尽快恢复稳定，国家出台了一系列有关国家政权组织建设和社会秩序维护的法律。1982 年，这一年，诞生了两部具有重要意义的法律：一是《宪法》；二是《国务院组织法》。这部宪法被称为“八二宪法”是现行宪法的蓝本。“八二宪法”将“公民的基本权利和义务”一章首次置于“国家机构”一章之前，表明了国家权力来源于人民。确立了国家的一切权利属于人民的宪法原则。这一时期，有关行政组织管理方面的一批法律法规相继出台。通过立法形式，首次确认了民主集中制下的行政首长负责制，确立了领导人任期制和限任制，也建立了审计制度，恢复了行政监察制度。

行政权是一把双刃剑，为了保证行政权能恰到好处的保护公民权利和利益，对行政权既要提供法律保障，又要加强监督制约。1989 年《行政诉讼法》的通过拉开了我国行政法建设的新篇章，这标志着我国行政法治建设的重心已经实现了从重建行政权向规范、监督行政权的转变。

《行政诉讼法》的出台，公民对于行政机关侵犯其合法权益的行为有了稳定的司法救济渠道。《行政诉讼法》首次确立了“民可以告官”制度。这一法律制度的确立，从“民不告官”的古训中抽身而出，表明我国法治建设开始转向以人为本，使法治建设注入了人文精神。除了确立“民告官”制度，《行政诉讼法》明确规定：行政机关做出的行政行为如果违反法定程序，人民法院可以判决撤销该行为。《行政诉讼法》第一次在立法上将程序违法提到了与实体违法同等重要的位置，有力地推动了我国行政程序立法的发展。在此原则指导下，全国人大常委会相继制定了《国家赔偿法》，国务院也颁布了《行政复议条例》等一批监督行政行为的法律、法规。以行政复议、行政诉讼和国家赔偿制度为载体的，具有我国特色的行政监督和救济制度基本确立。

行政法法治发展，开始重视和加强程序立法。1996 年《行政处罚法》的颁布实施，创立了听证制度，标志着我国行政法治建设由对行政权进行事后监督转变为对行政权进行程序控制的阶段。《行政处罚法》于 2009 年、2017 年、2021 年进行三次修正，增加了规定通报批评、降低资质等级、限制开展生产经营活动、限制从业等行政处罚种类，扩宽了行政处罚的种类和途径。

为了规范行政处罚自由裁量权的行使，新修订的《行政处罚法》完善了从轻、减轻处理的情况，增加规定了“当事人有证据足以证明没有主观过错的，不予行政处罚”。

《行政处罚法》出台之后，《行政复议法》（1999 年）、《立法法》（2000 年）、《行政许可法》（2004）相继出台。2012 年《行政强制法》生效实施，规范了行政强制的设定与实施，在一定程度上解决了“乱强制”的问题。以《行政处罚法》《行政许可法》《行政强制法》三部法律为依托，我国初步建立起了具有中国特色的行政行为法体系。

在依法治国基本方略的指引下，我国特色社会主义法律体系以完善经济法治为龙头，拓展到各个社会关系领域，涵盖社会关系各个方面的法律部门已经齐全，各个法律部门中基本的、主要的法律已经制定。2011 年 10 月，国务院发布《我国特色社会主义法律体系》白皮书，正式宣告我国特色社会主义法律体系已经形成。

随着行政法的发展，对行政法规范化、体系化的要求，以及出台行政法典和的呼声越来越高。相较于单行法律的创制，法典化的立法逻辑更具系统性、完整性和复杂性。以成文法为主要法律渊源的国家，法典编纂更映射出其立法技术法治化水平，我国行政法也正在朝这个方向努力。

三、行政法律体系

改革开放至今，我国已经出台了大量的行政法律、法规、规章，建立起相对完善的行政法学科体系。我国行政法学的体系主要包括以下四个部分。

（一）行政法的基本理论

主要包括行政法的一些基础知识，例如，行政和行政法的内涵和外延，行政法律关系的主体、客体和内容，行政法的渊源、调整对象、基本原则等。

（二）行政组织法

行政组织法是规范行政组织、控制行政组织的法。从现行有效的《国务院组织法》《地方各级人民代表大会和地方各级人民政府组织法》的规定来看，行政组织法主要涉及行政机关的设置、性质、隶属关系、职责权限、任职期限、工作原则以及职务设置等内容。

行政组织法应包括以下内容。

1. 行政组织的权限。随着现代经济和社会的发展，行政组织的权限呈扩张趋势，其范围不再局限于传统意义的行政性，而不断向立法与司法领域渗透。对行政组织的权限，行政组织法应当界定行政权的范围，明确法无授权不可为的原则。

2. 中央与地方的权力分配及相互关系。中央与地方的权力分配及相互关系应以法律形式加以明确，从而排除了中央与地方关系的随意性、无约束力等弊病。

3. 行政机构的设置。按照宪法的规定，我国的行政机关是指中央和地方的各级人民政府，行政机构是指行政机关下设的工作部门和办事机构等。关于地方各级人民政府下属行政机构的设置，原则上宜由地方各级人民代表大会根据当地的实际需要来确定，中央只是在整体规模上加以控制。中央行政机构的设置应通过制定各行政机构设置法来加以规范。

4. 行政编制管理制度。行政编制一般是指行政机构内部的数量定额、人员结构比例和领导职数。行政编制的管理在行政管理中占有重要地位，其好坏直接影响到行政组织的整体结构及功能的发挥，并对行政效率产生重大影响。

5. 公务员管理制度。公务员管理制度，简称为公务员制度，是指国家遵循民主、平等、公平、优化等原则，在科学分类的基础上建立的一整套公务员的考试、录用、任免、培训、晋升、奖惩、退休退职等制度。公务员法属于行政组织法的范畴，它的主旨在于建立一支优秀、稳定的公务员队伍，以确保行政组织处于最佳的运转状态。

行政组织法是实现依法行政的法律保障，是健全其他具体行政法律制度的基础，是改变行政管理无序化的重要手段，在行政法律体系中具有重要地位。

（三）行政行为法

行政行为法是规范行政主体实施行政管理行为的法律规范总称，包括行政立法行为、行政执法行为、行政司法行为等。比如，行政许可、行政处罚、行政强制的设定、原则、实施、程序，行政机关的职责、相对人的权利义务，法律责任等。

行政行为法应包括以下内容。

1. 行政立法，是指国家行政机关依照法律规定的权限和程序，制定行政法规和行政规章的活动。我国的行政立法，是“行政”性质和“立法”性质的有机结合。它既具有行政的性质，是一种抽象行政行为，又具有立法的性质，是一种准立法行为。

行政立法的“行政”性质主要表现在：（1）行政立法的主体是国家行政机关；（2）行政立法所调整的对象主要是行政管理事务及与行政管理密切关联的事务；（3）行政立法的根本目的是实施和执行权力机关制定的法律，实现行政管理职能。

行政立法的“立法”性质主要表现在：（1）行政立法是有权行政机关代表国家，以国家名义创制法律规范的活动；（2）行政立法所制定的行为规则属于法的范畴，具有法的基本特征；（3）行政立法必须遵循相应的立法程序。

2. 行政许可，是指国家行政机关根据相对人的申请，依法以颁发特定证照等方式，准许相对人行使某种权利，获得从事某种活动的资格的一种具体行政行为。许可证是行政许可的基本表现形式。许可证在当今社会生活中的许多领域应用，如，人们在经济、文化活动以及日常生活中常见的经营许可证、土地使用许可证、占道许可证、卫生许可证、捕捞许可证、驾驶执照、护照等。

3. 行政处罚，是指行政主体为了处罚违法者，有效实施行政管理，维护社会秩序，依法则行政相对人违反行政法律法规而尚未构成犯罪的行为，予以人身、财产、名誉等形式的法律制裁的行政行为。行政处罚的主体是行政主体，实施行政处罚必须依据法定权限。除非法律另有规定的，行政处罚权只能由行政主体行使；而且行政主体在实施行政处罚时，必须严格依据法定权限。

4. 行政强制是指行政主体为实现行政目的，对相对人的财产、身体及自由等予以强制而采取的措施。行政强制执行是现代法治国家中行政强制的最为基本的类型。此外，行政上的即时强制、行政调查中对相对人施加的各种强制措施，都可以归类于行政强制范畴。

5. 行政合同也叫行政契约，指行政机关为达到维护与增进公共利益，实现行政管理目标之目的，与相对人之间经过协商达成一致的协议。在行政合同之中，行政主体并非以民事法人的身份与行政相对人订立关于民事权利义务的协议而是以合同的方式来达到维护与增进公共利益的目的。在其间行政主体享有行政优益权。行政合同双方当事人因为履行行政合同发生争议，受行政法调整．根据行政法的相关原则，通过行政救济方式解决。我国的行政合同主要有国有土地使用权出让合同、全民所有制工业企业承包合同、公用征收补偿合同、国家科研合同、农村土地承包合同、国家订购合同等。

6. 行政征收，是指行政主体根据法律规定，以强制方式无偿取得相对人财产所有权的一种具体行政行为。从我国现行法律、法规的规定来看，行政征收的内容主要有税收征收、建设资金征收、资源费征收、排污费征收、管理费征收、滞纳金征收。以行政征收发生的根据为标准，可以分为以下三大类：因使用权而引起的征收，资源费、建设资金征收属于此类；因行政法上的义务而引起的征收，税收、管理费的征收属于此类；因违反行政法的规定而引起的征收，排污费、滞纳金的征收属于此类。

7. 行政裁决，是指依法由行政机关依照法律授权，对当事人之间发生的，与行政管理活动密切相关的、与合同无关的民事纠纷进行审查，并作出裁决的行政行为。行政裁决的种类包括如下内容。

（1）权属纠纷的裁决。权属纠纷是指双方的当事人因某一财产的所有权或使用权的归属产生争议，包括草原、土地、水、滩涂及矿产等自然资源的权属争议，双方当事人可依法向有关行政机关请求确认，并作出裁决；（2）侵权纠纷的裁决。侵权纠纷是由于一方当事人的合法权益受到他方的侵犯而产生的纠纷，例如，对商标权、专利权的侵犯引起的纠纷；（3）损害赔偿纠纷的裁决。损害赔偿纠纷是指一方当事人的权益受到侵害后，要求侵害者予以损害赔偿所引起的纠纷。广泛存在于治安管理、食品卫生、药品管理、环境保护、医疗卫生、产品质量、社会福利等方面。

8. 行政程序是指行政机关行使行政权力，作出行政行为所应遵循的方式、步骤、顺序和期间的总和。行政程序的基本原则包括、程序法定原则、相对方民主参与原则、行政效率原则、程序公证原则。行政程序的基本制度，包括行政听证制度、信息公开制度、行政调查制度、说明理由制度、行政案卷制度、行政回避制度。

9. 行政救济，是指国家为排除行政行为对公民、法人和其他组织的合法权益的侵害，而对违法或不当行政行为予以消灭或变更的一种法律补救机制。行政救济行为都具有法律效力，可以变更或者消灭违法或不当的行政行为。

10. 行政给付，也称行政物质帮助，是指行政主体在公民年老、疾病或丧失劳动能力等情况下，依法为其提供物质利益或与物质利益有关的权益的具体行政行为。行政给付是凭借国家的力量对特殊困难的人进行帮助，随着社会的不断进步，国家不断富足，这种行为将被更加广泛的适用。目前在我国主要有以下几种形式：（1）抚恤金，抚恤的对象包括残疾军人、因公致残的职工及其他人员，以及革命烈士、牺牲人员的遗属等；（2）最低生活保障费，城市居民最低生活保障制度的保障对象是家庭人均收入低于当地最低生活保障标准的持有非农业户口的城市居民；（3）社会保险金，是指公民在年老、疾病、失业和出现法定事由时，由国家发给本人用以承担养老、医疗、维持家庭生活等必要支出的费用；（4）自然灾害救济金及救济物资，主要包括生活救济费和救济物资，解决灾民吃、穿、住及医疗等困难，扶持灾民开展生产自救的经费和物资。

11. 行政确认，是指行政主体所具有的确认或否定相对方的法律地位或权利义务的单方法律行为。例如，道路交通事故责任认定，医疗事故责任认定，伤残等级的确定，产品质量的确认。行政确认有稳定法律关系，减少各种纠纷，保障社会安定秩序，保护公民、法人或其他组织合法权益的重要作用，因而适用于广泛的范围。

12. 行政命令，是指行政主体依法要求相对方进行一定的作为或不作为的意思表示，是行政行为的一种形式。行政命令的内容只涉及相对方的义务，而不涉及相对方的权利。义务内容就性质而言有两种，即作为义务和不作为义务。行政命令行为通过三种形式表现出来，即书面形式、口头形式和动作形式。

（四）行政救济法

“有权利必有救济，有侵害必有保护。”现代行政法治要求对行政主体实施行政行为所造成的侵害必须予以法律上的补救，这就是行政救济。行政救济是指行政相对人认为行政违法或不当的行政行为侵犯了自己的合法权益时，有权请求有关国家机关给予补救的法律制度的总称。行政救济方面包括行政复议，行政诉讼和行政赔偿等。

行政救济法的组成包括以下四个方面。

1. 行政复议法，指行政机关应行政相对人的申请，对其认为侵犯其合法权益的具体行政行为进行受理、审查并做出决定的活动。

2. 行政赔偿法，指由于行政主体的行政侵权行为而使行政相对人的合法权益受到损害时，由国家承担赔偿责任的制度。

3. 行政诉讼法，指行政相对人认为行政机关的具体行政行为侵害了自己的合法权益，依法向人民法院提起诉讼，请求人民法院审查具体行政行为的合法性并做出裁判的一种活动。

4. 行政补偿法，指由于行政主体合法的行政行为造成行政相对人损失而由国家对其进行救济的法律制度。

以案释法：某公司诉某市住房公积金管理中心撤销行政处理案

【法律要点】

住房公积金是单位及其职工必须依法缴存的长期住房储金，其缴存具有强制性和专属性。《住房公积金管理条例》对住房公积金的缴存范围、对象、数额、方式、期限以及提取、使用、管理、监督等方面均作出了明确规定。国家对住房公积金实行强制储蓄、专户存储制度，单位应当按照法定方式和数额及时为职工缴存住房公积金，不得通过协商改变缴存方式或者减免缴存义务。

【案情简介】

第三人顾章泽原为原告鸿兴公司销售员。2016 年 1 月 14 日，第三人向原告鸿兴公司出具承诺书载明：“经济上与公司两清”。同年 1 月 19 日，原告向第三人出具终止、解除劳动合同证明并办理了退工登记。2016 年 4 月，第三人向被告公积金中心提出“住房公积金追偿申请书”，请求被告为第三人向原告追偿“自 2011 年 9 月至 2016 年 1 月（共计 53 个月）劳动关系存在期间”的应得住房公积金及滞纳金。被告查明，原告在与第三人劳动关系存续期间，确未替第三人缴纳住房公积金，遂于 2016 年 7 月 4 日作出镇公积金行政处理〔2016〕第4号行政处理决定书，责令原告为第三人补缴自2011年9月至2016年1月劳动关系存续期间应缴未缴的住房公积金6913元、第三人补缴6913元。

另查明，第三人顾章泽于2016年3月向江苏省某市润州区人民法院起诉本案原告鸿兴公司，要求原告补足其工资差额、支付经济补偿金等，某市润州区人民法院于2016年6月6日作出一审判决，判决中确认第三人与原告于2016年1月协议解除劳动关系合法有效。该判决已生效。对此，被告公积金中心在作出行政处理决定前已知悉。

江苏省某市润州区人民法院一审认为：

《住房公积金管理条例》第一条规定："为了加强对住房公积金的管理，维护住房公积金所有者的合法权益，促进城镇住房建设，提高城镇居民的居住水平，制定本条例。"第三条规定："职工个人缴存的住房公积金和职工所在单位为职工缴存的住房公积金，属于职工个人所有。"从以上规定可以看出，住房公积金属于劳动者的个人权益，《住房公积金管理条例》的目的之一在于保护劳动者的合法权益。既然住房公积金属于劳动者的个人权益，劳动者就有权处分。本案中，第三人顾章泽在与原告鸿兴公司协议解除劳动关系时向原告出具承诺"经济上与公司两清"，该承诺现无证据表明非第三人的真实意思表示，应视为第三人已经处分了自己和原告有关的经济利益，之后不得再向原告主张权利，具体到本案而言就是第三人在与原告协议解除劳动关系时已经放弃了要求原告为其缴纳住房公积金的权利。"有权利就有救济"，既然已经放弃权利，就无救济之必要。因此，被告公积金中心再行介入已失去前提条件，其作出的行政处理决定无法律、法规依据，应予撤销。原告诉请成立，应予支持。

据此，江苏省某市润州区人民法院依照《中华人民共和国行政诉讼法》第七十条第（二）项之规定，于2017年5月26日作出判决：撤销被告某市住房公积金管理中心作出的镇公积金行政处理〔2016〕第4号行政处理决定书。

公积金中心不服一审判决，向江苏省某市中级人民法院提起上诉。

【裁判结果】

二审法院依照《行政诉讼法》第八十九条第一款第（二）项、第三款之规定，于2017年10月11日判决如下：

一、撤销江苏省某市润州区人民法院〔2017〕苏1111行初1号行政判决；

二、驳回鸿兴公司要求撤销镇公积金行政处理〔2016〕第4号行政处理决定的诉讼请求，

【以案释法】

住房公积金是国家机关、国有企业、城镇集体企业、外商投资企业、城镇私营企业及其他城镇企业、事业单位、民办非企业单位、社会团体及其在职职工缴存的长期住房储

金。《住房公积金管理条例》（以下简称《条例》）对住房公积金的缴存范围、对象、数额、方式、期限以及提取、使用、管理、监督等方面均作出了明确规定。《条例》第十三条规定，住房公积金管理中心应当在受委托银行设立住房公积金专户。单位应当向住房公积金管理中心办理住房公积金缴存登记，并为本单位职工办理住房公积金账户设立手续。每个职工只能有一个住房公积金账户。第十九条规定，职工个人缴存的住房公积金，由所在单位每月从其工资中代扣代缴。单位应当于每月发放职工工资之日起5日内将单位缴存的和为职工代缴的住房公积金汇缴到住房公积金专户内，由受委托银行计入职工住房公积金账户。第二十条第一款规定，单位应当按时、足额缴存住房公积金，不得逾期缴存或者少缴。第三十八条规定，违反本条例的规定，单位逾期不缴或者少缴住房公积金的，由住房公积金管理中心责令限期缴存；逾期仍不缴存的，可以申请人民法院强制执行。由此可见，国家对住房公积金实行强制储蓄、专户存储制度，用人单位为职工缴纳的住房公积金应当依法缴存至职工的住房公积金账户，用人单位逾期不缴或者少缴住房公积金的，住房公积金管理中心可以责令限期缴存。

用人单位为职工缴存公积金系其法定义务，缴存的数额和方式也属于法律强制性规定，因此用人单位与职工不得通过协商改变缴存方式或者减免缴存义务。本案中，镇劳人仲案字〔2016〕第52号仲裁裁决和〔2016〕苏1111民初973号民事判决均未确定“经济上与公司两清”包含应缴纳的住房公积金款项。况且，无论一审第三人顾章泽出具“经济上与公司两清”的承诺是否包含对公积金的约定，都不能免除被上诉人鸿兴公司按照法定方式和数额及时为原审第三人顾章泽缴存住房公积金的法定义务。鸿兴公司提出其与一审第三人解除劳动关系时已经达成协议，不再负有任何法定义务的抗辩理由不能成立。

本案上诉人公积金中心接到一审第三人顾章泽的投诉后，经调查核实，认定在顾章泽任职期间，被上诉人鸿兴公司未为其按期足额缴纳住房公积金，遂按照每年度住房公积金缴纳比例计算出鸿兴公司应补缴住房公积金数额，并告知了鸿兴公司拟对其作出责令限期补缴处理决定的事实、理由及依据，而后作出镇公积金行政处理〔2016〕第4号行政处理决定书，责令鸿兴公司和顾章泽分别补缴住房公积金6913元，并送达各方当事人。公积金中心作出的上述行政处理决定书认定事实清楚，程序合法，适用法律正确。一审判决撤销公积金中心作出的镇公积金行政处理〔2016〕第4号行政处理决定书，属适用法律错误，应予纠正。

本判决为终审判决。

第二节　行政法典化

建设中国特色社会主义法治国家，必须有完善的中国特色社会主义法律体系。建设法治政府，同样必须有完备且完善的行政法体系。为行政权力定规矩、划界限，把权力关进制度的笼子里，是依法治国的基本要求，制定一部规范所有行政行为，在行政法体系中起纲要性、通则性、基础性作用的行政基本法典，是行政法学人孜孜以求的梦想；是解决法治政府建设规范化指引和碎片化行政立法之间矛盾的现实需要；也是总结我国几十年法治政府建设、行政改革的实践智慧，与时俱进、继往开来，引领中国行政法迈向自主发展的时代需要。

一、行政法法典化的历史沿革

行政法典是将一国行政法的一般原则和基本规范编纂在一起，形成一个统一的、有内在逻辑联系的法律规范体系。回顾历史，我国古代即有行政立法法典化的滥觞。722 年，大唐王朝正处于“开元盛世”的鼎盛时期，唐玄宗钦命“诏书院撰《六典》以进”，经过动议编撰、体例规划、实际编撰、撰注完善四个阶段，历时十六年，颁布了垂范后世的《大唐六典》。

《大唐六典》通过对行政法律的体系化来构建行政权力的运作秩序，成为我国历史上最早具有行政性质的法典，《大唐六典》对中央和地方国家机关机构、编制、职责、人员、品位、待遇等进行精致的设定，其修典技术，对此后明清行政法典的建设产生重要影响，直至清代的《五朝会典》，中国封建社会最为完备的行政法典就此形成。中华民国时期，先后制定了《中华民国国民政府组织法》《诉愿法》《行政诉讼法》，并汇编形成六法全书中的行政法编。

新中国成立后，1954 年 9 月 20 日，1197 名代表以无记名投票方式全票通过了《中华人民共和国宪法》。同一天，第一届全国人民代表大会第一次会议主席团以“中华人民共和国全国人民代表大会公告”的形式公布了这部宪法，确立人民当家作主的地位，明确各级各类行政机关的职权范围，社会主义制度下行政法律体系化探索由此拉开序幕。改革开放后，具有中国特色的社会主义行政法治建设迎来了快速发展。1985 年，时任全国人大法律委员会顾问的陶希晋召集国内顶尖学者，成立行政立法研究组，曾尝试制定一部《行政法大纲》，鉴于实践和理论的准备尚不充分，制定时机不成熟，研究组调整立法方向，改为先制定行政诉讼法。1989 年，行政诉讼法的颁布，成为新中国行政立法的重要里程碑，实现行政法在诉讼领域的法典化。此后，我国先后出台行政复议法、国家赔偿法、行政处罚法、行政许可法、行政强制法、公务员法等一系列规范和监督行政管理活动的基本法律规范；同时，在部门行政法领域也制定和颁布了教育法、环境保护法、治安管理处罚法、土地管理法等法律。

经过改革开放后三十年行政立法的不懈探索，我国的行政法律规范已经初步形成了一个结构相对合理、层次较为分明的规范体系，积累了丰富的立法技术经验，进行行政法典编纂工作的时机已经成熟。

二、行政法法典化提上了国家立法工作日程

2021 年，习近平总书记在《坚定不移走中国特色社会主义法治道路，为全面建设社会主义现代化国家提供有力法治保障》一文中明确提出："民法典为其他领域立法法典化提供了很好的范例，要总结编纂民法典的经验，适时推动条件成熟的立法领域法典编纂工作。"继民法典之后，习近平总书记对其他领域法典编纂提出了殷切希望。4 月 16 日，经第十三届全国人民代表大会常务委员会第 91 次委员长会议修改通过的《全国人大常委会 2021 年度立法工作计划》要求"研究启动环境法典、教育法典、行政基本法典等条件成熟的行政立法领域的法典编纂工作"。行政法法典化从学术界的呼声，开始提上了国家立法工作日程。

据全国人大法工委发言人臧铁伟介绍，截至 2021 年 1 月 1 日，我国现行有效法律共 274 件。其中，行政法 92 件，在中国特色社会主义法律体系约占三分之一，还有大量的行政法规、规章，如此庞大的行政法规范体系，一方面说明我国行政法规范已遍及各个社会领域，行政法体系已具有一定的完备性；另一方面，由于缺乏一个基础性的总体的统一的规范与约束，各部门法，各地方法之间，也不可避免在内容上常常发生交叉、重复，甚至冲突，影响政府的效能，影响公民权利和官民关系，影响经济社会的稳定和发展。行政法典作为行政法体系化的重要载体，对于推进国家法律的体系化具有重要意义。一方面有利于实现行政法规则的价值统一、内容协调、制度整合；另一方面也有利于我国法律制度整体的体系化、科学化。

法典编纂是对一个领域中相关法律规范进行系统整理的过程，通过法典化，可以将行政法领域中共通的一些概念、规则和原则作为一般性规定加以明确，避免单行法中不必要的重复，并减少因立法主体和立法时间的不同而导致的矛盾和冲突。行政立法法典化是避

免各自为政的治本良药。行政立法法典化，可以减少法律规范之间的冲突，从源头上防止行政管理中因职权不清、相互推诿或者争权夺利导致的各种行政争议发生。行政立法的法典化，为构建统一、完整、有序的行政法体系提供有效路径，为整合多元利益、容纳不同价值，实现良法善治铺平道路。行政立法法典化是提高法治效率的重要保障。分散的行政法规范，给法律实践带来潜在的不确定性，不仅容易侵害相对人的合法权利，更容易导致行政权力的滥用，降低政府公信力。建立内在统一、完整有序的行政法体系，实现行政立法法典化，可以为行政执法和行政诉讼提供标准化的规范指引，减轻法律适用的负担，提升法律实施效率。

三、行政法典化的理论探讨和建构设想

法典作为对某一法律部门中的重要原则和规范进行系统性规定的立法文件，具有概念严谨、逻辑严密、系统完整等优点，是人类法治和政治文明发展的重要成果。行政法与民法、刑法，在国家法律体系中，称为三大基础法律体系。目前，我国已经实现民法、刑法法典化，唯独行政法因其规范的政府管理活动极为广泛复杂且变动迅速，成为法典化立法的现实难题。同样，怎样将纷繁复杂、包罗万象的政府管理行为，形成规划化、体系化，纳入统一的法典进行调整，一直也是世界性立法难题。行政法典化路径如何实现，体系结构应当如何搭建，遵循什么样的指导原则等，是法典编纂面临的首要问题，也是开启立法行动的理论铺垫。

（一）指导思想

行政立法法典化，要以习近平新时代中国特色社会主义思想和习近平法治思想为指引，在中国共产党的领导下，立足中国国情，广泛凝聚人民共识，秉持兼收并蓄的精神积极吸纳古今中外所长，构建具有中国特色的社会主义行政法法典，为坚持和完善中国特色社会主义制度、推进国家治理体系和治理能力现代化，做出应有的贡献。

（二）基本原则

行政法基本原则是行政法规范的基础性原理、准则和基本精神，具有立法上的整合统领、执法上的行为准则和司法上的可适用性功能，是行政基本法典不可或缺的灵魂条款。行政法基本原则旨在回答行政主体运用行政权实施行政行为所应当遵循的基本准则，这是现代法治国家的应有之义。20 世纪 80 年代末，在罗豪才教授主编的作为全国高校统编教

材的《行政法学》一书中，将行政法的基本原则概括为行政法治原则，并将其具体分解为行政合法性原则和行政合理性原则，并成为了当时通说的观点。但到了 90 年代末，这种观点受到了许多学者的质疑，大家纷纷提出了各种不同的归纳和概括。应松年和姜明安教授分别主编的两本统编教材中，一本教材将行政法的基本原则概括为依法行政原则、行政合理性原则、程序正当原则、诚信原则、高效便民原则、监督和救济原则；另一本教材则概括为实体性原则（包括依法行政、尊重和保障人权、越权无效、信赖保护和比例原则）和程序性原则（包括正当程序、行政公开、行政公正和行政公平原则）。因此，行政基本法典至少包含以下四项基本原则。

1. 行政法定原则。行政法定原则，又称合法性原则，是指法无明文规定不得任意行政，具体包括职权法定、法律优先和法律保留。“法定”是否仅限于全国人大及其常委会制定的“法律”？国务院制定的《全面推进依法行政实施纲要》指出：“没有法律、法规、规章的规定，行政机关不得作出影响公民、法人和其他组织合法权益或者增加公民、法人和其他组织义务的决定。”这些充分说明，我国行政的依据不限于法律，还有法规、规章。

2. 权益保障原则。法律无设定或是限制包括行政权，其根本宗旨就在于保护人民的利益。“坚持以人民为中心”是习近平法治思想的核心要义之一，是全面依法治国的根本立场，习近平总书记强调：“推进全面依法治国，根本目的是依法保障人民权益。”因此，作为行政权力合法运行的基本准则必须始终以公民权益保障为其内在的价值追求。

3. 合理性原则，即合理行政，主要含义为行政决定应当具备合理性。作为行政法的一项基本原则，属于实质行政法治的范畴，是合法行政原则的延伸和补充。合理行政原则也是重要的控权方式，因为现代社会，虽然法治水平不断进步，但是法律不可能事无巨细地规定所有的行政活动，总是存在一定的局限性。那么，在法律规则没有具体明确规定的情况下，就需要合理行政原则发挥作用，来弥补规则的漏洞，具体包括平等对待原则、比例原则和信赖保护原则。

4. 行政正当原则。又称正当性原则，它是从程序的角度，要求行政权力运行必须符合最低限度的公正标准。传统意义上，其核心思想主要包括避免偏私和公平听证两项要求。但在现代社会，为有效保障公众的参与权和知情权，程序正当原则还延展到整个民主政治领域，又扩充了两个原则，即公众参与原则和行政公开原则。

（三）体系建构

注重吸收国外成功经验和立法体例的先进理念，借鉴民法典的立法经验和立法技术，制定完整统一的行政法典方案，技术操作层面上在学界已经达成共识。我国民法典的制定，遵循分两步走，以“提取公因式”的方法，先制定民法总则，再编纂各分则，最后形成民法典，这一成功经验给行政法典制定提供了重要启示。经过行政法学界数次探讨，行政法专家普遍认为，可以学习制定民法典的办法，先制定行政法总则，再编纂各分则，形成行政法典，这样的科学立法计划，行政法典面世的未来可期。

行政法学界倡导制定行政法总则的应松年教授，将行政法总则和民法总则做类比，主张以民法总则为范本，采取“提取公因式”的办法，将行政法律制度中具有普遍适用性和引领性的基本规范制定为一部行政法总则；然后，根据我国国情和法治特点，同样形成行政法各分编。应松年教授在《关于行政法总则的期望与构想》一文中，明确提出先出台行政法总则的构想：“按照提取公因式的方法，以实现行政权所有环节和所有方面在法治轨道上运行为主线，行政法总则的立法结构可以涉及以下五大方面：行政法总则的总则（一般规定）；行政法律关系的主体，包括行政主体、行政相对人和相关人；行政活动（即行政主体行使职权的活动统称）；行政程序；行政的监督、保障和救济。”

至于整部法典内容的基本框架设想，现有观点除在“总则—分则”的立法体例上达成一致之外，对于分编逻辑、分编名称、分编数量等具体内容还都各有考量，主要成以下三种体系安排。

1. 围绕不同的行政活动类型制定各编。例如，有学者认为应该包括行政立法与行政规范性文件活动、行政决策活动、行政执法活动、合意行政活动、政府与信息和数据相关活动、行政司法活动编等六个分编。

2. 围绕行政行为作出程序的各个阶段加以规范。例如，有学者认为应该包括行政程序基本制度、行政决策与行政立法程序、行政处理程序、特殊行政行为程序等四个分编。

3. 根据行政法体系的内部结构布局，形成类教科书式的体例结构。例如，有学者主张以行政法治理念编、行政法原则编、行政组织法编、公物和公用事业编、行政救济法编、行政监督法编等为内容组成体系。

第二章 行政法基础理论概述

第一节 行政法的渊源

所谓法律渊源，是指一国法律的存在方式，或者说表现方式。法来源于社会生活，但作为全社会普遍所接受的规范，它必须为某种权威机构所明确宣布，因此法律渊源具有实质和形式两种不同含义。在实质意义上，法的渊源可能是指法的原动力、法的原因、法的规范、法律事实等；在形式意义上是指法的制定机关及表现形式。而行政法的法律渊源，则是指行政法的具体表现形式，也即行政法究竟以何种形式表现出来，其目的则是为了确定法律表现形式以及各种表现形式之间的效力等级关系问题。由于两大法系的法律渊源存在截然的不同，因此英美法系与大陆法系行政法的法律渊源也自然存在不小的差别。我国实行成文法制度，因此行政法的法律渊源也自然体现为成文法形式。

一、行政法的渊源

（一）宪法

宪法是我国的根本大法，具有最高的法律效力，也是各项立法的依据所在。宪法关于国家机构的任务和原则，行政机关与其他国家机关的关系，行政组织的设置及其运作，等等，都是行政法的法律渊源所在。

（二）法律

法律中关于行政组织、行政管理活动和对行政机关监督的规范，都是行政法的重要法律渊源，比如，行政许可法、行政处罚法、行政复议法、行政诉讼法等。法律是我国行政法的主要法律渊源，它可以根据宪法对各种国家行政事务作出规定，它的适用范围大、效力等级高。我国立法法规定，全国人大及其常委会行使国家立法权，制定的法律效力层次最高。同时规定，下列事项只能制定法律：（1）国家主权的事项；（2）各级人民代表大会、人民政府、人民法院和人民检察院的产生、组织和职权；（3）民族区域自治制度、特别行政区制度、基层群众自治制度；（4）犯罪和刑罚；（5）对公民政治权利的剥夺、限制人身自由的强制措施和处罚；（6）税种的设立、税率的确定和税收征收管理等税收基本制度；（7）对非国有财产的征收、征用；（8）民事基本制度；（9）基本经济制度以及财政、海关、金融和外贸的基本制度；（10）诉讼和仲裁制度；（11）必须由全国人民代表大会及其常务委员会制定法律的其他事项。

（三）行政法规

行政法规是国务院根据宪法与法律，为了实现国务院行政管理的需要，依法制定的各项规范性法律文件，其效力仅次于宪法与法律。在我国的法律结构中，行政法规发挥着重要的调控作用。学术界对国务院行使立法权有两种意见，一是“职权说”，认为法定的行政机关除了根据宪法和法律授权制定行政法规外，在宪法和法律赋予的职权范围内，根据实际需要，也可以制定行政法规，认为制定行政法规是行政机关行使行政管理职权的形式之一，行政机关在其职权范围内，凡法律未曾禁止的，或者不属于法律明确列举的调整事项，可以通过制定行政法规来履行职权。立法法第六十五条规定，国务院根据宪法和法律，制定行政法规。行政法规可以就下列事项作出规定：（1）为执行法律的规定需要制定行政法规的事项；（2）宪法第八十九条规定的国务院行政管理职权的事项。二是“依据说”，即行政机关制定行政法规，应遵守宪法和有关法律的要求，即应有直接的“根据”，具体的授权，认为制定行政法规既不是行政机关固有的权力，也不是行政机关行使职权的形式。根据立法法第九条的规定，需要调整的社会事项，尚未制定法律的，全国人大及其常委会有权作出决定，授权国务院可以根据实际需要，对其中的部分事项先制定行政法规，但是有关犯罪和刑罚、对公民政治权利的剥夺和限制人身自由的强制措施和处罚、司法制度等事项除外。

（四）地方性法规

地方性法规是指省、自治区、直辖市人民代表大会及其常务委员会，较大市的人民代表大会及其常务委员会，依法制定的规范性文件。地方性法规一般针对两个方面的事项作出规定：（1）为执行法律、行政法规的规定，需要根据本行政区域的实际情况作具体规定的事项；（2）属于地方性事务需要制定地方性法规的事项。地方性法规只是在本地域范围内颁布实施，效力层级要低于宪法、法律以及行政法规。地方性法规涉及行政管理的事项，是行政法的重要渊源。立法法规定，规定，省、自治区、直辖市的人民代表大会及其常务委员会根据本行政区域的具体情况和实际需要，在不同宪法、法律、行政法规相抵触的前提下，可以制定地方性法规。设区的市的人民代表大会及其常务委员会根据本市的具体情况和实际需要，在不同宪法、法律、行政法规和本省、自治区的地方性法规相抵触的前提下，可以对城乡建设与管理、环境保护、历史文化保护等方面的事项制定地方性法规，法律对设区的市制定地方性法规的事项另有规定的，从其规定。设区的市的地方性法规须报省、自治区的人民代表大会常务委员会批准后施行。省、自治区的人民代表大会常务委员会对报请批准的地方性法规，应当对其合法性进行审查，同宪法、法律、行政法规和本省、自治区的地方性法规不抵触的，应当在四个月内予以批准。

(五) 民族自治条例与单行条例

民族自治条例与单行条例是指我国民族自治地方的人民代表大会制定发布的规范性文件，可以在一定范围内对于民族自治地方的行政事务予以规范。民族自治地方自治条例与单行条例中关于行政事务的规定，也是行政法的法律渊源。立法法第七十五条规定，民族自治地方的人民代表大会有权依照当地民族的政治、经济和文化的特点，制定自治条例和单行条例。自治区的自治条例和单行条例，报全国人民代表大会常务委员会批准后生效。自治州、自治县的自治条例和单行条例，报省、自治区、直辖市的人民代表大会常务委员会批准后生效。自治条例和单行条例可以依照当地民族的特点，对法律和行政法规的规定作出变通规定，但不得违背法律或者行政法规的基本原则，不得对宪法和民族区域自治法的规定以及其他有关法律、行政法规专门就民族自治地方所作的规定作出变通规定。

(六) 行政规章

行政规章是一个概括称谓，具体包括部门规章与地方政府规章。所谓部门规章，是指国务院有关部门依法制定的规范性文件。行政规章中涉及的行政管理事项的制度规范，也是行政法的法律渊源。根据立法法规定，国务院各部、委员会、我国人民银行、审计署和具有行政管理职能的直属机构，可以根据法律和国务院的行政法规、决定、命令，在本部门的权限范围内，制定规章。部门规章规定的事项应当属于执行法律或者国务院的行政法规、决定、命令的事项。没有法律或者国务院的行政法规、决定、命令的依据，部门规章不得设定减损公民、法人和其他组织权利或者增加其义务的规范，不得增加本部门的权力或者减少本部门的法定职责。

地方政府规章，是指省、自治区、直辖市以及较大市的人民政府，依法制定和发布的规范性文件。立法法规定，省、自治区、直辖市和设区的市、自治州的人民政府，可以根据法律、行政法规和本省、自治区、直辖市的地方性法规，制定规章。地方政府规章可以就下列事项作出规定：（1）为执行法律、行政法规、地方性法规的规定需要制定规章的事项；（2）属于本行政区域的具体行政管理事项。设区的市、自治州的人民政府根据制定地方政府规章，立法范围受到限制，限于城乡建设与管理、环境保护、历史文化保护等方面的事项。

（七）国际条约和协定

我国缔结或者参加的国际条约与国际协定，有的涉及国内的行政管理事项，无疑也构成了行政法的渊源。

（八）法律解释

法律解释是指有权机关依法对法律作出的具有法律约束力的解释与说明。其中涉及的行政管理事项，也是行政法的法律渊源。

值得注意的是，由于行政法本身并不存在统一的法典，而是一个由各种分散的规范性法律文件组成的庞大体系，因此了解行政法的渊源本身即具有更加重要的意义。

二、效力冲突与解决

行政法领域由于立法主体多、立法种类多、法规和规章的立法程序相对简单，法律规范冲突问题相较于其他领域有更高的发生概率。行政法律规范冲突既存在于立法场域，也存在于行政执法及司法场域。当这些行政规则发生矛盾和冲突时应当如何应对，则成为规则适用者所必须解决的实际问题。以下是解决的一般原则与方法。

（一）上位法优于下位法

宪法具有最高的法律效力，一切法律、行政法规、地方性法规、自治条例和单行条例、规章都不得同宪法相抵触。行政法规的效力高于地方性法规、规章。省、自治区的人民政府制定的规章的效力高于本行政区域内的较大的市的人民政府制定的规章。

（二）人大高于政府

所谓“人大高于政府”，是指作为权力机关的人民代表大会及其常务委员会制定的规范性文件，其效力往往要高于同级政府制定的规范性文件，体现在以下两方面：(1) 法律的效力高于行政法规、地方性法规、规章；(2) 地方性法规的效力高于本级和下级地方政府规章。

(三) 特殊地区的规范性文件优先

自治条例和单行条例依法对法律、行政法规、地方性法规作变通规定的，在本自治地方适用自治条例和单行条例的规定。经济特区法规根据授权对法律、行政法规、地方性法规作变通规定的，在本经济特区适用经济特区法规的规定。

(四) 规章之间的冲突

部门规章之间、部门规章与地方政府规章之间具有同等效力，在各自的权限范围内施行。部门规章之间、部门规章与地方政府规章之间对同一事项的规定不一致时，由国务院裁决。

(五) 同一制定机关的法规冲突

同一机关制定的法律、行政法规、地方性法规、自治条例和单行条例、规章，特别规定与一般规定不一致的，按照“特别法优于一般法”的原则，适用特别规定；新的规定与旧的规定不一致的，按照“新法优于旧法”的原则，适用新的规定。根据授权制定的法规与法律规定不一致，不能确定如何适用时，由全国人民代表大会常务委员会裁决。行政法规之间对同一事项的新的一般规定与旧的特别规定不一致，不能确定如何适用时，由国务院裁决。同一机关制定的新的一般规定与旧的特别规定不一致时，由制定机关裁决。

(六) 地方性法规、规章之间的冲突

地方性法规与部门规章之间对同一事项的规定不一致，不能确定如何适用时，由国务院提出意见，国务院认为应当适用地方性法规的，应当决定在该地方适用地方性法规的规定；认为应当适用部门规章的，应当提请全国人民代表大会常务委员会裁决。

以案释法1：仅违反部门规章或地方法规不构成非法经营罪 *

【法律要点】

非法经营罪的成立以违反法律规定为前提，而刑法上“法律”规定是指违反全国人民代表大会及其常务委员会制定的法律和决定，以及国务院制定的行政法规、规定的行政措

施、发布的决定和命令，仅仅违反地方性法规、自治条例和单行条例、部门规章和地方规章，不构成本罪。

【案情简介】

2008年3月24日始，被告人周恩宏、梁锟楚开始实际运营及管理凡天公司，其中，周恩宏占85%股份、梁锟楚占15%股份。凡天公司旗下设有“烟雨红尘”网站，通过与作者签订协议的方式刊发网络文学作品，再以会员付费阅读及广告、推广等方式获取收益。该公司依法获批了出版物经营许可证和增值电信业务经营许可证，但未获批网络出版服务许可证。

经核算，2012年11月至2014年5月，凡天公司共获利9371569.67元，其中付费阅读收费为7535867.15元。该网站在刊载普通文学作品的同时，还刊载淫秽、色情小说吸引读者阅读。其中，该网站登载的《女公务员的日记》《情迷苗某》《人面兽医》经鉴定均为淫秽性质文章；《美艳富婆的贴身保镖》《空巢：留守村妇》《女子私密会所》《兽心沸腾》《都市欲望：疯狂的缠绵》经鉴定均为夹杂色情文章。经核算，凡天公司与《女公务员的日记》《情迷苗寨》《人面兽医》三部淫秽小说的作者进行收益分成，凡天公司直接获利约15万元。同案人赵静（另案处理）为该网站的主编，被告人雷娜、唐庆华、陈园均为网站编辑。其中，被告人雷娜是《女公务员的日记》《情迷苗寨》的责任编辑，被告人唐庆华、陈园没有担任过淫秽小说的责任编辑，但作为值班编辑，均偶尔接触过部分淫秽小说。2014年4月14日11时许，公安人员在广州市天河区天河北路某小区内，将被告人周恩宏、梁锟楚、雷娜、唐庆华、陈园抓获，现场缴获作案工具笔记本及台式电脑、网络服务器主机等。

【裁判结果】

广州市天河区人民法院经审理认为：被告人周恩宏、梁锟楚、雷娜、唐庆华、陈园违法国家规定，未经许可非法从事出版物的出版业务，情节严重，其行为均已构成非法经营罪。被告人周恩宏、梁锟楚、雷娜、唐庆华、陈园以牟利为目的，结伙出版、传播淫秽物品，情节特别严重，其行为均已构成出版、传播淫秽物品牟利罪。被告人周恩宏、梁锟楚、雷娜、唐庆华、陈园均一人犯数罪，应予数罪并罚。被告人周恩宏、被告人梁某作为股东，在共同犯罪中均起主要作用，是主犯。被告人雷娜、唐庆华、陈园受雇佣和纠集参与犯罪，在共同犯罪中仅起次要、辅助作用，是从犯，依法应当从轻、减轻处罚。根据各被告人的犯罪事实、性质、情节、认罪态度和对社会的危害程度及认罪态度等情况，依照刑法第二百二十五条第（一）项、第三百六十三条第一款等相关法律的规定，天河区法院作出如下判决：（一）被告人周恩宏犯非法经营罪和出版、传播淫秽物品牟利罪，判处有期徒刑 13 年；(二) 被告人梁锟楚犯非法经营罪和出版、传播淫秽物品牟利罪，判处有期徒刑 11 年；(三) 被告人雷娜犯非法经营罪和出版、传播淫秽物品牟利罪，判处有期徒刑 2 年；(四) 被告人唐庆华犯非法经营罪和出版、传播淫秽物品牟利罪，判处有期徒刑 1 年 2 个月。(五) 被告人陈园犯非法经营罪和出版、传播淫秽物品牟利罪，判处有期徒刑 1 年。另各被告人均被处不同数额的财产刑。

一审宣判后，五被告人均不服，提出上诉。广州由中级人民法院认为，原判部分事实不清、证据不足，裁定撤销原判，发回重审。

天河区法院另行组成合议庭按照一审程序重审，经审理认为：被告人周恩宏、梁锟楚违反国家规定，未经许可非法从事出版活动，严重扰乱市场秩序，其行为均已构成非法经营罪；被告人雷娜、唐庆华、陈园参与非法经营情节轻微危害不大，不构成非法经营罪。被告人周恩宏、梁锟楚、雷娜、唐庆华、陈园以牟利为目的，结伙出版、传播淫秽物品，情节严重，其行为均已构成出版、传播淫秽物品牟利罪。依照刑法第二百二十五条第 (四) 项、第三百六十三条第一款等相关法律的规定，作出如下判决：(一) 被告人周恩宏犯非法经营罪和出版、传播淫秽物品牟利罪，判处有期徒刑 7 年；(二) 被告人梁锟楚犯非法经营罪和出版、传播淫秽物品牟利罪，判处有期徒刑 5 年；(三) 被告人雷娜犯出版、传播淫秽物品牟利罪，判处有期徒刑 1 年 6 个月，缓刑 2 年；(四) 被告人唐庆华犯出版、传播淫秽物品牟利罪，判处有期徒刑 10 个月，缓刑 1 年；(五) 被告人陈园犯出版、传播淫秽物品牟利罪，判处有期徒刑 10 个月，缓刑 1 年。(六) 追缴本案违法所得，予以没收，上缴国库。(七) 缴获的作案工具一批，予以没收。另各被告人均被处不同数额的财产刑。

宣判后，除被告人雷娜外，被告人周恩宏、梁锟楚、唐庆华、陈园仍不服，提出上诉。

广州中院经审理认为，上诉人周恩宏、梁锟楚、原审被告人雷娜以牟利为目的，结伙出版、传播淫秽物品，情节严重，其行为均已构成出版、传播淫秽物品牟利罪，依法应予惩处。上诉人唐庆华、陈园，犯罪情节显著轻微，危害不大，不认为是犯罪。上诉人周恩宏、梁锟楚在共同犯罪中均起主要作用，是主犯；原审被告人雷娜在共同犯罪中起次要、辅助作用，是从犯，依法应当减轻处罚。原审判决认定的主要事实清楚，证据确实、充分，但定罪和适用法律错误，导致量刑不当。综合上诉人的犯罪情节、认罪态度、犯罪后的表现及本案的社会危害程度，依照刑法第三百六十三条第一款，刑事诉讼法第二百三十六条第一款第 (二) 项等相关法律的规定，作出如下判决：(一) 维持〔2017〕粤 0106 刑初 82 号刑事判决第三项、第六项、第七项。(二) 撤销〔2017〕粤 0106 刑初 82 号刑事判决第一项、第二项、第四项、第五项。(三) 上诉人周恩宏犯出版、传播淫秽物品牟利罪，判处有期徒刑5年，并处罚金10万元。（四）上诉人梁锟楚犯出版、传播淫秽物品牟利罪，判处有期徒刑3年6个月，并处罚金8万元。（五）上诉人唐庆华无罪。（六）上诉人陈园无罪。

【以案释法】

本案在审理过程中，关于是否能够认定非法经营罪曾出现了两种意见。第一种意见认为，互联网出版应符合《出版管理条例》的一般性规定，互联网出版单位的设立须经审批并取得互联网出版许可证。被告人未经批准、许可从事互联网出版，违反了国家规定，严重扰乱了市场秩序，应当认定为非法经营罪。第二种意见认为，原审根据被告人未获批《网络出版服务许可证》而认定其构成非法经营罪，但该法的效力层级是部门规章，并不是非法经营罪所要求的违反国家规定，故不构成非法经营罪。笔者认同第二种意见。

（一）违反部门规章不属于刑法意义上的违反国家规定

非法经营罪是指违反国家规定，从事特定经营活动的犯罪行为，入罪的前提条件是违反国家规定。而关于国家规定的定义在司法实践中常常出现不同的理解，有人认为除去地方规定都属于国家规定，也有人认为所有中央机关，甚至包括国有企业的规定都是国家规定。我国是一元两级多层次的立法体制，作为一个法制统一的国家，存在中央和地方两级立法机构，而每一级立法机构又存在多个层次的立法体例，不同的法律规范之间存在效力的差异。广义上而言，只要是代表国家作出的，都可以称之为国家规定，即两级立法层级中的中央立法机关所作出的规定都是国家规定。但刑法总则已对于刑法上的违反国家规定作出了明确解释，是指违反全国人民代表大会及其常务委员会制定的法律和决定，以及国务院制定的行政法规、规定的行政措施、发布的决定和命令，即对于最高权力机关、最高权力机关的常设机构和最高行政机关作出的规定，都应认定为刑法上的国家规定，除此之外，都不属于国家规定。

本案中，被告人所在的公司根据国务院颁布的《出版管理条例》的一般性规定领取了出版物经营许可证，根据国务院颁布的《互联网信息服务管理办法》的规定领取了增值电信业务经营许可证，而经过申请未获批准的网络出版服务许可证所依据的法律是原国家新闻出版总署、信息产业部2002年6月27日颁布的《互联网出版管理暂行规定》，其效力层级是部门规章。即便是2016年2月国家新闻出版广电总局联合工业和信息化部重新颁布的《网络出版服务管理规定》，仍然属于部门规章，并不是非法经营罪明确要求违反的国家规定。故从形式上看，上诉人未取得网络出版服务许可证而经营涉案网站的行为不构成非法经营罪。

（二）刑法的保守和谦抑必然要求抑制行政管理部门的刑法化冲动

刑法作为维护法治的最后一道防线，并不能保护全部的社会关系，只能保护部分重要的社会关系；也不能保护重要社会关系的方方面面，只能保护其中具有公共性和重要性的利益。只有在其他调整手段无效，或者不足以制止某种严重危害社会的行为时，才考虑适用刑法来调整，刑法是整个法律规范体系中其他部门法的最终维系者，所有部门法最终依赖刑法的强制力来保证实施，来维持其法律规范的效力有效性。另外，刑罚作为一种暴力工具，会严重损害公民的人身权利和财产权利，不能滥用，也不能妄用。因此，刑法必然具有保守性和谦抑性，这是我国法治建设的内在要求。

司法实践中，行政管理部门出于便于管理的需要，常常出现滥用刑法手段的冲动，以便简便快捷地处埋各类行政违法行为，威慑恐吓潜在的违法者。如果不对此加以限制，当前刑法的469个罪名远远不足以满足行政管理部门的管理需要，刑法将步入急速扩张的状态，很多原本属于行政法或民法管辖范畴的案件变为刑事案件，人民也必将陷入动辄得咎的境地，这是与刑法作为社会最后一道防线的现代法治理念不相符的。因此，刑法的保守和谦抑必然要求抑制部门法中民事手段刑法化和行政手段刑法化的冲动。

在本案中，网络原创文学曾被已废止的《互联网出版管理暂行规定》认定为互联网出版物，后又被《网络出版服务管理规定》认定为网络出版物，要求从事网络原创文学经营的网站必须向出版行政主管部门申请网络出版服务许可证，同时规定，未经批准擅自从事网络出版服务触犯刑法的，追究刑事责任。但该二部法律均属于部门规章，基于刑法的保守和谦抑，不可能将部门规章规定的违法行为认定为刑事犯罪，故单纯以被告人未经批准从事网络出版服务为由，不可能构成犯罪。网络原创文学作为近年兴起的新鲜事物，在对其进行规范的同时更应当理性地引导和鼓励，行政主管机关从便于行政管理角度而设置各种行政许可，本身无可厚非，但可以通过行政处罚手段而达到惩治目的的情况下则没有必要上升到刑罚层面，行政主管部门本可以通过批评、通报、罚款等行政处罚的手段予以惩治，还可以责令网站补办相关手续，严重的可以关闭该网站，但不可滥用刑法手段来惩处。故从实体上看，上诉人未取得网络出版服务许可证向经营涉案网站的行为不构成非法经营罪。

第二节 行政法律关系

一、行政关系与行政法律关系

行政关系是行政法的调整对象。所谓行政关系，是指行政主体因从事行政管理活动包括行使行政权的活动和基于实现国家或社会职能的目的所从事的公共管理活动而与行政相对人以及其他相关主体形成或因之引发的各种社会关系。其分为以下形态：（一）组织关系；（二）行为关系；（三）行政救济或监督关系。行政法律关系是行政法的调整结果。

行政法律关系，是指行政关系经行政法规范调整后形成的行政法上的权利义务关系。对这一概念可做如下理解：（一）行政法律关系是受行政法调整或约束的一种社会关系；（二）行政法律关系本源于行政关系，离开了行政关系，不可能存在行政法律关系；（三）行政法律关系是行政主体与行政相对人及行政第三人之间构成的各种法律关系。

二、行政法律关系的分类

（一）根据法律关系主体的不同，可以划分为对内行政法律关系与对外行政法律关系。对内行政法律关系，是指因行政权力作用于行政系统之内而在该系统内发生的各种行政关系。对外行政法律关系，是指在行政系统之外行政主体与行政相对人（公民或组织）之间形成的行政法律关系。

（二）根据行政法律关系形成原因的不同，可以划分为原生的行政法律关系与派生的行政法律关系。原生的行政法律关系，是指因行政活动而直接形成的行政法律关系。派生的行政法律关系，是指因行政活动而后引发的行政法律关系，以原生的行政法律关系为前提或者依附于前者，它是一种事后救济或保障的法律关系。

（三）根据行政法律关系构成要素复杂程度，可以划分单一行政法律关系与多重行政法律关系。

单一行政法律关系，即符合基本构成要素的一个行政法律关系，通常为关系双方都只有一个当事人、权利义务只有一对、客体单一多重行政法律关系，即法律关系的各要素特别是主体和内容表现出复杂性。

三、行政法律关系的内容

（一）行政法律关系的主体

行政法律关系主体，又称行政法律关系的当事人，它是指行政法律关系的实际参加者，即在种种具体的行政法律关系中享有或者行使权利（力）和承担义务的双方或多方当事人。行政法律关系主体通常包括行政主体、行政相对人、行政第三人。

1. 行政主体。依法享有行政职权或负担行政职责，能够以自己的名义对外行使行政职权且能够对外独立承担法律责任的国家行政机关和法律法规授权组织。

我国的行政主体包括以下两大类。

一是国家行政机关。包括各级人民政府，以及县级以上各级人民政府的组成部门。

二是法律法规授权主体。在具体的行政管理活动中，有时会有某个非行政机关的组织行使行政职能的情况，它们是基于特定法律、法规授权而进行管理的。被授权组织在行使法律、法规所授职权时，享有与行政机关相同的行政主体地位，它们可以自己的名义行使所授职权，并对外承担法律责任。这些组织包括：（1）行政机构，行政机构又包括内部机构、派出机构和临时机构；（2）企业组织；（3）事业单位；（4）社会团体；（5）其他组织。

国家行政机关与法律法规授权组织的主要区别在于：（1）二者的法律属性不同，国家行政机关属于国家机关，法律法规授权组织属于社会组织；（2）二者设立依据不同，国家行政机关依据行政组织法而设，法律法规授权组织依据组织章程而设；（3）二者的权力来源不同，行政机关的权力来自行政组织法和其他单行法的授权，法律法规授权组织的权力主要来自法律和法规的特别授权。

2. 行政相对人。行政相对人是指行政管理法律关系中与行政主体相对应的另一方当事人，即行政主体的行政行为影响其权益的个人或组织。这是行政法学上的概念，而非制定法上的概念。在制定法上“行政相对人”一般称“公民、法人和其他组织”。

公民是指具有一国国籍的自然人，基本等同于私法上的自然人。法人是指“具有民事权利能力和民事行为能力，依法独立享有民事权利和承担民事义务的组织”，是法律拟制的“人”。其他组织是指合法成立、一般依法登记取得营业执照、有一定的组织机构和财产，但又不具备法人资格的组织。三者中法人和其他组织强调组织性，公民强调个体性。

另需要说明的是，根据《民法典》第五十四条规定，“自然人从事工商业经营，经依法登记，为个体工商户”，而且将有关个体工商户的规定置于总则编自然人章节中，充分说明个体工商户在性质上等同于自然人，对应到行政法中应视为“公民”。当行政相对人为个体工商户时，应按下述方法规范表述行政相对人的名称（注释 7）。第一，营业执照上登记字号的，以字号为名称，并注明经营者信息；第二，营业执照上没有字号的，以登记的经营者为名称；第三，营业执照上登记的经营者与实际经营者不一致的，以登记的经营者和实际经营者为共同的行政相对人。

3. 行政第三人。行政第三人是指与行政主体针对行政相对人作出的行政行为有利害关系的其他公民、法人或组织。“有利害关系”是被诉该具体行政行为在法律上的存在与变动，直接决定了被行政行为所调整或涉及的第三人的权利义务变化。根据行政诉讼的基本原理，结合行政诉讼实际特点，以第三人与被诉具体行政行为的利害关系为标准，可以对行政诉讼第三人做如下分类：

（1）权利关系第三人。权利关系第三人是指由于其权利受到了被诉具体行政行为不利益处分的消极影响，参加到行政诉讼中来，提出自己独立诉讼主张的个人、组织。

（2）义务关系第三人。义务关系第三人是指由于其权利受到了被诉具体行政行为授益处分的积极影响，或者参与了不利益①具体行政行为，而未被列为被告或不具备被告资格，参加到行政诉讼中来，提出自己独立诉讼主张的个人、组织。

（3）事实关系第三人。事实关系第三人是指与被诉具体行政行为有某种牵连，为了便于查清事实，由人民法院通知参加到行政诉讼中来，并提出自己独立诉讼主张的个人、组织。

（二）行政法律关系的客体

行政法律关系的客体是指行政法律关系主体双方的权利义务所指向的对象。没有行政法律关系的客体，则权利义务指向的对象就无从体现和落实，因而行政法津关系也难以成立。从本质而言，可以作为行政法律关系客体的是体现一定利益的载体，一般认为包括人身、物、精神财富和行为。行政行为是行政法的核心和灵魂。

1. 概念。行政行为是指依法享有行政职权的行政主体行使行政权力对国家和社会公共事务进行管理和提供服务的一种法律行为。

2. 特征。行政行为的特征包括：（1）公务性（相当于旧教材的无偿性）行政行为是公务行为，是为社会提供“公共物品”，为全体国民提供公共服务的行为。这种行为对相对人通常是无偿的。（2）从属法律性。行政行为是执行法律的行为，从而必须依据法律，从属于法律。任何行政行为的作出都必须有法律根据，依法行政是民主和法治的基本要求。（3）裁量性。行政行为虽然必须依法而行，必须有法律根据，但法律并未也不可能将行政行为的具体内容都予以严密地规范。但自由裁量不是无限制地自由裁量，而是在法律、法规范围内的裁量。（4）权力性。行政行为是行政主体代表国家，以国家名义实施的执法行为。根据行政法的原则，行政主体为行使其管理职能，享有相应的管理权力和管理手段。

3. 表现形式。行政行为的表现形式主要有以下六个方面。

（1）行政许可。行政许可是指具有许可职权的行政机关根据相对人的申请，以颁发书

---

① 具体就是指权利不得行使、义务加重、责任需要承担等几种情况，这样的情况都可以叫作法律上的不利益。

面证照的形式，依法赋予其从事某种活动的权利或资格的行为。

（2）行政监督检查。行政监督检查是指行政机关对杯管理者是否遵守执行国家法律法规的规定开展活动所进行的检视、调查、查验。

（3）行政处罚。行政处罚即行政机关对违法者的惩戒制裁，它是在行政监督检查后的一种行为方式。

（4）行政强制措施。行政强制措施是指行政机关为便于日后作出行政决定或实现行政目的，而采取的暂时性控制措施。

（5）行政征收。行政征收是行政机关根据法律的规定，以强制的方式无偿向相对人征集一定数额的金钱或者实物的行政行为。

（6）行政裁决。行政裁决是指行政机关根据法律授权，主持解决当事人之间发生的与行政管理事项密切相关的特点的民事纠纷的活动。

4. 行政行为的分类。

（1）根据对象是否特定，分为抽象行政行为和具体行政行为。

抽象行政行为是指行政机关在进行行政管理中，针对不特定的人和事制定普遍适用的规范性文件的活动。

具体行政行为是指行政机关行使行政权力，对特定的公民、法人和其他组织作出的有关其权利义务的单方行为。具体行政行为有四个要素。

一是行政机关实施的行为，这是主体要素。不是行政机关实施的行为，一般不是行政行为。但是，由法律、法规授权的组织或者行政机关委托的组织实施的行为，也可能是行政行为。

二是行使行政权力所为的单方行为，这是成立要素。即该行为无须对方同意，仅行政机关单方即可决定，且决定后即发生法律效力，对方负有服从的义务，如果不服从，该行为可以强制执行或者申请人民法院强制执行。如税务机关决定某企业应纳所得税税额，纳税人应当执行，如果不执行，税务机关有权从其银行账户中划拨。如果纳税人不服，也必须首先按决定纳税，然后申诉或起诉。

三是对特定的公民、法人或者其他组织作出的，这是对象要素。“特定”是指某公民或某组织。如，甲打乙造成轻微伤害，行政机关为保护乙的权利而拘留了甲，该行为是对甲、乙作出的，甲、乙即为特定的公民。

四是作出有关特定公民、法人或者其他组织的权利义务的行为，这是内容要素。如专利局将某项发明的专利证书授予了甲企业，该企业即获得了该项发明的专利权。

（2）根据行政行为受法律约束的程度，羁束行政行为和自由裁量的行政行为。

羁束行政行为是指法律明确规定的行政行为的范围，条件，形式，程序，方法等，行政机关没有自由选择的余地，只能严格依法实施而作出的行政行为；自由裁量行政行为是指法律仅仅规定行政行为的范围、条件、幅度和种类等。由行政机关根据实际情况决定如何适用法律而作出的行政行为。

（3）根据是否需要具备一定法定形式，分为要式行政行为和非要式行政行为。

要式行政行为是指法律法规规定必须具备某种方式和形式才能产生法律效力的行政行为；非要式行政行为是指法律没有明确规定行政行为的具体形式，行政机关根据实际需要作出各种形式的行政行为。

（4）依据行政行为是否必须申请，分为应申请行政行为和依职权的行政行为。

因申请的行政行为是指行政行为以相对人的申请为前提条件，行政行使行政权力而作出的行政行为；依职权的行政行为是指行政机关主动行使行政权力而作出的行政行为。

（三）行政法律关系的内容

行政法律关系内容是指行政法律关系主体各方以及利害相关人所享有或者行使的权利（或权力）和所承担的义务的总和。

从行政主体的角度来看，权利和义务所对应的就是职权和职责。职权主要包括行政立法权、行政决定权、行政命令权、行政制裁权、行政强制权、行政司法权等；职责相应的就是正确适用法律、依法行使职权、遵守法定程序。

从行政相对人的角度来看，行政相对人的权利主要包括如下内容。

1. 行政参与权。这一权利的内容主要是：（1）直接参与管理权，例如，符合条件的公民可以通过法定途径进入国家管理机构；（2）了解权，这一点对应的就是信息公开，行政相对人可以基于法律的规定和授权了解行政机关进行行政管理的依据、程序、内容、方法等；（3）听证权，对相关事项提起听证申请的权利；（4）行政监督权；（5）行政协助权，在法定条件下行政相对人可以协助行政机关进行某些管理活动。

2. 行政收益权。（1）就业权，公民获得工作机会并按照付出的劳动数量和质量取得报酬的权利；（2）享受养老、保险、救济金等社会福利的权利；（3）获得许可、奖励、减免税等其他利益的权利；（4）接受义务教育的权利。

3. 行政保护权。当行政相对人的合法权利受到侵害时，有权获得行政法上的保护。一方面，当行政相对人的合法权益受到其他公民、法人或其他组织的侵害时，有权从行政机关处获得保护；另一方面，当行政相对人的合法权利受到来自行政机关的侵害时，有权获得相应的赔偿或补偿。

行政相对人的义务主要是遵守行政法规范，服从行政管理，执行行政决定等。

以案释法2：亓某诉某市国土资源局行政不作为纠纷案

【法律要点】

土地违法行为的利害关系人以信访形式请求土地部门履行查处该土地违法行为法定职责，土地部门不作为的，利害关系人起诉，属于人民法院行政诉讼受案范围，利害关系人具备诉讼主体资格。

【案情简介】

原告以某煤矿占地挖河行为致其财产损失为由，通过信访方式举报煤矿违法占地挖河，要求依法处理。山东省国土资源厅、泰安市国土资源局、某市人民政府先后要求被告进行调查核实，并答复原告。2014年9月28日，被告对原告作出告知书："你反映的问题不属实……新改河道于2005年6月20日开始动工，10月底竣工。新改河道总长度557米，宽8米，共需占地6.7市亩……"

原告不服，认为被告的行为导致法院无法作出正确判决，原告无法得到应有的赔偿，以告知书无任何实质内容，敷衍搪塞原告为由提起诉讼，请求判令被告履行法定处理职责。被告以本案不属于人民法院行政诉讼受案范围、原告不具备诉讼主体资格等理由予以答辩。

【裁判结果】

法院于2015年11月6日作出行政判决，认为本案属于人民法院行政诉讼受案范围；原告具备诉讼主体资格；被告对原告举报的占地挖河问题既未立案查处，也未告知原告不予立案查处的事实、理由、依据，以及陈述权、申辩权，其行为属不履行法定职责行为。依照行政诉讼法第七十二条的规定，判决限被告于判决生效之日起两个月内对原告作出答复。

【以案释法】

本案有三个焦点问题：

（一）本案是否属于人民法院行政诉讼受案范围

原告以信访形式举报他人违法占地挖河行为，要求依法予以处理，是原告作为挖河行为的利害关系人，要求土地行政部门履行查处土地违法行为法定职责的申请。某省国土资源厅、某市国土资源局、某市人民政府先后要求被告进行调查核实并答复原告的行为，是被告的上级行政机关对被告发出的行政指令。据此，被告经调查如果认为不存在土地违法行为，应当将具体的事实、理由、依据明确告知原告，并听取原告的陈述、申辩意见。然而，被告作出告知书，认为原告反映的问题不属实，但未对原告举报的占地挖河行为是否违法作出认定，更未对该行为是否应予处理以及不予处理的理由作出说明。被告的行为，实质上是对原告申请的拒绝。本案虽然从形式上属于信访事项，但由于被告系具有查处土地违法行为法定职责的行政机关，原告信访举报的目的，是希望通过被告履行查处土地违法行为法定职责，实现保护其财产权利的目的。原告作为挖河行为的利害关系人，请求被告依法履行保护其财产权法定职责，符合行政诉讼法第十二条第一款第（六）项规定的受案范围条件，故本案属于人民法院行政诉讼受案范围。

（二）原告是否具备诉讼主体资格

所谓行政诉讼的原告主体资格，是指能够启动行政诉讼程序，请求人民法院对被诉行政行为进行合法性审查，并进而作出相应裁判的主体条件。如果公民、法人或者其他组织主张的是其合法权益，且其与被诉行政行为具有利害关系，则该公民、法人或者其他组织具有对该行政行为提起行政诉讼的原告主体资格。本案中，原告认为被告行为导致法院无法作出正确判决，原告无法得到应有的赔偿。而挖河行为违法与否是否影响原告请求民事赔偿比例是民事诉讼而非本案审查的范围，本案不宜对原告上述理由是否成立作出评判，进而不能排除原告与被告不作为行为存在利害关系。

原告作为挖河行为的利害关系人，为维护自身合法权益而举报占地挖河行为，请求土地行政部门予以查处，有着不同于一般举报人的特殊利益。参照最高人民法院《关于举报人对行政机关就举报事项作出的处理或者不作为行为不服是否具有行政复议申请人资格问题的答复》，原告具备提起本案诉讼的主体资格。

（三）被告未对原告申请事项作出答复的理由是否正当

土地部门对利害关系人提出的查处土地违法行为申请，如果认为不符合立案查处条件，应当告知事实、理由、依据，以及陈述权、申辩权。依照《国土资源行政处罚办法》第五条的规定，除“法律法规以及本办法另有规定”的外，国土资源违法案件由土地所在地的县级国土资源主管部门管辖。被告作为涉案土地所在地县级国土资源主管部门，依法对辖区内土地违法行为具有查处职责。

行政参与原则是行政程序法的基本原则。行政相对人有权参与行政过程，并有权对行政行为发表意见，而且有权要求行政主体对所发表的意见予以重视。行政相对人直接参与行政活动，可以使行政机关在行政活动中能够充分、直接听取相对人的意见，避免错误和违法的行政行为，对于提高依法行政水平，加快依法治国建设进程，具有非常重要的意义。行政机关应当采取得力措施，切实落实行政参与原则，确保行政相对人行政参与权的实现。行政机关不但在作出影响利害关系人权利义务的决定时应当听取利害关系人的意见，而且在受理利害关系人申请其履行法定职责的案件中，如果不能满足申请人的申请，也应当告知其事实、理由和依据，以及陈述权、申辩权。

第三节 行政法基本原则

行政法是关于行政的法律制度，并没有统一的法典，其规则散见于众多的法律规则当中。因此行政法的基本原则就尤为重要，其反映的是行政法的本质和具体制度内在联系的共同性规则，其作用主要是指导行政法的制定、修改和废止以及行政法的统一适用，弥补法律漏洞。

一、合法政

我国法学界认为行政法的合法行政原则的基本内容，主要有下列五点：第一，行政机关的行政职权由法律设定并依法授予。一切行政行为以行政职权为基础，无职权便无行政。行政职权必须合法产生，即由法律、法规设定，或由国务院或者其他上级行政机关依法授予。第二，行政机关实施行政行为必须依照和遵守法律、法规等法律规范。它要求每一个行政机关既要依法管理行政相对人，又应在其他行政机关的管理中遵守法律、法规和规章。行政机关不得享有法律以外的特权。第三，行政机关的行政行为违法无效。行政机关的行政行为必须合法，违法的行政行为不具有法律效力，无论是实体上的违法，还是程序上的违法，都使行政行为归于无效。第四，行政机关必须对违法的行政行为承担相应的法律责任，这是违法必究精神的体现。第五，行政机关的一切行政行为必须接受人大监督、行政监督和司法监督。任何行政行为必须受到监督和救济，否则任何责任都是空谈。无救济便无权利，无监督便无行政。各级人大及其常委会对同级人民政府行使职权的监督制度、行政复议制度以及行政诉讼制度等，都是这一内容的体现。

合法行政原则是行政法的首要原则。合法行政原则是指行政权的存在及行使必须依据法律、符合法律规定，不得与法律规定相抵触。行政权力的存在有法律依据；行政权力必须按照法定程序行使。在结构上主要体现在两个方面。

（一）法律优先，是消极意义的合法行政，是指行政机关实施管理活动时，应当依照法律法规的规定进行，不得违背已有的相关规定。比如，某乡派出所对发生的一起打群架事件，作出3000元的行政罚款。根据治安管理处罚法第九十一条规定，治安管理处罚由县级以上人民政府公安机关决定；其中，警告、500 元以下的罚款可以由公安派出所决定。从该法条规定中可以看出，治安管理处罚法已经对派出所的职权，作出明确界定，而本案中乡派出所的行政处罚行为显然超越了法律规定的范围，是越权处分行为，即违背了法律优先原则。行政机关超越职权行使的行政行为无效。

（二）法律保留，是积极意义上的合法行政，行政机关活动应当以明确的法律授权为前提和基础，法无授权即禁止，这一原则的基本要求是：没有法律、法规、规章的规定，行政机关不得作出影响公民，法人和其他组织合法权益或增加公民、法人或者其他组织义务的决定。

二、合理行政原则

合理行政原则主要在于控权，是指行政机关作出的决定应当具有普通人所能达到的合理与适当，符合一般社会的价值追求，属于实质法治的范畴。合理行政，是指行政机关行使行政权力应当客观、适度、符合理性。合理行政原则的要求包括公平公正对待原则、考虑相关因素原则、比例原则。

（一）公平公正对待原则。行政机关要平等对待行政相对人，不偏私、不歧视。同时、面对同等情况应当同等对待，不同情况应当区别对待，不得肆意地实施差别待遇

（二）考虑相关因素原则。行政机关在作出行政决定和进行行政裁量时，只能考虑符合立法授权目的的相关因素，不得考虑不相关因素

（三）比例原则。又称“禁止过分”原则或最小侵害原则，是指行政权尤其行政裁量权的行使应当全面权衡公共利益和公民、法人和其他组织的合法利益，尽量采取对行政相对人和行政相关人权益损害最小的方式，并使其与所追求的行政目的之间保持平衡。比例原则由以下三个子原则构成：(1) 合目的性，是指行政机关行使裁量权所采取的具体措施必须符合法律目的；(2) 适当性，是指行政机关所选择的具体措施和手段应当为法律所必须，结果和手段之间存在着正当性；(3) 损害最小，是指行政机关在可以采用多种方式实现某一行政目的的情况下，应当采用对当事人权益损害最小的方式。也就是说，行政机关如果能够用较为轻微的方式实现行政目的的，就不能选择使用更激烈的方式。

三、程序正当原则

在行政法律规范当中，实体公正与程序公正同样重要，两者相辅相成，从而更加充分

保障当事人的利益，具体包括如下内容。

（一）行政公开。在行政机关作出重要决定时，应当听取公众意见。比如行政机关在举行听证时，不光要告知当事人的事实、理由和主要依据，还要听取他们的陈述和申辩，最终达到结果公正。除涉及国家秘密、商业秘密和个人隐私外，行政机关实施行政管理应当做到信息公开，以实现公民知情权。程序正当的首要要求就是信息公开，所以阳光就是最好的防腐剂就是对信息公开意义的形象说明

（二）公众参与。行政机关作出重要决定时，应当听取公众意见。比如行政机关在举行听证时，不光要告知当事人的事实、理由和主要依据，还要听取他们的陈述和申辩，力求达到结果公正。公民参与主要包括以下几个方面：（1）获得通知权；（2）参与权；（3）表达权，即陈述和申辩权；（4）监督权等。

（三）公务回避。行政机关工作人员履行职责，与相对人存在利害关系的，应当回避。

四、高效便民原则

高效便民原则主要体现在以下两个方面。

（一）行政效率原则。首先，机关应当积极履行法定职责，禁止不作为或不完全作为。其次，行政机关必须遵守法定时限，禁止不合理延迟，延迟是行政不公开和行政侵权的表现。

（二）便利当事人原则。行政机关在行政活动中应当减轻当事人负担，便利当事人。如果行政的机关增加当事人的程序负担的，是行政侵权行为。

五、诚实守信原则

（一）行政信息真实原则。即行政机关公布信息应当全面、准确、真实。无论向普通公众公布信息，还是向特定人或者组织提供信息，行政机关都应当对其真实性承担法律责任。

（二）信赖利益保护原则。非经法定事由并经法定程序，行政机关不得撤销、变更已经生效的行政决定。因法定事由需要撤销、废止、变更行政决定的，应当依照法定权限和程序进行，并对行政管理人因此而遭受的财产损失予以补偿。

社会公众基于对行政机关权威的尊重和信赖，将根据已经生效的行政行为的效力来行事，进一步安排自己的生产和生活，从而使整个社会达到和谐稳定，井然有序的良好状态，但是如果行政机关自身不能保证行政行为的稳定性，可预期性，随意朝令夕改，则将

导致行为的当事人和社会公众的无所适从，从而引发社会秩序的混乱因国家利益、公众利益或者其他法定事由需要撤回或者变更行政决定的，应当依照法定权限和程序进行，并对行政相对人因此受到信赖利益损失依法予以补偿。

六、权责统一原则

权责统一原则主要体现在行政效能和行政责任两方面。

（一）行政效能，是指行政机关依法履行管理职责，要拥有法律、法律赋予其相应的强制执行手段，用国家强制力保障实施。

（二）行政责任，行政责任，是指违法或者不当行使职权，应当依法承担法律责任。

权责统一原则的基本要求是行政权力和法律责任的统一，即执法有保障，有权必有责，用权受监督，违法受追究，侵权须赔偿。

以案释法3：行政行为执法期限的合法性审查

【法律要点】

在法律、法规、规章均未对行政机关查处食品违法行为的办案期限作出明示规定的情况下，省级行政专业主管机关依据法定程序制定的具有法律意义的规范性文件，有权规范、约束下级行政机关的行政执法活动，符合合法行政的法律优先原则。

【案情简介】

2017年11月21日，被告某市市场监督管理局作出嘉市监处字〔2017〕19号《行政处罚决定书》，对原告胡某作出以下行政处罚：1. 没收27个快递盒内的奶粉，共计爱尔乐1200g三联装7盒、健儿乐1200g三联装4盒、健儿乐900g装97罐、幼儿乐1200g三联装7盒、幼儿乐900g装4罐、学儿乐900g装6罐；2. 处奶粉货值金额10倍的罚款397371.20元；3. 因公示虚假《食品经营许可证》，处以罚款3万元。原告胡某不服该《行政处罚决定书》，向浙江省食品药品监督管理局（现被告浙江省市场监督管理局）申请行政复议。2018年5月22日，浙江省食品药品监督管理局作出浙集复33〔2018〕4号《行政复议决定书》，认定原告胡某的违法行为事实清楚，证据确凿，行政处罚决定适用依据正确，内容恰当，但办案时间已超过《浙江省市场监督管理部门行政处罚程序规定》（试行）（浙食药监规〔2015〕27号）规定的办案期限，确认某市市场监督管理局作出的《行政处罚决定书》违法。原告胡某认为上述《行政处罚决定书》行政处罚主体认定错误，行政处罚程序严重违法，请求：1. 撤销被告某市市场监督管理局作出的某市监处字

〔2017〕19号《行政处罚决定书》；2. 撤销被告浙江省市场监督管理局（原浙江省食品药品监督管理局）作出的浙集复33〔2018〕4号《行政复议决定书》。

【裁判结果】

法院经审理认为：被告某市市场监督管理局在某市区域内负有食品监管的法定职责。其在发现“婴童物语”网店《食品经营许可证》涉嫌造假后，对位于明新路99号的网店经营场所进行现场执法符合法律规定。且执法人员调查形成的证据材料已形成证据锁链，行政处罚决定认定违法主体正确。同时，鉴于本案奶粉非假冒产品，产品质量合格，没有发生影响他人身体健康的危害后果，执法人员在法律规定范围内酌情予以从轻处罚，没收奶粉并处以货值金额十倍的法定最低额罚款，量罚适当。原告胡某在网店公示虚假《食品经营许可证》的行为系伪造行政机关颁发许可证照的行为，酌情予以从重处罚，处以法定最高额3万元罚款，于法有据。但办案期限超过法定期限，因未对原告胡某的权利和行政处罚结果产生实际影响，故被诉行政处罚决定不必撤销，应当依法确认为程序轻微违法。被诉行政复议决定符合法定程序，认定事实清楚，适用法律正确，原告胡某要求撤销行政复议决定于法无据，故对其诉讼请求不予支持。综上所述，法院判决驳回原告胡某的诉讼请求。一审宣判后，原告胡某不服，向杭州市中级人民法院提起上诉。

【以案学法】

本案是一起典型的电商在网络经营活动中使用伪造的《食品经营许可证》和《营业执照》，且无证销售婴儿奶粉的网络行政诉讼案件，事关食品安全民生福祉，反映出目前电子商务经营的具体业态，以及市场监管机关在线上线下展开全面执法的情况。无论是对普通消费者、入网食品生产经营者还是市场监管机关的执法人员而言，都具有现实的警示教育意义。

（一）入网食品经营者的资质问题

根据《网络食品安全违法行为查处办法》第四条、第十八条之规定，入网食品经营者在网络平台开设店铺，无论是企业还是个体工商户，都必须具备相应的法定资质，应当在网上公示其《营业执照》和《食品经营许可证》，对食品安全信息的真实性负法律责任。但目前对于电商资质的核验，因众多网络平台开设的店铺数量极大，市场监管机关尚未完全开放网上官方验证通道，各网络平台尚未对所有电商资质构建完善的验证机制，不法商家会抱着侥幸心理上传虚假的证照，这些违法行为未必会被迅速发现。当务之急，是要强化形成全方位、多层次的监管机制，不允许出现漏洞。现有网络监管措施可以分为三种模式：一是根据《电子商务法》第二十八条规定，市场监管部门采取必要措施，将网络平台推到网络空间治理的前台，落实网络平台承担主动监控义务，通过制定平台社区规则进行有效规制，推动网络平台及时报送入网经营者的身份信息，对电商资质进行全面谨慎的审查；二是市场监管机关通过网络巡查机制和消费者举报投诉平台，督促入网经营者在网店显著位置公示真实的证照，一旦发现公示虚假证照行为，责令改正并处1万元以上3万元以下罚款；三是根据《治安管理处罚法》第五十二条规定，公安机关对买卖伪造国家机关证照的行为有权进行行政处罚，在违法行为同时违反社会治安秩序和网络管理秩序的情况下，因法律上形成的竞合关系，市场监管机关可以根据实际情况将案件移送公安机关进行查处。在该案中，胡某在网店公示的虚假证照系经他人伪造后购买，案发当时《电子商务法》尚未实施，而提供虚假证照行为与无证经营行为是紧密关联的，某市市场监管局对两个违法行为一并查处、分别量罚、合并处罚，并无不当。

（二）如何确定违法经营者身份的问题

在现实生活中，电子商务经营活动纷繁复杂，个人经营和企业经营经常混杂在一起，公司的法定代表人或股东同时以公司名义和个人名义对外开展经营活动，生产经营场所可能发生混同，进货渠道可能发生混同，从业人员也可能发生混同。在这种情况下，如何确定违法者的身份，是执法人员普遍面临的难题。在这个问题上，市场监管机关应当坚持线上和线下全面审查的方式予以解决。(1) 从线上审查的角度讲，就是对网店设立情况进行审查，查明设立主体究竟是个人还是企业。根据国家市场监督管理总局制发的《网络商品交易及有关服务行为管理暂行办法》《网络交易管理办法》之规定，网店实行网络实名制。以淘宝官方网站为例，该网站向公众明确告知申请设立个人店铺和企业店铺的资质、流程和步骤是不同的，开设企业店铺使用企业实名的支付宝，开设个人店铺则使用个人实名的支付宝。(2) 从线下审查的角度讲，一方面，通过现场执法检查方式，将执法现场查获的货物交由食品药品稽查机关和网络平台进行查验，以确认是否与网店销售记录中的收件人信息和产品种类、数量等信息相符合；另一方面，审查网络营销是否依法入账，将经营者的财务账簿作为审查重点，要求经营者提供完整的财务账簿，通过听证程序予以核查。2019年1月1日起实行的《电子商务法》针对目前执法的薄弱环节，强调线下执法检查的重要性。经过线上和线下的双重审查，即便购货渠道和购销货物的资金流向难以查清，也可以锁定经营者身份。

（三）办案期限问题

在对规范性法律文件的行政专业解释方面，司法机关具有最终决定权。司法审查对行政专业解释的态度直接影响到网络监管行政执法的效率。现有的食品监管相关法律法规对食品监管机关的办案期限缺乏统一规范，造成各地执法机关认识混乱的局面。《浙江省市场监督管理机关行政处罚程序规定》第五十五条规定，一般案件应当自立案之日起90日内作出处理决定，案情复杂的可以延长30日，案情特别复杂的案件经案件审理委员会集体讨论决定延期。第二次延期的期限从文义上没有明确，需要予以解释。某市市场监管局认为，在上位法和规范性文件没有明示的情况下，第二次延长的具体时间可以由案件审理委员会根据案件实际情况予以裁量决定。浙江省市场监管局则认为，第二次延长时间不能超过第一次延长时间，应当限于30日。从司法审查的角度来看，(1)《食品安全法》《食品药品行政处罚程序规定》《网络食品安全违法行为查处办法》及其他法律、法规、规章均未对查处食品违法行为的办案期限作出明示，《浙江省市场监督管理部门行政处罚程序规定》作为省级行政专业主管机关依据法定程序制定的具有法律意义的规范性文件，有权规范、约束下级行政机关的行政执法活动。(2)从行政效率和自我约束的角度看，浙江省市场监管局作为该规范性文件的制定者，有权在行政复议中对规范性文件规定的办案期限问题作出行政专业解释，除非有明显不合理之处，司法机关应当尊重其解释。(3)该专业解释没有减损公民的权利或增加公民的义务，没有增加行政机关的权力或减损行政机关的法定职责，而是根据浙江省的具体情况和实际需要，对行政机关的法定职责做了更为严格的要求，这与国家立法保护食品安全的立法趣旨相一致。

以案释法4：行政相对人基于对行政机关正当合理的信赖而取得的行政许可应当受到保护

【法律要点】

国家对生猪屠宰场的设置规划有严格的规定，生猪屠宰资格的许可及撤销，行政机关均需按照法律规定进行。然而，行政相对人基于对行政机关行政行为合法性与有效性的信赖而取得生猪屠宰资格，这种对行政机关的信赖应当受到保护。行政机关一旦撤销其行为而对行政相对人造成损失，行政机关应当承担责任，否则行政机关将逐渐失去公众的信赖。

【案情简介】

2008年8月，原告与武坚镇人民政府签订协议书，由原告在武坚食品站的经营范围内从事生猪屠宰等经营活动。扬州市江都工商行政管理局根据江都区生猪屠宰管理领导小组办公室出具的“生猪定点屠宰场证明”为原告核准的许可经营项目包括“生猪屠宰、鲜猪肉销售”，原告也投入了机械化生猪屠宰设备，并一直在经营。

2012年12月11日，被告区农委按照扬州市江都区《生猪屠宰场关闭整合工作方案》的文件精神和江都区人民政府召开的生猪屠宰场关闭工作推进会的要求，即“我区武坚等七家屠宰场将于2012年12月10日关闭”，区农委向所属武坚等七家基层畜牧兽医站发出

《紧急通知》，要求武坚等七家基层畜牧兽医站通知上述七家屠宰场从12月13日停止屠宰行为，停止检疫。原告认为被告的《紧急通知》超越职权，侵犯了原告的合法权益，故诉至法院，要求撤销被告作出的《紧急通知》中对原告进行停产停业并关闭的行政行为并且履行对原告的合格产品进行检验签章的义务。

另查明，扬州市江都区范围内的生猪屠宰场均未按照《生猪屠宰管理条例》的规定取得生猪定点屠宰证书和标志牌，工商部门对生猪屠宰场办理的核准登记手续也是以江都市生猪屠宰管理领导小组办公室出具的“生猪定点屠宰场证明”为依据。

【裁判结果】

江苏省扬州市江都区人民法院于2013年10月8日以〔2013〕扬江行初字第0013号行政判决书判决：确认被告扬州市江都区农业委员会于2012年12月11日作出《紧急通知》的行政行为违法；驳回原告江都市武坚食品站要求被告履行对原告的合格产品进行检验签章义务的诉讼请求。

【以案释法】

本案是一起因政府关闭生猪屠宰场而引发的纠纷，争议的核心问题：一是被告向其下属单位作出《紧急通知》的行为是否是具体行政行为；二是对于许可时就不符合法定条件的企业，行政机关能否直接撤销许可；三是应由哪个机关行使该撤销权。

（一）具体行政行为的认定。

具体行政行为是指由行政主体依法针对特定的相对人所作的具体的、单方的，能对相对人实体权利、义务产生直接影响的具体行政行为。

具体行政行为的构成分为四个要素：一是主体要素，即该行为一般由行政机关实施，但是，由法律、法规授权的组织或者行政机关委托的组织也可能实施；二是对象要素，即该行为是对特定的公民、法人或者其他组织作出的；三是成立要素，即该行为是行使行政权力所为的单方行为；四是内容要素，即该行为是作出有关特定公民、法人或者其他组织的权利义务的外部性行为。

具体结合本案，《紧急通知》虽然是被告区农委向其下属基层畜牧兽医站作出，然而其内容是要求包括原告在内的七家屠宰场停止屠宰，并要求畜牧兽医站停止检疫，对原告的权利义务产生了重大影响，结合具体行政行为的构成要素及特征，可以认定被告作出该《紧急通知》的行为是具体行政行为，并且是可诉的。

（二）信赖保护原则的定性。

所谓信赖保护原则，是指行政管理相对人对行政权力的正当合理信赖应当予以保护，行政机关不得擅自改变已生效的行政行为，确需改变行政行为的，对于由此给相对人造成的损失应当给予补偿。

主要内容包括四个方面：其一，行政行为一经作出，非有法定事由和非经法定程序不得随意撤销、废止或改变，即行政行为具有确定力和公定力。其二，行政机关对行政相对人作出授益行政行为后，即使发现有违法情形，只要这种违法情形不是相对人的过错（行贿或提供虚假资料、信息等）造成的，行政机关也不得撤销或改变，除非不撤销或改变此种违法行政行为会严重损害国家、社会公共利益。其三，行政行为作出后，如事后据以作出该行政行为的法律、法规、规章修改或废止，或者据以作出该行政行为的客观情况发生重大变化，为了公共利益的需要，行政机关可以撤销、废止或者改变已作出的行政行为。但只有通过利益衡量，认定撤销、废止或改变已作出的行政行为所获得的利益确实大于行政相对人将因此损失的利益时，才能撤销、废止或者改变相应行政行为。其四，行政机关撤销或改变违法作出的行政行为，如这种情形不是因相对人的过错造成的，要对相对人因此受到的损失予以赔偿。行政机关因公共利益需要撤销、废止或者改变其合法作出的行政行为，如这种撤销、废止或改变导致相对人的损失，要对相对人的损失予以补偿。

本案中，1997 年的《生猪屠宰管理条例》赋予了县级人民政府审查确定定点屠宰场并颁发定点屠宰标志牌的权力，而 2008 年 8 月 1 日新施行的《生猪屠宰管理条例》将该职权统一收归设区的市级人民政府，即县级人民政府没有了此项权力。由于生猪定点屠宰场的利润丰厚和管理的混乱，新《生猪屠宰管理条例》施行后，包括江都区在内的全国各地众多小屠宰场并未关闭，相当多的县级人民政府并未认真贯彻执行该条例，依旧行使着该项审批职权，该案原告的屠宰场即是在此背景下成立的。虽然从严格的法律规定上来看，原告屠宰场的成立也是违反法律法规的，然而根据信赖保护原则，原告屠宰场的设立并非存在主观恶意，因此原告基于对政府的信赖而取得的权益应视为“合法的”，如果遇有必须撤销行政许可的情形，行政机关在撤销许可时，也必须对原告受到的损失进行相应的补偿。

（三）违法行政许可的撤销主体问题。

关于撤销原告武坚食品站生猪定点屠宰资格的主体，一种观点认为必须由扬州市人民政府行使，因为《生猪屠宰管理条例》已经规定应由设区的市级人民政府取消其生猪定点屠宰场资格；另一种观点认为，扬州市江都区人民政府也可以撤销该许可，因为其是作出该许可的机关。

根据行政许可法第六十九条第一款第（二）项的规定，作出行政许可决定的行政机关或者其上级行政机关，根据利害关系人的请求或者依据职权，可以撤销行政许可：超越法定职权做出准予行政许可决定的。本案中，原告取得的许可是原江都市人民政府作出的，而根据新施行的《生猪屠宰管理条例》，作出该许可时原江都市人民政府已无该项审批权，无论是确定生猪定点屠宰场还是撤销该许可均应由设区的市级人民政府（扬州市人民政府）批准，即原江都市人民政府超越法定职权作出该许可。因此，江都市人民政府可以作为作出行政许可决定的行政机关来撤销原告的行政许可。行政许可法第六十九条第一款第（二）项撤销的原则上是基于行政机关的违法行为而为行政相对人设立的许可，是纠正自己错误的行政行为；而《生猪屠宰管理条例》作为实体法，撤销的许可是因为行政相对人的行为违法。因而，本案中扬州市江都区人民政府（原江都市人民政府）可以依法撤销该行政许可，法院驳回了原告江都市武坚食品站要求被告履行对原告的合格产品进行检验签章义务的诉讼请求。

以案释法 5：合理性优先，还是合法性优先？

【法律要点】

在行政执法和行政诉讼中，行政机关和人民法院在作出行政决定和行政判决时，经常会遇到一些合理不合法、合法不合理的难题，在强调严格执法的法治社会，这个问题又是无法回避、无法调和的。本案的焦点就是合理性优先还是合法性优先的问题，同时涉及对行政行为中的一事再罚的理解问题。

【案情简介】

1995 年 5 月 18 日，浙江省台州市所属的仙居工商局，查获台州市温岭华联贸易公司 14 辆以国产车“建设雅马哈”名义开销售发票的、从广州买来的进口走私日产雅马哈摩托车。因其提供不出国务院文件规定的《没收走私汽车摩托车证明书》，和公安部规定的每辆罚没车在国内流通必须要“一车一证”的证件，以及真实的符合商品名称的购车发票，在给当事人近六个月补证机会、当事人仍无法提供的情况下，台州市工商局于 1995 年 11 月 9 日作出了没收这批违法流通的摩托车的行政处罚决定。其处罚决定书认定的理由为：“本局认为：温岭市华联贸易公司经销日本产雅马哈 XV250 二轮摩托车，不能提供《货物进口证明书》或《没收走私汽车摩托车证明书》等相关单证，属违法行为。”故依国家工商总局 17 号令的规定予以没收。被处罚人不服，于 12 月 5 日提请复议，浙江省工商行政管理局经过慎重研究复议，维持原处罚决定。其维持理由为：“本局认为华联贸易公司购买无合法手续进口摩托车的行为，已违反了我国进口商品管理的规定，属违法行为。”被处罚人仍不服，于 1996 年 2 月 27 日起诉到台州市下属的临海市人民法院。

【裁判结果】

法院于 6 月 21 日作出判决，撤销了台州市工商局的处罚决定。1996 年 10 月底判决书下达，判决生效进入执行程序。台州市工商局和浙江省工商局认为法院判决完全是错误的，台州市工商局向浙江省高级人民法院提出了申诉，要求按审判监督程序再审本案；浙江省工商局鉴于此案将对工商管理走私物品流通产生全局性的判例影响，向浙江省高级法院、台州市中级人民法院发出了要求暂缓执行该案的紧急公函，并按照省政府分管领导的意见，将此案报请有关领导机关协调研究。行政执法机关和司法机关对此案的处理形成了截然不同的观点，而按行政诉讼法的规定，如果不提起再审，法院的判决将成为决定性的最终权力。强制执行发还没收的摩托车将不可避免。

【以案释法】

本案中，法院判决这样的行政行为违法，予以撤销，是否妥当。具体做如下分析。

（一）关于我国对走私行政管理的方式

为打击近年来越来越猖獗的走私汽车摩托车行为，我国通过刑法和行政法两个手段进行严厉的制约。刑法上规定了走私罪的具体类型，加大打击力度。而大量的正常管理处罚则依靠行政法手段来进行。行政管理分三个阶段，即走私前的警戒堵源（立法、宣传教育、案例警戒）、走私中处罚，以及处罚后对走私物品流通的管理。上文引述的大量政府法令，都是从处罚后对走私物品加强管理，防止其再违法流通而作出的。因此处罚后的流通管理是我国打击走私制约走私现象的重要手段。并不是只要没收过一次，就可以随便买卖流通了。对于违法流通的，国家法令也明确规定要再行没收。台州市工商局正是按照这些法令的规定，对本案的摩托车处罚没收的。如果依照本案法院的判决，走私物品只要经过一次罚没，谁都可以不按国家规定的手续进行买卖流通了。这等于否定了国家对走私货物第三阶段的管理权，对罚没过的就放任自流了。尤其是本案的行政执法并没有错，而作出这样的判决，对行政权的侵略和行政效能的损害就特别值得注意。

（二）关于对一事不再罚的法律理解

行政法上的“一事不再罚”原则，是指对同一主体的同一性质的同一个违法行为不能给予两次以上的行政处罚。因此其法律特征是主体（处罚对象）的同一、被处罚行为的同一、行为违法性的同一、违反的法律规范的同一（当然也有的触犯数法的同一行为也只选重者一次罚之），而不是处罚标的物的同一。在本案中，是构不成一事再罚的。原因如下：1. 处罚对象不同。广州公安局处罚的是广州五金交电采购供应站，浙江处罚的是温岭市华联贸易公司。2. 处罚性质不同。广州处罚的是因为走私；浙江处罚的是因为违法流通。3. 处罚的原因和理由不同。广州处罚的是因为被处罚者“采取向海关伪报的方式走私”，浙江处罚的是因为被处罚者“经销日本产摩托车不能提供《没收走私汽车摩托车证明书》等相关单证”。4. 适用的法律不同。广州公安局适用的是国家关于打击走私的没收规定，浙江适用的是国家关于管理走私物品流通的法令。两案仅有的共同点只有一个，就是法院认为的这些摩托车是处罚过的，也就是处罚标的物是相同的（这也是按法院的认定而言。因为广州公安局交给走私人自填的打印的空白一车一证并不能证明这批车就是广州处罚过的车，走私者完全可以偷梁换柱地乱填一气）。而处罚物品的相同在行政法上是绝对不能构成一事再罚的。因此判决书将“这批车已经由缉私部门作过没收处罚”作为撤销行政处罚的主要原因，是误解了一事不再罚的法理本义。

（三）关于对广州市公安局出具的违法书证的审查

本案的被处罚人曾经说，本案处罚是“政府感冒要百姓吃药”。言下之意是广州市公安局的行为违法是政府的责任，要处罚他不应该。这话看似有理，也被法院接受（中级人民法院判决书：“均属缉私部门查处走私行为不规范所致”），但其论点是站不住脚的。且不论购买走私物同时用假品名发票可以看出是明知的共同串通的行为，就是广州的政府机关感冒要浙江的政府机关吃药也是不行为，因为浙江的行政机关是在执行全国统一的国家法令，完全合法。如果确由于广州政府机关的违法行为造成了使当事人的摩托车被没收的后果，那他应该向广州的政府机关提出国家赔偿诉讼，而不能让严格执法的浙江政府机关代人受过承担败诉后果。

同时，按照行政诉讼合法性审查的原则，浙江法院在本案中确实无权审查广州市公安局的行政行为是否合法。但是，从证据学的角度，当事人提交的广州市公安局和其十一处出具的书证，却是本案法院必须进行合法性审查的证据。证据审查的第一要件就是合法，不合法的证据不能作为定案证据。从行政执法角度而言，合法性审查也是必须做到的。浙江省工商机关就是因为审查了广州市公安局出具的书证，认定其违反公安部、海关、国家工商局的法令规定，才认定其无效，才对摩托车处以没收的处罚。

在行政诉讼中，对涉及他案中行政机关的违法行为，法院不能直接审查其行为，但可以审查其作为证据的合法性这一观点，本人认为应确立为一个重要的原则，以此维护国家法制的统一，防止和稀泥和执法不严的现象蔓延。在实施《行政处罚法》时，这一点尤其重要。这也是本案有讨论价值的原因之一。

（四）关于被处罚事由仅是“形式上不规范”还是实质上违法

两级法院判决台州市工商局败诉，其很重要的理由是被处罚人提供的《没收走私汽车摩托车证明书》、无定点销售发票、自填的“一车一证”仅是在形式上“不符合特定形式的要求”。这里将国务院、公安部等三家的规定仅仅理解为是一种“特定形式”的规定，而不是法令。当事人违反了是可以由法院姑息原谅的。这显然是一种错误理解。行政执法必须“依法”，对于浙江的工商机关而言，只能按国务院、国家工商总局、海关、公安部的一系列法令规定办事，对在国内流通的经过走私罚没的车辆，严格查明是否有全国统一的《罚没证明书》和公安部统一发的“一车一证”，而无权视而不问，对违法流通的行为不加处罚。因为温岭华联公司的行为是明显违法的，绝不仅仅是“形式上的不合特定要求”。行政权是权利也是义务，违法不究也是失职，在理论上说法院也可以判不作为的工商机关承担法律责任，这样工商机关将处于两难的境地。

（五）关于本案行政处罚适用法律是否准确问题

两级法院的判决都是以适用法律不当为由撤销行政处罚决定。适用法律为何不当？法院认为：因为工商局适用的是《工商行政管理机关对走私贩私行为处罚的暂行规定》（失效），而被处罚人的行为不是走私，所以适用法律不当。如，一审判决所言“对原告以走私贩私行为进行处罚于法不符”。这一认定如果不加深究，是很容易被人认为正确的。其实法院在这样认定时犯了逻辑上的偷换概念的错误。因为台州和浙江两级工商局根本没有以走私为由对被处罚人进行处罚，而是因为其“经销日本产摩托车而不能提供合法单证，属违法行为”，才进行处罚。定性是非常准确的。而这一规定写在上述《暂行规定》的第1条第1款（见上文“相关法律”一节），在这一法规中，既规定了对走私行为的处罚，同时规定了对违法经销没收后走私车行为的处罚，处罚后果都是没收。这个法规的重点恰恰是“走私第三阶段”即罚后流通阶段的管理。由于对走私罚没的汽车摩托车的管理就规定在这个法规里，两级工商局只能适用这一法规规定而别无选择，因此适用法律完全是正确的。

（六）合理性优先还是合法性优先

《行政诉讼法》明确规定，法院审理行政案件只对行政行为进行合法性审查。而合法性审查是有明确的标准的，即现有的法律法规。只有当法律阙如或有含糊时，才允许法官进行自由裁量。本案可以适用的法规非常明确，且上下一致，法院只能按这些规定办而不能自己做任意理解和解释。法规规定要有“两证”方可合法销售，就必须这样做到，而不能姑息看社会上“一般如何处理”。特别是当行政机关依法在执法时，更要严格依法来分析，而不能认为这仅是“形式上的问题”。由于我国现在打私中存在着大量“以罚代没”“罚款放行”的执法不严行为，浙江两级工商机关严格执法的做法是难能可贵的。如果这样的行政行为都要被法院撤销，那么工商机关对违法流通行为只有放任不管了。本案的判决将直接起到判例的示范作用，严重影响工商机关严格依法管理，起到一个很差的社会效果。

本案有一个合法性和合理性的冲突问题。即对本案被处罚人来说，确实花了钱才购到这批摩托车，没收这批车从情理上说有点过头。说实在的，也正是这一点，左右了法官的情感判断，才出现了这种否定行政机关严格依法行政的不可思议的判决。但国务院法令和公安部、海关、工商局等的规章为严格管理走私物品的流通，又只做了没收这一种处罚方式。作为行政管理机关，只有适用法律的权利，而不能去变通处理。合理性原则只能建筑在合法性基础上，首先是要合法，然后才去考虑合理性。作为法院，审理行政案件的原则也应如此。而不能先从合理性出发，而置合法性于不顾，使严格依法行政的政府机关承担败诉责任。合理性的问题只有在依法裁决后在案外以其他的方式妥善解决。

以案释法 6：行政机关行使职权，应依照法律规定

【法律要点】

按照《行政诉讼法》的合法性审查原则，对案中涉及的税务非正常户认定和税务简易行政处罚进行了审查，以职权法定原则和税收法定原则的程序保障为视角，分析非正常户的认定与处罚以及在国地税改革过渡阶段的相关问题。

【基本案情】

2016 年 9 月 19 日，某市地方税务局某县分局网站发布公告，向包括 A 公司在内的 1154 户单位，送达责令限期改正通知书，告知被送达单位因其未按照《税收征收管理法》第二十五条及相关法律法规规定的期限办理纳税申报和报送纳税资料，限其于 2016 年 10 月 21 日前到某市地方税务局某分局各办税服务厅进行纳税申报与报送纳税资料，改正税务违法行为，如逾期仍不改正的，将按照《税收征收管理法》《税务登记管理办法》的相关规定进行处理。2016 年 11 月 29 日，A 公司因发现无法正常开具发票，公司处于非正常户状态，故前往注册地税务机关询问。第五税务所当场对 A 公司作出税务行政处罚，决定罚款 1 000 元，A 公司缴纳了罚款。某市某区国家税务局第七税务所于当天解除了对 A 公司的非正常户认定。A 公司对处罚决定不服，向某县国税局申请行政复议。县国税局经审理于 3 月 2 日作出《税务行政复议决定书》，维持了上述处罚决定。A 公司遂向人民法院起诉，请求撤销第五税务所作出的税务行政处罚决定，并返还人民币 1 000 元及其银行利息；撤销崇明国税局作出的县国税局作出的税务行政复议决定；撤销第五税务所对汕蓥公司作出的非正常户认定。

【裁判结果】

法院经审理认为：第五税务所在 A 公司经公告限期改正而未改正的情形下，对 A 公司的检查流于形式，第五税务所亦未能提供充分证据证明 A 公司查无下落并且无法强制履行义务，故第五税务所作出非正常户认定，依据不足。根据《国务院办公厅转发国家税务总局关于组建在各地的直属税务机构和地方税务局实施意见的通知》，个人所得税由地方

税务局负责征收和管理。第五税务所系国税局下属的税务所，对A公司未申报个人所得税行为作出处罚主体不适格。故法院判决：（一）确认第五税务所于2016年11月4日对A公司所作的非正常户认定违法；（二）确认第五税务所作出《税务行政处罚决定书（简易）》的行政行为违法，第五税务所应退还A公司罚款1000元及自2016年11月29日起至退还日止的利息（以1000元为基数、按银行同期存款利率计算）；（三）确认县国税局作出的《税务行政复议决定书》的行政行为违法；（四）驳回A公司的其他诉讼请求。

【以案释法】

本案系一起涉及新成立的小企业不服税务非正常户处理而提起的税务行政纠纷案。按照《行政诉讼法》的合法性审查原则，对案中涉及的税务非正常户认定和税务简易行政处罚进行了审查，以职权法定原则和税收法定原则的程序保障为视角，分析非正常户的认定与处罚以及在国地税改革过渡阶段的相关问题。税务机关应当严格依照法定职权和法定程序，对非正常户作出认定和给以相应的处罚。本案的裁判通过纠正税务机关的不当行为，保护了小企业的合法权益，以营造良好的税收法治环境。本案的处理对类似税务行政管理案件的处理，具有借鉴作用。

第三章　行政组织法

第一节　行政组织法概述

一、行政组织法的主要内容和意义

行政组织法的重要组成部分，是规定行政机关的组织、性质、地位、职权、基本活动原则、基本工作制度、机构和人员编制及行政机关设立、变更、撤销程序的法律规范系统。

建立健全完善的行政组织法制度的主要意义如下：

（一）确立各行政机关在整个行政机关体系和整个机关体系中的地位，明确其与各机关之间的相互关系，以保证行政机关体系和整个机关体系的正常、有序和协调运转。

（二）明确各行政机关的职权、职责，防止推诿、扯皮现象发生，提高行政管理效率，从而为相对人到行政机关办法提供便利。

（三）严格规定行政机关的设立与变更、撤销程序以及行政机关的机构、人员编制，防止机构膨胀、人浮于事，减少人民负担，以使财政经费更多地投入到经济建设和社会公益事业。

（四）确立行政机关的基本活动原则和基本工作制度。

（五）确立行政机关的责任范围，促使行政机关及其工作人员各司其职、各负其责，同时有利于在行政复议、行政诉讼中判别作为被告的行政机关是否有超越职权或不作为的违法情形，以便于追究相应的行政责任。

二、行政组织法的体系

行政组织法不存在统一法典，其通常由各种单行的，规范各种不同类型不同级别的行政机关的组织法组成，其中，主要包括中央行政组织法和其他地方行政组织法两大部分。中央行政组织法包括中央人民政府（国务院）组织法和中央人民政府工作部门（部、委、直属机构、办公机构等）组织法（或组织条例）。地方人民政府组织法包括省、自治区、直辖市、市（辖县的市和县级市）、自治州、县、自治县、乡、民族乡、镇等各级人民政府的组织法。

三、行政组织法的基本原则和基本制度

（一）行政组织法的基本原则

1. 民主集中制原则。它是处理行政机关与其他机关、行政机关之间和行政机关与公务员相互关系的根本准则。

2. 中央与地方行政机关的职权划分，遵循在中央的统一领导下，充分发挥地方的主动性、积极性原则。

3. 行政机关的组织建设，实行精简的原则。

（二）行政组织法的基本制度

1. 行政首长负责制是我国行政机关决策的基本制度。中央人民政府实行总理负责制和部长主任负责制；地方各级人民政府实行省长、市长、县长、乡长和镇长负责制。政府会议分为全体会议和常务会议，国务院工作中的重大问题，必须经国务院全体会议或者国务院常务会议讨论决定。县级以上地方各级人民政府工作中的重大问题，须经政府常务会议或者全体会议讨论决定。

2. 行政机关和政府组成人员任期制，它们是关于行政机关更迭期限的基本制度。国务院每届任期与全国人民代表大会每届任期相同。总理、副总理、国务委员连续任职不超过两届。地方各级人民政府每届任期与本级人民代表大会每届任期相同。

3. 民族区域自治制度，它是我国少数民族在行政管理方面行使自治权的基本制度。自治区、自治州和自治县的人民政府是该自治地方的自治机关之一，行使法律规定的民族自治权。

4. 公务员制度，它是我国选拔任用和管理行政机关工作人员的基本制度。公务员的录用和任用遵循德才兼备的用人标准和公开、平等、竞争和择优的原则。

第二节　公务员和廉政建设

一、公务员法概述

党的十六大提出，到2010年形成中国特色社会主义法律体系，党要“坚持依法执政”。干部人事管理法律规范是社会主义法律体系的重要组成部分，干部人事管理的法治化是依法治国的重要内容。2005年4月27日，第十届全国人民代表大会常务委员会第十五次会议通过《中华人民共和国公务员法》，填补了我国长期没有一部干部人事管理的综合性法律的空白。随着中国特色社会主义进入新时代，顺应形势任务的变化，2018年12月《中华人民共和国公务员法》修订颁布，自2019年6月1日起施行。

公务员法是公务员管理的基本依据，是改革开放以来党政机关干部人事制度改革成果的集中体现，反映了机关干部人事管理的基本规律和要求，具有鲜明的中国特色。公务员法自2006年1月1日施行以来，在建设高素质专业化公务员队伍中发挥了重要作用，取得了明显成效：一是公务员管理基本实现了有法可依、有章可循。以公务员法为主体，先后制定涵盖公务员录用、考核、职务任免与升降、奖励、惩戒、回避、培训、调任、辞职、辞退、申诉、聘任等30多个配套政策法规，逐步形成较为完整的公务员管理制度体系，公务员的进入退出机制、教育培训机制、考核评价机制、激励约束机制不断完善。二是极大地促进了公务员队伍结构优化。公务员考录制度坚持“凡进必考”，从源头上确保了公务员队伍的高素质，公务员队伍的来源、经历、专业、学历结构得到极大优化。

（一）立法宗旨

公务员法公务员法是关于公务员义务、权利和管理规范的法律，立法宗旨有以下四个方面。

一是规范公务员的管理，使公务员的管理有法可依，有章可循。通过总结长期以来党和国家干部人事管理的经验，借鉴国外人事行政管理中有益的、科学的管理原则和管理办法，形成科学合理的公务员管理规范，以保证公务员管理的科学化和法制化。

二是保障公务员的合法权益。权益包括权力和利益。在实践中，公务员的权益受到各种不法的侵犯的肯定时有发生，比如，有些地方长期拖欠工资，没有按时足额地发给工资、退休金等；有的公务员在职务升降、考核等工作中受到不公正待遇等。这些肯定严重影响和挫伤公务员工作的积极性，需要努力避免和克服。因此公务员法把保障公务员的合法权益作为立法宗旨之一。

三是加强对公务员的监督，促进勤政廉政。公务员是国家的公职人员。为了防止公务员滥用手中的权力，对公务员的义务、纪律需要特别的要求。对公务员的这种特别要求不同于对普通公民的要求，也不同于对一般的在国有企业、事业单位工作的公职人员的要求。为了加强对权力的监督和制约，需要加强对公务员的监督。

四是建设高素质的公务员队伍，提高工作效能。在新形势下，加强党的执政能力建设，推进民主法制建设，做好经济调节、市场监管、公共管理和社会服务等工作，需要造就一批高素质的人才，需要有一套公务员从事公务活动的科学、民主的行为规范。这就需要在制度和机制上吸引优秀人才加入公务员队伍，在他们加入公务员队伍后，通过培训、锻炼等各种形式提高公务员队伍的素质；需要进一步完善公务员的行为规范，强化公务员的服务意识和效率意识，以最少的投入争取最大的管理效益，不断提高管理水平，提高工作效能。

（二）管理原则

关于公务员管理原则体现在以下四个方面。

一是公开的原则。公务员管理贯彻体现公开的原则，既是依法行政的要求，也是政务公开的体现。其要求主要包括：其一是向社会公开有关公务员制度的法律、法规和政策；其二是向社会公开录用公务员、公开选拔公务员的资格条件，公开考试内容、方式和方法，公开考试成绩和录用或者选拔结果；其三是对公务员公开考核、奖惩、职务升降、工资福利、辞职辞退和退休等工作的标准、依据和程序。

二是平等的原则。公务员管理的平等原则是宪法关于法律面前人人平等的原则在公务员制度中的体现和反映。平等即机会均等。即在承认人的知识、能力等差异的基础上，允许所有符合法定条件的公民参加公务员考试，都享有按照个人能力和成就依法担任公务员的权利和机会。每个符合条件的公民均有申请报考公务员的权利，并有同等的机会参加公务员的录用考试，以同一标准决定是否被录用，不因种族、民族、家庭出身、宗教信仰、性别和教育程度等受到歧视或享有特权。在进入公务员队伍以后，在考核、培训、奖惩、职务升降、工资福利和退休等方面，同样是机会均等，即依照法律规定的不同情况，平等地享有权利，在同等条件下享受同等待遇。

三是竞争择优的原则。即在公务员的录用、公开选拔和职务晋升等方面，引人竞争机制。在公开、平等的基础上，在报考者之间、公务员之间展开竞争，实行优胜劣汰，优升劣降，好中选优，以使优秀人才脱颖而出，使公务员队伍保持生机和活力，从整体上不断提高公务员的素质，提高行政效率。

四是法治的原则。公务员管理坚持法治原则，既是依法治国，依法执政、依法行政的客观需要，也是公务员管理制度的必然要求。无论是公开平等，还是竞争择优，都需要通过法律来予以保障，也需要通过法律来统一对公开平等、竞争择优的认识。公开、平等、竞争、择优最终要体现在法律上，也就是公务员管理机关按照法定的权限、条件、标准和程序进行管理。公务员的管理还要严格依照法定的程序。如公务员晋升领导职务，应当按照民主推荐、组织考察、讨论决定、履行任职手续等程序办理。程序和实体具有同等重要的意义，仅有实体的标准和条件，但没有程序来保障标准和条件的实施，实体的标准和条件可能得不到实施，甚至有可能被扭曲滥用。

（三）修订内容

根据2017年9月1日第十二届全国人民代表大会常务委员会第二十九次会议《关于修改〈中华人民共和国法官法〉等八部法律的决定》修正2018年12月29日第十三届全国人民代表大会常务委员会第七次会议修订了公务员法。新修订的公务员法由原来的18章107条调整为18章113条，增加6条，实质性修改49条，个别文字修改16条，条文顺序调整2条，主要在以下几个方面作了补充调整和完善。

一是突出了政治要求。把习近平新时代中国特色社会主义思想作为公务员制度必须长期坚持的指导思想。把坚持和加强党的领导、坚持中国特色社会主义制度等一系列政治要求，体现到立法目的、管理原则、条件义务等规定中，把落实好干部标准贯穿公务员管理全过程和主要环节，进一步彰显了中国特色。

二是调整完善公务员职务、职级等有关规定。进一步推进公务员分类改革，改造非领导职务为职级，实行职务与职级并行制度，对领导职务与职级的任免、升降以及与此相关的条文进行了修改。

三是调整充实从严管理干部有关规定。将第九章章名“惩戒”调整为“监督与惩戒”，增加了加强公务员监督和公务员应当遵守的纪律等规定，修改完善了回避情形、责令辞职、离职后从业限制等规定，增加了在录用、聘任等工作中违纪违法有关法律责任的规定。

四是贯彻落实党中央关于加强正向激励的要求，健全完善公务员激励保障机制，加强了对公务员合法权益的保护。

五是根据公务员管理实践需要，对分类考录、分类考核、分类培训等进一步提出明确要求，对公务员考核方式、宪法宣誓、公开遴选等方面作了修改。

二、公务员的条件、义务与权利

公务员承担着依法履行公职、服务公众的职责。其对于整个国家社会的正常运转、社会良好秩序的维持、公民权益的维护都具有十分重要的作用。根据《公务员法》第十三条规定，公务员应当具备下列条件。

（一）具有中华人民共和国国籍。担任公务员是公民的一种政治权利，只有是一国的公民才能够享有此项权利。我国宪法第三十三条规定，“凡具有中华人民共和国国籍的人都是中华人民共和国公民”，“任何公民享有宪法和法律规定的权利，同时必须履行宪法和法律规定的义务”。具有中华人民共和国的国籍是公务员应当具备的首要条件。我国不承认双重国籍，公务员不得在拥有中国国籍的同时取得他国国籍，在任职期间不得退出中国国籍。

（二）年满十八周岁。年满十八周岁是担任公务员所必须达到的最低年龄条件。宪法第三十四条规定，中华人民共和国年满十八 周岁的公民，不分民族、种族、性别、职业。家庭出身、宗教信仰、教育程度、财产状况、居住期限，都有选举权和被选举权。部分领导成员是选任制公务员，只有拥有被选举权才具备成为选任制公务员的资格。

（三）拥护中华人民共和国宪法，拥护中国共产党领导和社会主义制度。修订后的公务员法增加了公务员必须拥护中国共产党领导和社会主义制度的内容，这是突出公务员政治标准的重要体现。任何公民都应当遵守宪法，公务员拥护宪法具有更深的含义、更高的要求，要自觉带头尊崇宪法、维护宪法、运用宪法，做学习宪法、遵守宪法的模范。中国共产党领导是中国特色社会主义最本质的特征。坚持党的领导，是党和国家的根本所在、命脉所在，是全国各族人民的利益所系、幸福所系。党和国家的长期实践充分证明，只有社会主义才能救中国，只有中国特色社会主义才能发展中国。中国特色社会主义制度是中国发展进步的根本制度保障，是具有鲜明中国特色、明显制度优势、强大自我完善能力的先进制度。公务员作为干部队伍的重要组成部分，具有鲜明的政治属性，必须旗帜鲜明讲政治，决不允许搞所谓的“政治中立”，必须拥护中国共产党领导和社会主义制度，始终在政治立场、政治方向、政治原则、政治道路上同以习近平同志为核心的党中央保持高度一致。

（四）具有良好的政治素质和道德品行。2018 年修订后的公务员法把“具有良好的品行”修改为“具有良好的政治素质和道德品行”，这是在公务员条件中突出政治标准的又一重要体现。公务员是公权力的行使者，是社会主义事业的中坚力量，具有良好的政治素质和道德品行，才能够把准政治方向，站稳人民立场，做到正确履职尽责，实践民主与法治，维护国家秩序、国家利益与公共利益。具有良好的政治素质，要求公务员增强“四个意识”，坚定“四个自信”，做到“两个维护”，自觉在思想上政治上行动上同以习近平同志为核心的党中央保持高度一致，全面贯彻执行党的理论和路线方针政策，认真贯彻落实党中央的各项决策部署，做到忠诚干净担当。具有良好的道德品行，要求公务员带头践行社会主义核心价值观，恪守职业道德，模范遵守社会公德、家庭美德，修养个人品德，维护公务员队伍的良好形象。

（五）具有正常履行职责的身体条件和心理素质。公务员需要有健康的身体和良好的心理素质，才能够精力充沛、积极主动地完成工作任务。不同职位对公务员身体条件的要求是不同的，具有正常履职的身体条件是相对职位要求而言的，不能够超出职位要求设置过高的身体条件。公务员法第三十一条规定，体检的项目和标准根据职位要求确定。具体办法由中央公务员主管部门会同国务院卫生健康行政部门规定。修订后的公务员法增加了公务员要具有正常履行职责的心理素质的内容。这里的心理素质，是指能够适应履职要求，有一定的心理承受能力，保持健康向上的心理状态，有积极健康的兴趣爱好，能够主动调整工作节奏，疏解工作压力和精神压力。

（六）具有符合职位要求的文化程度和工作能力。公务员承担着推进改革发展稳定、贯彻执行党和国家法律法规政策、推进国家治理体系和治理能力现代化等重要责任，需要具备一定的文化程度和工作能力。不同层级的公务员职责不同，要求具备的文化程度也不一样。比如，新录用的公务员，一般要求大学专科以上文化程度，特殊情况经省级以上公务员主管部门批准可以适当调整。又比如，提拔担任党政领导职务的，一般应当具有大学专科以上文化程度，其中厅局级以上领导干部一般应当具有大学本科以上文化程度。需要注意的是，担任公务员既要看学历，又不能唯学历。公务员应当具备的基本能力通常包括学习调研、综合分析、沟通协调、组织落实、依法办事等，除了基本能力外，不同层级和不同职位对工作能力的要求各有侧重。一个人具有较高的文化程度，并不意味着工作能力一定强，对两者必须同时提出要求。

（七）法律规定的其他条件。公务员法规定的公务员应当具备的条件，是一个公民担任公务员的最低要求，一些特殊职位可以根据职位特点要求相关的其他资格条件。比如法官法规定，担任法官必须从事法律工作满五年；民族区域自治法规定，自治区主席、自治州州长、自治县县长由实行区域自治的民族的公民担任。

所谓公务员的义务，是指国家法律对公务员必须作出一定行为或不得作出一定行为的约束和强制。公务员是行使公权力，执行公务的人员，对其手中掌握的权力如果不作规范加以严格限制，就可能被滥用。所以，必须严格规定公务员的义务，而且，义务具有强制性，公务员不得放弃或不履行自己的义务，否则，要承担相应的法律责任。按照我国公务员法第十四条规定，我国公务员应当遵守下列义务：1. 忠于宪法，模范遵守、自觉维护宪法和法律，自觉接受中国共产党领导；2. 忠于国家，维护国家的安全、荣誉和利益；3. 忠于人民，全心全意为人民服务，接受人民监督；4. 忠于职守，勤勉尽责，服从和执行上级依法作出的决定和命令，按照规定的权限和程序履行职责，努力提高工作质量和效率；5. 保守国家秘密和工作秘密；6. 带头践行社会主义核心价值观，坚守法治，遵守纪律，恪守职业道德，模范遵守社会公德、家庭美德；7. 清正廉洁，公道正派；8. 法律规定的其他义务。

所谓公务员的权利，是指国家法律对公务员在履行职责、行使职权，执行公务的过程中，可以作出某种行为，要求他人为或者不为某种行为的能力和资格。其含义是：一是公务员的权利以其身份为前提；二是国家规定公务员的权利，是为了公务员有效地行使职权，执行公务；三是公务员权利的具体内容是由国家明文规定，并且公务员权利的行使是由国家法律加以保障的。根据公务员法第十五条，公务员享有下列权利：1. 获得履行职责应当具有的工作条件；2. 非因法定事由、非经法定程序，不被免职、降职、辞退或者处分；3. 获得工资报酬，享受福利、保险待遇；4. 参加培训；5. 对机关工作和领导人员提出批评和建议；6. 提出申诉和控告；7. 申请辞职；8. 法律规定的其他权利。

以案释法：录用公务员行为属于行政诉讼受案范围

【法律要点】

公务员录用行为符合被诉具体行政行为的要件，属于司法审查的范畴，人民法院依法应予受理；招录机关有权对报考公务员的考生进行资格审查和复审；教育部规定的《普通高等学校本科专业目录》是针对全国普通高等学校面向全国高考设定的每个学校专业分类，该专业目录不能作为相关公务员招录工作的法定依据。

【案情简介】

2009 年 3 月，陕西省公务员局在其官方网站公布了《2009 年全省统一考试录用公务员和参照管理单位工作人员职位表》，其中西安市城改办招录城市规划专业科员职位一名。用人单位西安市城改办对其招录科员（城市规划）职位的要求为：“具有城市规划类相关背景，熟悉规划、土地方面有关法规和政策，了解相应的工作程序和工作方法，有城市规划编制或管理工作经验最佳。”张洋、张竞均报名参加了由陕西省公务员局统一组织的本次招录考试。

张洋 2008 年 7 月毕业于西安建筑科技大学，所学专业为城市规划与设计，研究生学历，硕士学位。张竞 2006 年 7 月毕业于云南财贸学院，所学专业为资源环境与城乡规划管理，大学本科学历。张竞在校学习城市规划原理、房地产开发与经营、小区生态与园林等课程，并于2009年9月取得土木工程助理工程师的专业证书。张洋、张竞分别通过报名资格审查后，经过笔试和面试，张竞总成绩排名第一，张洋总成绩排名第二。又经过体检、政审、公示等程序，2009年10月，陕西省公务员局下发录用通知，录用张竞为西安市城改办科员。2009年10月15日，西安市人事局向张竞发出了西安市公务员录用通知书。陕西省公务员局及陕西省人力资源与社会保障厅均认为张竞所学专业符合其报考职位要求。

【裁判结果】

法院判决：驳回原告张洋的诉讼请求。宣判后，张洋不服，提起上诉。中级人民法院经审理认为，原审判决认定事实清楚，适用法律正确，应予维持。依照行政诉讼法第六十一条第（一）项之规定，二审法院判决：驳回上诉，维持原判。

【以案释法】

（一）行政行为及其法律属性

行政行为是指行政主体运用行政权在实施行政管理活动中所作出的具有法律意义和法律效果的行为。其法律属性为行政行为的主体是特定的，必须是具有或者行使行政权的机关或者组织；行政行为的职权属性是界定行政行为的必要特征，行政主体实施的是行使行政职权的行为；行政行为的内容属性是以实现某种法律后果为目的的意思表示，这种法律后果可以表现为法律权利义务的设定、变更、消灭，以及具有法律约束力的事实或者权利义务的确认；行政行为指向的对象包括具体行政行为和抽象行政行为；行政行为的效果有内部效果与外部效果的区分。公务员法第二十二条规定：中央机关及其直属机构公务员的录用，由中央公务员主管部门负责组织。地方各级机关公务员的录用，由省级公务员主管部门负责组织，必要时省级公务员主管部门可以授权设区的市级公务员主管部门组织。国家人事部《公务员录用规定（试行）》第九条规定，省级公务员主管部门负责本辖区公务员录用的综合管理工作，负责组织本辖区内各级机关公务员的录用。由此规定说明，省级公务员主管部门具有负责本辖区公务员录用的法定职责。具体到本案中，陕西省公务员局作为省级公务员主管行政机关，在行政管理活动中行使行政职权，负责陕西省辖区内的公务员录用工作，因此，录用行为属于行政行为，并且是公务员主管行政机关针对报考人员是否符合录取条件所做出的具体行政行为。

（二）公务员录用程序中行政相对人认为权利受侵犯而起诉属于行政诉讼受案范围

行政诉讼的受案范围是指人民法院依法受理并审理行政案件的范围，即人民法院对哪些行政纠纷拥有司法审查权。行政诉讼受案范围是人民法院司法审查权的行使范围，也是公民权利受司法保护的范围。录用行为具有具体行政行为的要件，但该行为是否可以被人民法院受理即是否属于行政诉讼的受案范围，实践中存在争议，一种意见认为，录用行为不属于人民法院行政诉讼的受案范围，应当裁定驳回起诉。其理由是公务员招录行为虽是一个具体行政行为，但国家公务员招录考试报名条件的设置，属于公务员内部管理事项；同时，在行政诉讼法和最高人民法院《关于执行行政诉讼法若干问题的解释》中均没有将此类纠纷列入受案范围中，公务员法和人事部《公务员录用规定（试行）》也没有规定考生对公务员招录行为不服可以提起行政诉讼。因此，公务员的招录属于内部管理关系，应当由行政机关内部规章制度来调整，不属于人民法院行政诉讼案件的受案范围。另一种观点则认为，公务员录用行为符合被诉具体行政行为的条件，应当属于人民法院主管的行政案件，此类案件属于司法审查范畴，人民法院依法应予受理。笔者同意后一种意见，具体理由可以从以下方面进行综合考量。

首先，从行为对象分析。最高人民法院《关于执行行政诉讼法若干问题的解释》第4条规定：行政诉讼法第十二条第（三）项规定的“对行政机关工作人员的奖惩、任免等决定”，是指行政机关作出的涉及该行政机关公务员权利义务的决定。由此规定可以解读出：行政诉讼法第十二条第（三）项所规定的行为，是行政机关针对“该行政机关公务员”所作的行为。具体到本案中，原告张洋最终未被录用，尚不具有公务员的身份，因此并非“该行政机关公务员”。这里需要说明的是，尽管公务员法规定了公开考试作为公务员聘用的路径之一，但行政机关公开聘用公务员并不属于行政诉讼法第十二条第（三）项规定的“任免”，该条规定的“任免”，应理解为公务员法第六章“职务任免”及第十三章“辞职辞退”中的行为，是针对具备公务员身份的人员具体职务的任免、辞退行为。由此，原告针对被告若以公务员的身份提起诉讼，则显然不属于行政诉讼法第十二条第（三）项所规定的奖惩、任免行为，人民法院当然不能受理。但值得关注的是，本案原告并非以所谓的公务员身份提起诉讼，因此若法院以此为由不予受理此案，则与原告的诉讼理由相悖。

其次，从原告提起诉讼的基础分析。除原告是否具有公务员身份外，原告针对被告行为提起的诉讼是否属于行政诉讼的受理范围，还需要分析原告提起诉讼的基础，即原告究竟基于何种身份、何种理由提起诉讼，这在原告同时具有公务员身份及行政相对人身份的案件中尤其重要。如前所述，若原告提起诉讼是基于其公务员身份，基于其作为公务员的权利受到侵犯，则不属行政诉讼受案范围；但若原告提起诉讼是基于行政相对人的身份，是因行政相对人的权利受到侵犯，则属于行政诉讼的受案范围。本案中，原告张洋的身份单一，不具有公务员身份，在公务员录用程序中其身份应被认定为行政相对人；换而言之，原告张洋提起本案诉讼，是基于行政相对人的身份，是作为行政相对人的权利受到侵犯而提起的行政诉讼，应认为属于行政诉讼受案范围。

再次，从原告的救济途径分析。应当看到，行政诉讼法将“行政机关工作人员的奖惩、任免等决定”排除于行政诉讼之外，是基于司法权与行政权界限的认识与划分，二者的权利边界是清晰的，但这并不意味着不给行政机关工作人员任何救济途径，无论是国家公务员暂行条例还是公务员法，均就公务员在其权利遭受侵犯时的申诉和控告行政救济程序作出了明确规定。然而，报名参加公务员考试的应试人员因为最终未被录取而没有取得公务员身份，无法根据公务员法就公务员权利遭受侵犯时的救济途径请求救济，也不属于该法规定的可以提出申诉、控告情形。这就意味着，如果录用单位的录用行为被认定为属于行政诉讼法第十二条第（三）项规定的行为而不属于行政诉讼的受案范围，则应试人员无法获得行政救济，也无法获得司法救济，导致的后果是将无法获得任何救济，这对报考公务员的人而言极不公平，也容易使公务员录用行为因为缺乏外部监督而变得更加随意。

最后，从法律规定分析。行政诉讼法第二条规定：公民、法人或者其他组织认为行政机关和行政机关工作人员的具体行政行为侵犯其合法权益，有权依照本法向人民法院提起行政诉讼。同时该法第12条对人民法院不受理公民、法人或者其他组织提起的诉讼中列举的条款也没有规定公务员录用行政纠纷是否属于行政诉讼的受案范围。笔者注意到，最高人民法院《关于执行行政诉讼法若干问题的解释》第1条规定：“公民、法人或者其他组织对具有国家行政职权的机关和组织及工作人员的行政行为不服，依法提起诉讼的，属于人民法院行政诉讼的受案范围。”第13条规定：“有下列情形之一的，公民、法人或者其他组织可以依法提起行政诉讼：(1) 被诉的具体行政行为涉及其相邻权或者公平竞争权的；(4) 与撤销或者变更具体行政行为有法律上利害关系的。”由此可以解读出：具体行政行为涉及公民之间公平竞争、变更或者撤销具体行政行为与公民有法律上的利害关系，均应属于行政诉讼的受案范围。而公平竞争权是公民、法人或者其他组织享有的一种法定权利。在有些情况下，行政机关作出的具体行政行为可能会破坏公平竞争的环境和规则，从而成为公平竞争的侵权者，如公平竞争权人认为行政机关的具体行政行为侵犯了其公平竞争权，便可以作为原告向法院提起行政诉讼。具体到本案中，原告张洋因参加公务员招录考试，取得总成绩第二名，在用人单位录用一人的情况下，其与第一名之间形成公平竞争关系是不言而喻的，故被诉具体行政行为与原告张洋具有法律上的利害关系，其提起行政诉讼符合行政诉讼法及司法解释中关于行政诉讼起诉条件的规定，作为本案行政诉讼主体之一的原告是适格的，不存在法律上的障碍。

综上所述，应认为本案中被告的录用行为不属于行政诉讼法第十二条第（三）项规定的行为，同时被告的录用行为对原告权利、义务产生实际影响，属于可诉行政行为，原告针对被告录用行为提起的行政诉讼，属于人民法院受案范围。

（三）招录机关有权对报考公务员的考生资格进行审查

招录机关是指能够以自己的名义独立行使公务员招录权的机关。我国公务员法规定：录用公务员，应当发布招考公告。招考公告应当载明招考的职位、名额、报考资格条件、报考需要提交的申请材料以及其他报考须知事项。招录机关根据报考资格条件对报考申请进行审查，根据考试成绩确定考察人选，并对其进行报考资格复审、考察和体检。《公务员录用规定（试行）》规定：省级公务员主管部门负责本辖区公务员录用的综合管理工作。具体包括负责组织本辖区内各级机关公务员的录用；根据公务员法和本规定，制定本辖区内公务员录用实施办法；负责组织本辖区内各级机关公务员的录用。报考者应当向招录机关提交报考申请资料，报考者提交的申请材料应当真实、准确。招录机关根据报考资格条件对报考申请进行审查，在规定时间内确认报考者是否具有报考资格。招录机关按照省级以上公务员主管部门的规定，根据报考者的考试成绩由高到低的顺序确定考察人选，并对其进行报考资格复审和考察。由此规定可以解读出：对报考者提交的申请资料进行审查的主体是招录机关，而非用人单位。换言之，招录机关有权对报考公务员的考生进行资格审查和复审。具体到本案中，本案招录机关为陕西省公务员局，其有权对考生进行资格审查和招录。作为用人单位的西安市城改办并非招录机关，只有申报用人需求的权力，并不享有公务员招录权，因而西安市城改办无权对报考公务员的考生进行资格审查和复审。

（四）《普通高等学校本科专业目录》不应作为确定招录公务员专业条件的唯一依据

招录公务员对报考职位的标准设定是招录单位根据用人单位提供的所需岗位招录条件划定的用人标准，涉及年龄、学历、专业、工作经历等相关内容。教育部规定的《普通高等学校本科专业目录》是全国普通高等学校面向全国高考设定的每个学校专业分类，以便学生根据自己的专长选择学校和专业，具有一定的针对性。因招录公务员与普通高等院校招生是两种不同的路径，且公务员招录专业资格条件与教育部招生培养专业分类也无法实现一一对应，同时，国家公务员主管部门对于专业的总体要求是要淡化专业分类，因此《普通高等学校本科专业目录》不能作为公务员招录工作的法定依据，其仅仅可以作为参考依据。具体到本案中，陕西省2009年公务员招录工作中，对西安市城改办专业职位的要求是“具有城市规划类相关背景，熟悉规划、土地方面有关法规和政策，了解相应的工作程序和工作方法，有城市规划编制或管理工作经验最佳。”张竞所学专业为资源环境与城乡规划管理，虽不是陕西省公务员局招录公告中的城市规划，但其所学的多门课程与城市规划相关，基本符合报考职位本身的性质和用人单位的需求。陕西省公务员局认定张竞所学专业具有城市规划类相关背景，符合报考职位的专业资格条件，按照规定的资格条件和程序进行录用并无不当。

第四章　行政行为法

第一节　行政许可

一、行政许可法的立法宗旨

立法宗旨是一部法律的灵魂，为立法活动指明方向和提供理论依据，对于确定法律的原则、设计法律条文、处理解决不同意见等具有重要的指导意义。2003 年 8 月 27 日，备受瞩目的《中华人民共和国行政许可法》（以下简称行政许可法）由十届全国人大常委会第四次会议通过，并将于 2004 年 7 月 1 日起施行。该法是继《行政诉讼法》《行政处罚法》《行政复议法》颁布实施后又一部规范政府共同行为的极其重要的法律，是“我国民主法制建设史上的又一座里程碑”。行政许可法的立法宗旨是通过规范行政许可的设定和实施，在维护公民、法人或者其他组织的合法权益与保障行政机关依法行使职权两方面寻找最佳结合点。

（一）规范行政许可的设定和实施

这可以概括为最直接的立法目的，也反映了行政许可立法的必要性。所谓行政许可设定权，就是规定公民、法人或者其他组织从事某些特定的活动，需要事先经行政机关批准的权力。过去，行政许可的设定权不够明确，设定主体比较混乱，致使行政许可事项不断增加，加大了经济发展成本，甚至阻碍了经济和社会的发展，妨碍了公民、法人或者其他组织的创造性和积极性。为了从源头上解决行政审批过多过滥的问题，行政许可法在立法宗旨上，开宗明义，要规范行政许可的设定，主要从两方面入手：一是规范行政许可的设定范围，明确了可以设定行政许可的主要事项；二是规范设定行政许可的主体，严格限制和减少设定主体。根据行政许可法的规定，享有行政许可设定权的，只有法律、行政法规

(包括国务院的决定)地方性法规以及省级人民政府规章。过去曾大量设定行政许可的部门规章，被取消了设定权；对省级人民政府设定行政许可，也作了严格的限制。除了法律、行政法规（包括国务院的决定）地方性法规和省级人民政府规章外，其他规范性文件，一律不得设定行政许可。凡是设定了行政许可的，一律无效，并予以撤销。这对从源头上治理行政审批过多过滥的现象具有重要意义。行政许可的实施，就是指行政机关按照法定的程序，批准或者不批准公民、法人或者其他组织的行政许可申请的活动以及对被许可人的监督和管理等。过去由于行政许可的实施程序没有统一立法，行政许可的办理，在不同地区、不同部门，有很大的差异。有些审批程序不公开、不公平，成为腐败的温床；有些审批程序非常烦琐，不利于老百姓办事。行政许可立法，一方面要减少行政审批；另一方面要简化行政审批程序。实施行政许可，要做到公正、公开，公布许可条件，禁止暗箱操作；一个行政机关实施行政许可涉及机关内部几道环节的，应当“一个窗口”对外；依法需要几个部门许可的，要集中统一办理，尽量减少多头审批；决定行政许可，行政机关应当听取当事人的意见，不予许可的要说明理由等。

（二）实现保护公民利益和维护公共利益的统一

这可以理解为行政许可立法的间接目的，即在规范行政许可的设定和实施的过程中，所要达到的目的。它体现了行政许可法的价值取向。主要包括以下几点。

第一，保护公民、法人和其他组织的合法权益。国家行政机关在负责组织、领导和管理国家行政事务，行使国家行政管理职权的过程中，根据宪法、法律、行政法规、地方性法规以及行政规章的规定，可以采取行政措施，依职权作出各种具体行政行为。虽然行政机关的行政行为必须依据法律或者在法律规定的范围内作出，但国家行政机关在国家机构中是机关最大工作人员最多，管理的范围和涉及的领域最广，同公民关系最为密切的机关，在行使职权时也最容易与相对人发生纠纷。就行政许可的实施而言，行政机关可以批准或者不批准行政许可申请人的申请，可以撤销、吊销、注销已经颁发的行政许可，可以对被许可人进行种种监管等。这些权力运用不当，都有可能侵犯被许可人的合法权益。本法对行政许可设定和实施的规范，在设计有关制度和程序的时候，一个重要的指导思想就是要保护公民、法人或者其他组织的合法权益。如行政许可的设定和实施，应当依照法定权限、范围、条件和程序；应当遵循公开、公正、公平、非歧视的原则；应当遵循便民的原则。公民、法人或者其他组织对行政机关实施行政许可，享有陈述权、申辩权；有权申请行政复议或者提起行政诉讼；其合法权益因行政机关违法实施行政许可受到损害的，有权依法要求赔偿。特别是本法还规定了信赖保护原则，公民、法人或者其他组织依法取得的行政许可，受法律保护，行政机关不得擅自改变。这些都是保护公民、法人或者其他组织合法权益的直接体现。

第二，维护公共利益和社会秩序。不同公民的权利和自由的有机组合、和谐相处的状态构成了社会发展和稳定所必需的秩序。维护这种秩序，成为社会成员的一种共同利益和要求。当某一个个体的权利和自由超越一定的界线，不断膨胀和扩大时，就会影响或损害他人的权利和自由，进而损害公共利益和社会秩序。因此对权利和自由的行使要有一定的限制和监督，这就是行政管理的任务之一。公共利益和社会秩序并不脱离公民的权利和自由单独存在，而是通过具体的权利和自由体现出来。对公共利益和社会秩序的维护，也是从根本上维护大多数人的利益。行政许可立法致力于在保护公民权利与维护公共利益和社会秩序方面，寻找最佳结合点。如行政机关实施行政许可，一方面要坚持公开、公平、公正和非歧视的原则，接受公民、法人或者其他组织的监督；另一方面，行政机关要对被许可人从事许可活动实施有效监督，对违法从事许可活动的个人和组织，依法给予处理。需要指出的是，公共利益在本质上是非人格化的利益，是不特定多数人的利益。它与部门利益、单位利益和小集体的利益是有本质区别的。实践中，有的假借公共利益之名，行谋取部门利益、小集体利益之实，这是应当予以警惕和注意的。

第三，保障和监督行政机关有效实施行政管理。保障公民的权利和自由，维护公共利益和社会秩序，都需要行政机关积极开展工作来实现。但在对行政机关权限的赋予上，要两者兼顾。行政机关的权限过小、手段过少，会影响上述目的的实现；但权限过大，缺乏监督，就有可能导致权力滥用，同样会影响上述双重目的的实现。正是基于以上要求，本法对行政机关的规定，包括以下两方面，一是保障行政机关依法行使职权；二是监督行政机关依法履行职责。在行政法的发展历史上，先后有两种理论观点，一种强调管理，即行政法就是管理法，侧重于保障行政机关行使职权，赋予其充分的法律手段；另一种强调控制和抑制行政权，以保护公民的权利。现在，我国的行政法理论已基本达成了一种共识，即对行政机关，既要保障其依法行使职权，又要加强对其行使权力活动的监督。我国的行政诉讼法、行政复议法、行政处罚法等都体现了这一思想。行政许可法也不例外，也体现了保障与监督并举的宗旨。一方面，赋予国务院和省级人民政府一定的行政许可设定权，方便它们及时运用行政许可手段进行管理；规定行政许可的实施机关和实施程序，保障行政机关依法实施行政许可；赋予行政机关监督检查权，保障了行政机关对行政许可的监管；规定违反行政许可管理的法律责任，保障了行政机关的处罚手段等。另一方面，监督行政机关实施行政管理，如在行政许可的实施过程中，规定了行政机关的具体责任；公民可以提请行政复议和行政诉讼；上级行政机关、监察机关等可以监督行政机关实施行政许可的行为；行政机关及其工作人员违法实施行政许可应当承担相应的法律责任等。

二、行政许可法的内容解读

（一）行政许可法的调整范围

按照行政许可法规定，本法所要规范的行政许可，是指行政机关根据公民、法人或者其他组织的申请，经依法审查，准予其从事特定活动的行为。有关行政机关对其他机关或者对其直接管理的事业单位的人事、财务、外事等事项的审批，不适用行政许可法。

对适用行政许可法的行政许可，行政许可法针对行政许可在设定和实施方面存在的突出问题，从行政许可设定权、设定行政许可的事项以及实施行政许可的机关、程序、费用、监督、责任等方面作了明确、具体的规定。

（二）行政许可的设定权

行政许可是一项重要的行政权力。设定行政许可属于立法行为，应当符合立法法确定的立法体制和依法行政的要求，做到相对集中。从权限来说，原则上只有全国人大及其常委会、国务院可以设定行政许可，省、自治区、直辖市和较大的市的人大及其常委会、人民政府可以依据法定条件设定行政许可，国务院各部门和其他国家机关一律不得设定行政许可。从形式来说，设定行政许可的法律文件必须是公开的、规范的，有关行政许可实施机关、条件、程序和期限的规定应当明确、具体。总的来说，只有法律、行政法规和国务院有普遍约束力的决定可以设定行政许可，地方性法规和地方政府规章可以依据法定条件设定行政许可，其他规范性文件一律不得设定行政许可。据此，针对目前设定行政许可比较混乱的问题，行政许可法按照合法的原则，对行政许可设定权从严作了规定。

一是法律可以对行政许可法规定的可以设定行政许可的各类事项设定行政许可。行政许可法规定可以设定行政许可的事项，尚未制定法律的，行政法规、国务院有普遍约束力的决定可以设定行政许可。需要全国统一制度和中央统一管理的事项，只能由法律、行政法规设定行政许可。

二是除只能由法律、行政法规设定行政许可的事项外，依法可以设定行政许可的事项，尚未制定法律、行政法规、国务院有普遍约束力的决定的，地方性法规、地方政府规章可以设定行政许可。

三是法律、法规、地方政府规章之间，法律设定行政许可的，行政法规、国务院有普遍约束力的决定、地方性法规、地方政府规章不得与之相抵触；行政法规、国务院有普遍约束力的决定设定行政许可的，地方性法规、地方政府规章不得与之相抵触；地方性法规设定行政许可的，地方政府规章不得与之相抵触。

四是除法律、行政法规、国务院有普遍约束力的决定、地方性法规、地方政府规章外，国务院部门规章以及依法不享有规章制定权的地方人民政府和其他机关制定的规范性文件不得设定行政许可。

（三）设定行政许可的事项

在现实生活中存在一种倾向，一讲行政管理，就要审批。于是，什么事情都要设定行政许可。针对这个问题，在立法征求意见过程中，普遍认为行政许可法对哪些事项可以设定行政许可，哪些事项不能设定行政许可，需要作出明确规定。考虑到我国经济体制还处于转轨时期，政府职能转变还没有完全到位，为了对下一步改革留有余地，这个问题不宜规定过于具体，以免挂一漏万。据此，行政许可法对可以设定行政许可的事项作了原则规定，主要是直接涉及国家安全、公共安全、经济宏观调控、生态环境保护以及直接关系人身健康、生命财产安全等特定活动，需要按照法定条件予以批准的事项；有限自然资源开发利用、公共资源配置以及直接关系公共利益的特定行业的市场准入等，需要赋予特定权利的事项；提供公众服务并且直接关系公共利益的职业、行业，需要确定具备特殊信誉、特殊条件或者特殊技能等资格、资质的事项；直接关系公共安全、人身健康、生命财产安全的重要设备、设施、产品、物品，需要按照技术标准、技术规范，通过检验、检测、检疫等方式进行审定的事项；企业或者其他组织的设立等，需要确定主体资格的事项；法律、行政法规规定可以设定行政许可的其他事项。除这些事项外，其他事项不得设定行政许可。同时，设定行政许可还要坚持合理的原则，可以设定行政许可的事项，也并不是都要设定行政许可。据此，行政许可法规定，通过下列方式能够予以规范的，可以不设行政许可：1. 公民、法人或者其他组织能够自主决定的；2. 市场竞争机制能够有效调节的；3. 行业组织或者中介机构能够自律管理的；4. 行政机关采用事后监督等其他行政管理方式能够解决的。

（四）行政许可的分类

现行法律、法规规定的行政许可包括审批、审核、批准、认可、同意、登记等不同形式，涉及不同部门、不同行政管理事项。经分析，不同种类的行政许可，其性质、功能、适用条件和程序是有很大差别的。比如，有关国有土地的出让审批，应当实行招标、拍卖；工商登记就无法招标、拍卖。再如，取得律师资格，需要考试；集会游行示威许可就不能通过考试取得。因此，为了对行政许可加以规范，强化对实施行政许可的监督，行政许可法借鉴国外通行做法，根据性质、功能、适用事项的不同，将行政许可分为以下五类。

一是普通许可。普通许可是由行政机关确认公民、法人或者其他组织是否具备从事特定活动的条件。它是运用最广泛的一种行政许可，适用于直接关系国家安全、经济安全、公共利益、人身健康、生命财产安全的事项。普通许可的功能主要是防止危险、保障安全，一般没有数量控制。

二是特许。特许是由行政机关代表国家向被许可人授予某种权利，主要适用于有限自然资源的开发利用、公共资源的配置、直接关系公共利益的垄断性企业的市场准入等。海域使用许可、无线电频率许可是典型的特许。特许的功能主要是分配稀缺资源，一般有数量控制。

三是认可。认可是由行政机关对申请人是否具备特定技能的认定，主要适用于为公众提供服务、直接关系公共利益并且要求具备特殊信誉、特殊条件或者特殊技能的资格、资质。认可的主要功能是提高从业水平或者某种技能、信誉，没有数量限制。

四是核准。核准是由行政机关对某些事项是否达到特定技术标准、技术规范的判断、确定，主要适用于直接关系公共安全、人身健康、生命财产安全的重要设备设施的设计、建造、安装和使用，直接关系人身健康、生命财产安全的特定产品、物品的检验、检疫。核准的功能也是为了防止危险、保障安全，没有数量控制。

五是登记。登记是由行政机关确立个人、企业或者其他组织的特定主体资格。登记的功能主要是确立申请人的市场主体资格，没有数量控制。

（五）行政许可程序

行政许可程序是规范行政许可行为，防止滥用权力、保证正确行使权力的重要环节，需要作出具体规定。

按照效能与便民的原则，行政许可法总结成功实践经验，借鉴国外通行做法，从行政机关和老百姓两个方面对实施行政许可的一般程序作了规定：1. 省级人民政府经国务院批准，可以将几个行政机关行使的行政许可权相对集中。2. 一个行政机关实施行政许可涉及机关内部几道环节的，应当“一个窗口”对外。3. 依法需要几个部门几道许可的，可以由一个部门牵头征求其他有关部门意见后统一办理，或者实行联合办理、集中办理，尽量减少“多头审批”。4. 行政机关应当将有关行政许可事项的规定在办公场所公示。

5. 作出行政许可决定前，行政机关应当听取意见；不予行政许可的，要说明理由。

行政许可法总结实践经验，规定行政许可申请可以通过信函、电报、电传、传真、电子数据交换和电子邮件等方式提出；除法定情形外，也可以委托代理人提出；行政许可决定尽量做到当场受理、当场决定，不能当场决定的，行政机关应当自受理行政许可申请之日起二十日内作出行政许可决定。二十日内不能作出决定的，经本行政机关负责人批准，可以延长十日，并应当将延长期限的理由告知申请人。

（六）监督和责任

在现实生活中，行政机关重许可、轻监管或者只许可、不监管的现象比较普遍；行政机关实施行政许可，往往只有权力、没有责任，缺乏公开、有效的监督制约机制。为了解决这个问题，行政许可法就强化监督、严格责任作了明确规定。

关于对实施行政许可的监督，行政许可法规定：1. 行政机关应当对被许可人是否依法从事行政许可事项的活动监督检查，监督检查情况要进行记录，并接受公众查阅。2. 为了便于行政机关履行监督责任，赋予行政机关抽样检查、检测、检验和实地检查的权力。3. 为了提高监督力度，行政机关应当采取措施，通过举报渠道实施监督。针对实践中存在的行政机关撤销行政许可的条件不清、责任不明、随意性较大等问题，行政许可法按照既强化行政机关的监督职权、又保护老百姓合法权益的原则，借鉴国外通行做法，规定：行政机关工作人员滥用职权、玩忽职守作出准予行政许可决定的，超越法定职权作出准予行政许可决定的，违反法定程序作出准予行政许可决定的，对不具备申请资格或者不符合法定条件的申请人准予行政许可的，以及依法可以撤销行政许可的其他情形的，由行政机关依法予以撤销；撤销行政许可造成被许可人合法权益受到损害的，行政机关应当依法给予赔偿。此外，如果被许可人通过欺骗、贿赂等不正当手段取得行政许可，应当依法予以撤销，并且被许可人基于行政许可取得的利益不受保护。

行政许可法对违法设定或者实施行政许可的，对公民、法人或者其他组织擅自从事应当经过行政许可的活动的，都规定了明确、具体的法律责任，主要是：行政机关对依法应当许可的不予许可，对不应当许可的给予许可，不依法履行监督责任或者监督不力的，直接负责的主管人员和其他直接责任人员要承担相应的法律责任。未经行政许可，擅自从事依法应当取得行政许可的活动的，由行政机关依法采取措施予以制止，并依法给予处罚；触犯刑法的，依法追究刑事责任。

此外，为了从源头上预防和治理腐败，行政许可法还对行政许可收费作了规范，规定：行政机关实施行政许可原则上不得收费；按照各国通行做法要收取的费用，也应当由法律、行政法规规定，明确收费标准，并严格实行收支两条线。

以案释法 1：某公司诉盐城市某区人民政府等海域使用权行政许可纠纷案

【法律要点】

海域使用权人在海域使用期限届满前有权申请续期，但政府与海域使用权人以行政协议方式约定到期后不再续期的，该约定不违反我国法律法规的强制性规定，应认定有效。

【案情简介】

2015 年 8 月，原告某公司参与被告某区自然资源局组织的海域使用权出让招投标，并通过投标与某区自然资源局签订三份 2015 年东沙紫菜养殖海域使用权第一轮出让合同，上述合同分别对应三、四、五标段，出让海域均位于东沙辐射沙洲，海域规定用途为紫菜养殖，合同确定的海域面积分别为 145.099 公顷、97.668 公顷、142.991 公顷。上述合同约定的海域使用权期限均为自 2015 年 8 月 20 日至 2018 年 6 月 30 日。上述合同第十条均写明："合同期满，海域使用权终止，本海域使用权不予续期。"此后，原告取得对应的三份海域使用权证书，证书写明的登记机关为某区自然资源局，发证机关为被告某区政府。证书载明的终止日期为 2018 年 6 月 30 日，并写明"招标海域到期后不再续期"。

2018 年 3 月 29 日，原告某公司向被告某区政府、某区自然资源局邮寄海域使用权续期申请。某区自然资源局向原告出具"关于海域使用权不予续期的答复"，写明原告申请海域使用权续期的报告已收悉，答复称海域使用权合同明确约定，海域使用权到期后不续期，且根据 2014 年 5 月某区政府"关于进一步加强东沙养殖用海管理工作的通知"规定，海域使用权到期后，原用海人应及时无条件交滩，由主管部门组织招标出让，故相应海域证上已注明"到期后不续期"。原告于 2018 年 5 月 26 日收到上述答复。2018 年 8 月 30 日，某区自然资源局向各紫菜养殖业主发出"关于清理东沙紫菜养殖的通知"，写明根据《海域使用管理法》第二十九条规定，海域使用权期满，未申请续期或申请续期未获批准的，海域使用权终止。海域使用权终止后，原海域使用权人应当拆除可能造成海洋环境污染或者影响其他用海项目的用海设施和构筑物。根据法律规定和上级要求，请东沙海域使用权期满的业主立即停止紫菜养殖行为，拆除全部人工设施设备，清除海洋漂浮垃圾及生产生活垃圾。

另查明，原告某公司原取得的海域使用权涉及海域位于某区东沙辐射沙洲，与江苏省海洋生态红线区毗邻，且邻近盐城湿地珍禽国家级自然保护区和盐城黄海湿地。在原告取得涉案海域使用权之前，相关海域也曾于 2012 年以招投标的方式组织出让，2015 年海域使用权到期之后，当地政府又重新组织招投标，原告竞标取得涉案海域使用权。2018 年 1

月，盐城市政府正式向世界遗产中心提交申遗正式文本。2018 年 8 月 24 日，盐城市人民政府办公室发出“市政府办公室关于做好遗产提名地国家检查评估相关工作的通知”，其附件重点工作任务交办单中写明要求被告某区政府对东沙紫菜养殖进行清理。2019 年 7 月，经世界自然遗产大会表决，盐城黄海湿地被成功列为世界自然遗产。

【裁判结果】

海事法院依照《海域使用管理法》第七条第一款、第十七条第一款、第二十条、第二十六条，《行政诉讼法》第六十九条，《最高人民法院关于适用〈中华人民共和国行政诉讼法〉的解释》第六十四条之规定，判决驳回原告某公司对被告盐城市某区人民政府、被告盐城市某区自然资源和规划局的诉讼请求。

【议案释法】

根据《海域使用管理法》第七条、第十七条之规定，被告某区自然资源局作为海洋行政主管部门，具有涉案海域管理的法定职责，有权对海域使用申请进行审核。其所作出的涉案答复属于其行政管理权限范围，并未超越职权。被告某区政府作为原批准用海的政府机关，具有对海域使用申请决定是否进行批准的法定职责。

本案的主要争议是被告某区政府、某区自然资源局拒绝原告某公司的海域使用权续期申请是否具有事实和法律依据以及某区自然资源局向原告某公司发出的“关于海域使用权不予续期的答复”是否有效。

首先，根据《海域使用管理法》第二十条的规定，海域使用权可以通过招标或者拍卖的方式取得。招标或者拍卖方案由海洋行政主管部门制定，报有审批权的人民政府批准后组织实施。海域使用权出让合同条款，是招标方案的主要组成部分，制定该合同条款依法属于大丰自然资源局和某区政府的权限范围。

其次，涉案海域使用权出让合同第十条明确写明“合同期满，海域使用权终止，本海域使用权不予续期”，意思清晰明确并无歧义。相关合同的签订并无欺诈、胁迫行为存在，原告对合同相关条款应当是明知且理解其含义的，参加投标并签订合同，意味着接受招标方案和合同条款的限定条件。涉案海域使用权出让合同“到期不予续期”的约定为有效约定。最后，原告认为该条款无效的主要理由在于其违反了《海域使用管理法》第二十六条关于海域使用权人申请续期的相关规定。法院认为，该条是对于一般情况下海域使用权人申请续期权利的规定，并非强制性的规定，其并不排除政府机关与海域使用权人对于使用权到期后是否续期以及续期方式通过明确约定的方式进行变更。由于海域使用权这一国家自然资源具有稀缺性特点，政府机关通过定期招投标的方式进行海域使用权出让，系以市场化手段促进自然资源的优化配置，以竞争性方式最大化保障和体现国有资产的价值，是政府更公开透明行使海域使用权出让管理职权的体现。尤其考虑到涉案海域毗邻国家级自然保护区、盐城黄海湿地以及江苏省海洋生态红线，对于是否能够持续地进行养殖开发，具有一定的不确定性，政府以该条款对相关海域的使用权出让作出一定的限定，具有合理性，也并未违反法律法规的强制性规定。

综上所述，涉案海域使用权出让合同以及海域使用权证中均明确写明了“到期不予续期”，涉案海域使用权到期后，两被告有权依据相关法律法规并结合海域管理开发的实际情况，决定是否继续将该海域进行出让以及出让的具体方式。

被告某区政府、某区自然资源局在庭审过程中表示，我国近海海域面临过度开发的问题，海洋生态破坏严重，因此国家对于海洋生态环境保护给予了前所未有的重视，多次组织进行海洋督察，并具体指出了大丰东沙海域养殖中存在的问题。盐城黄海湿地作为丹顶鹤等候鸟的栖息地，也是世界遗产提名地，对其附近海域退渔还湿，恢复海洋生态，是当前的大趋势，也是保护社会公共长远利益的需要。政府综合考虑以上因素，暂时不再组织对涉案海域的出让。法院认为，两被告以维护社会公共利益为由，决定不立即进行相关海域使用权的出让，属于依法行使海域管理职权的行政权力范围，并无不当。某区自然资源局作为海洋行政管理部门，同时作为某区政府的下级机关，其对原告某公司作出的不予续期的答复属于合法有效的答复。

以案释法 2：丁某某等诉某市行政审批局等行政许可及行政复议案

【法律要点】

行政机关对行政许可条件作出具体规定，不得增设违反上位法的其他许可条件，不得增加当事人法外义务或限制当事人权利。行政机关不应为了实现其他行政管理目标而在实施行政许可时通过增设许可条件的方式“搭便车”。许可机关撤销行政许可应当有正当理由，并应考虑信赖利益保护等因素。

【案情简介】

2018 年 6 月，某市行政审批局、住房和城乡建设局、城市管理行政执法局等单位联合制定《既有多层住宅增设电梯指导意见（试行）》（以下简称《指导意见》，其中规定，既有住宅申请增设电梯需提交无违章建筑的证明及承诺书等。2018 年 8 月，丁某某等人申请所在楼房单元增设电梯。行政审批局受理后核发了《建设工程规划许可证》《既有住宅增设电梯施工许可证》。2019 年 2 月，综合执法局接到举报后，经调查发现该楼房楼顶存在违法搭建行为，建议行政审批局撤销上述审批事项。4 月，行政审批局作出《撤销登记决定书》，撤销上述两份许可证。5 月，该楼房加装电梯工程竣工，经检验合格并投入使用。丁某某等人对行政审批局撤销许可证的行为申请行政复议后，复议机关作出维持撤销决定的复议决定。丁某某等人提起行政诉讼，请求撤销《撤销登记决定书》及复议决定，并请求对《指导意见》的合法性进行附带审查。

【以案释法】

开发区法院一审认为，《指导意见》明确规定既有多层住宅增设电梯需要办理建设工程规划许可证和施工许可证，许可机关应当按照相应法律、法规规定的许可条件办理。行政审批局在办理规划许可和施工许可时要求申请人提供小区无违章建筑的证明属于在法律规定的许可条件以外增设新的许可条件，增加了申请人的法外义务。《指导意见》将“无违章建筑”作为实施增设电梯许可的条件，属于将违章建筑的处理与规划许可不当牵连，存在“以批代管”和“搭便车”之嫌，有违依法行政的基本原则，《指导意见》不应作为行政审批局撤销行政许可的依据。撤销行政许可应具备法定撤销理由且不违反信赖保护原则。即使案涉楼房存在违法搭建，也应通过告知当事人自行拆除或者由有权机关给予行政处罚等方式进行管理，而非通过撤销许可的方式予以纠正。遂判决撤销《撤销登记决定书》及《复议决定书》。行政审批局不服，提起上诉，后主动撤回上诉，南通中院二审裁定予以准许。

许可法定是一项基本原则。对既有多层住宅增设电梯事项制定规范性文件并予以实施是地方政府改造老旧小区、改善居民生活条件的利民举措。对增设电梯依照法定程序作出相应许可属于履行正当的行政管理职责，本无可厚非。但本案许可机关违反了行政许可的一项基本原则，即行政机关作出行政许可时不得增设违反上位法的其他许可条件，不得增加当事人法外义务或限制当事人的权利。本案还反映出行政机关对于已经作出的许可予以撤销过于随意，并未意识到行政许可一经作出即对相对人产生信赖保护利益。本案判决所彰显的行政许可领域的基本规则值得被高度重视。

第二节　行政处罚

一、行政处罚法概述

现行适用的《行政处罚法》是 1996 年颁布的，2009 年和 2017 年有过小范围修订。2021 年 1 月 22 日，第十三届全国人民代表大会常务委员会第二十五次会议于修订《行政处罚法》，自 2021 年 7 月 15 日起施行。修订从行政处罚法较旧版新增 22 条，其中，对行政处罚的概念、行政处罚的种类、听证范围、法制审核范围、办案期限等多了较大的修订。该法第二条明确，行政处罚是指行政机关依法对违反行政管理秩序的公民、法人或者其他组织，以减损权益或者增加义务的方式予以惩戒的行为。该定义明确了行政处罚具有以下几个特征：（一）决定并实施处罚的机关是国家行政主管机关（还包括法律、法规授权和受委托的机关或组织）；（二）行政处罚只适用于违反行政管理法律、法规和规章的行为；（三）行政处罚的承受人可以是自然人，也可以是法人或非法人组织；（四）行政处罚是一种严厉的行政行为，可以直接限制或剥夺违法行为人的人身权、财产权，因此对行政处罚要规定较为严格的限制条件。

2021年1月22日，十三届全国人民代表大会常务委员会第二十五次会议表决通过了修改后的《中华人民共和国行政处罚法》，自2021年7月15日施行。新修订的《中华人民共和国行政处罚法》呈现出更多亮点，更加体现立法的本意，更加维护人民群众的利益，更加规范行政机关执法程序，既有力度又有温度。

新修订的《行政处罚法》中，明确规定国家在城市管理、市场监管、生态环境、文化市场、交通运输、应急管理、农业等领域推行建立综合行政执法制度，相对集中行政处罚权，为综合行政执法改革深入推进提供了法律层面上的保障。从处罚权的行使层级上，也有所突破，明确规定省、自治区、直辖市根据当地实际情况，可以决定将基层管理迫切需要的县级人民政府部门的行政处罚权交由能够有效承接的乡镇人民政府、街道办事处行使，并定期组织评估。这一“处罚权下放”的突破体现的是执法重心的下移，使国家法治治理体系更加完善。

新修订的《行政处罚法》中，对执法程序、执法人员的资格要求更为严格，行政处罚的启动、调查取证、审核、决定、送达、执行等全过程要依法以文字、音像的形式进行记录，并归档保存，充分体现严格公正文明执法。在执法原则上，首次明确规定“首违不罚”，增加“无过错不处罚”“从旧兼从轻”等规定，“柔性执法”充分体现处罚与教育相结合的原则；增设了行为罚、资格罚等行政处罚种类，处罚方式更为灵活，效果更为直接；新增行政机关可以依法制定行政处罚裁量基准，规范行使行政处罚裁量权；健全了行政处罚的监督制度，使行政执法更为规范、透明。

二、行政处罚的分类

行政处罚按其性质划分，大体可分为以下四类。

（一）申诫罚。申诫罚是一种影响相对方声誉、给对方施加一定精神上压力的处罚类型，属于行政处罚中最轻的处罚种类。具体包括警告、通报批评、责令检讨、责令悔过等，其中，以警告最为典型和常用。

（二）财产罚。财产罚是一种剥夺一定财产或者科以财产给付义务的处罚类型，用途十分广泛，具体包括罚款、没收非法财产或非法所得等。

（三）能力罚或称资格罚。能力罚是一种取消、限制某种能力或资格的处罚类型，具体种类较多，主要有吊扣许可证和执照、责令停产停业、取消报考资格等。

（四）人身罚。人身罚是短期内限制人身自由的一种处罚，属于行政处罚中最严厉的处罚种类。典型的人身罚就是行政拘留。

为了规范行政处罚的种类，我国《行政处罚法》明确列举了警告、通报批评；罚款、没收违法所得、没收非法财物；暂扣许可证件、降低资质等级、吊销许可证件；限制开展生产经营活动、责令停产停业、责令关闭、限制从业；行政拘留这几种行政处罚的基本种类，使今后我国行政处罚的种类趋向统一化。

（一）警告、通报批评。警告是行政主体对违法行为人的告诫和谴责，它应以书面形式作出，并向本人宣布和送达，不能是简单、随便的口头批评。通报批评，该处罚种类与“警告”并列。警告多为“点对点”对行政相对人的违法行为予以警告，提醒其下不为例；而通报批评多为“点对面”，有一定的公开性。

（二）罚款。罚款是行政主体科以违法相对人承担金钱给付义务，并令其在一定期限内缴纳的处罚形式。在治安管理处罚、工商管理处罚、海关处罚、土地管理处罚等不同的领域，罚款的数额不等，最低可以是一元，高的可达数万元，通常都有可供行政主体自由裁量的幅度。

（三）没收违法所得、没收非法财物。没收非法财物，是指行政主体对相对人剥夺其与违法行为有关的财物，如实施违法行为的工具、违禁物品等。没收非法所得是指行政主体对违法人剥夺其因违法行为而获得的非法金钱收入，如违法经营所获得的非法利润等。

（四）限制开展生产经营活动、责令停产停业、责令关闭、限制从业。责令停产停业，是行政主体对违法从事生产经营活动的相对人，在一定期限和范围内限制或取消生产经营活动资格的处罚。限制开展生产经营活动、限制从业。就是在一定区域和时间内限制或禁止行政相对人从事某种活动。比如，“终身禁驾”，建设领域的“失信黑名单”等。

（五）暂扣许可证件、降低资质等级、吊销许可证件。暂扣许可证件是行政主体对持有许可证和执照的相对人，因其有违法行为而在一定期限内暂行扣押其执照和许可证，使之暂时失去从事某类活动资格的处罚。吊销许可证和执照是行政主体对持有许可证和执照能从事某类型活动的相对人，永久性地取消其许可证和执照，使其不再具有从事某类活动资格的处罚。降低资质等级。比如驾驶证扣分“降照”；施工一级资质降为二级，虽然为资格罚，实际上限制了行政相对人的某种行为。

（六）拘留。也称行政拘留，指公安机关对于违反治安管理处罚条例的公民，在短期内限制其人身自由的一种处罚措施，也是治安管理处罚措施中最严厉的一种。行政拘留是限制公民人身自由的一种人身自由罚，也是行政处罚中最严厉的处罚之一。由于其严厉性，因此行政处罚法对于此种处罚的限制规定也是最严格的，只有法律能够规定涉及公民人身自由的行政拘留罚，其他如行政法规、地方性法规、规章等都不能设定此种处罚。拘留有严格的期限限制，即一日以上十五日以下。

三、行政处罚的设定和实施

行政处罚的设定权是国家立法权中的一项重要内容。采取严格慎重的法定原则，即法无明文规定的，不处罚。我国设定行政处罚权的立法原则：第一，要符合我国的立法体制；第二，要区别各类行政处罚的不同情况，区别对待；第三，根据法制原则来规范，对现行某些不规范的做法要适当改变，又要考虑我国法制建设的实际情况。根据以上原则，本法对行政处罚的设定权作出了明确规定，并在本条强调了行政处罚的设定权由本法统一调整，采取法定原则。

行政处罚的设定有严格的限制，具体如下。

（一）限制人身自由的行政处罚，只能由法律规定。

这一项特别规定，具有排他性，即除法律以外，其他任何形式的规范性文件都不得规定涉及公民人身自由的行政处罚。人身自由权是公民权利中最基本的一项权利，限制人身自由是一种相当严厉的处罚，只有法律才可以规定此类处罚，即使是法律规定，也要采取慎重的态度。

（二）行政法规可以设定除限制人身自由以外的行政处罚。

法律对违法行为已经作出行政处罚规定，行政法规需要作出具体规定的，必须在法律规定的给以行政处罚的行为、种类和幅度的范围内规定。法律对违法行为未作出行政处罚规定，行政法规为实施法律，可以补充设定行政处罚。拟补充设定行政处罚的，应当通过听证会、论证会等形式广泛听取意见，并向制定机关作出书面说明。行政法规报送备案时，应当说明补充设定行政处罚的情况。行政法规是由国务院制定的。对于行政法规设定和规定行政处罚权要掌握两点：第一，除限制人身自由的行政处罚以外，行政法规可设定其余各类行政处罚；第二，行政法规规定的行政处罚不能超越已有的法律所规定的行政处罚的范围。本法给予行政法规以行政处罚设定权，但同时给了一定的限制，这种限制包括前面提到的如下两个方面。

1. 关于设定权。行政法规不能设定限制人身自由的行政处罚，这是一项硬性的原则性规定。除这项排除性规定外，行政法规可以设定其余五类处罚。

2. 关于规定权。法律对于违法行为已经作出行政处罚规定的，行政法规如果需要，可以对法律作出具体规定。但行政法规关于行政处罚的规定，不能超出原来法律所规定的行为、种类和幅度，也就是说，法律对某些违法行为没有作出吊销许可证处罚的，而仅作出罚款处罚的，行政法规不能另行增加处罚种类；法律已经规定了行政处罚幅度的，行政法规只能在其处罚幅度内规定处罚。

（三）地方性法规可以设定除限制人身自由、吊销营业执照以外的行政处罚。

地方性法规是指省、自治区、直辖市的人民代表大会及其常务委员会制定和批准的、实施于本地区或某一地区的规范性文件。地方性法规不得同宪法、法律、行政法规相抵触。

法律、行政法规对违法行为已经作出行政处罚规定，地方性法规需要作出具体规定的，必须在法律、行政法规规定的给予行政处罚的行为、种类和幅度的范围内规定。法律、行政法规对违法行为未作出行政处罚规定，地方性法规为实施法律、行政法规，可以补充设定行政处罚。拟补充设定行政处罚的，应当通过听证会、论证会等形式广泛听取意见，并向制定机关作出书面说明。地方性法规报送备案时，应当说明补充设定行政处罚的情况。

（四）国务院部门规章可以在法律、行政法规规定的给予行政处罚的行为、种类和幅度的范围内作出具体规定。

尚未制定法律、行政法规的，国务院部门规章对违反行政管理秩序的行为，可以设定警告、通报批评或者一定数额罚款的行政处罚。罚款的限额由国务院规定。也就说，关于规章的规定权，国务院部、委的规章可以规定的行政处罚应在法律、行政法规关于行政处罚规定的行为、种类和幅度范围之内。无法律、行政法规规定的，规章可以创设的行政处罚只限于警告或者一定数量的罚款。为了规范罚款，罚款的具体限额要报国务院根据不同情况予以规定。

（五）地方政府规章可以在法律、法规规定的给予行政处罚的行为、种类和幅度的范围内作出具体规定。

（六）尚未制定法律、法规的，地方政府规章对违反行政管理秩序的行为，可以设定警告、通报批评或者一定数额罚款的行政处罚。罚款的限额由省、自治区、直辖市人民代表大会常务委员会规定。地方政府规章是指由地方政府制定的规范性文件，只有那些有规章制定权的政府才能制定规章。这里的地方政府规章分为两层，一层是省、自治区、直辖市人民政府制定的规章；另一层是省会市和国务院批准的较大的市制定的规章。地方政府规章与国务院各部、委的规章在行政处罚设定权上的规定基本是一致的。因此，既要给予地方政府规章一定的行政处罚设定权，又要严格地控制设定权的行使，形成目前的法律规定，即，关于地方政府规章对于行政处罚的规定权，第一款规定，省、自治区、直辖市政府和省会市以及国务院批准的较大的市政府规定的规章，在不超越法律、行政法规或者地方性法规关于行政处罚规定的行为、种类和幅度内作出行政处罚的具体规定。

四、行政处罚应遵循的原则

（一）必须遵循公正、公开的原则

1. 公正，是指行政机关在处罚中对受罚者用同一尺度平等对待。公正原则主要表现在以下六个方面。

①行政处罚以事实为依据，以法律为准绳，法律面前人人平等。

②实行回避制度，包括执法人员自行请示回避和行政管理相对人申请回避。

③处罚程序适宜。行政处罚规定普通程序和简易程序，简易程序的适用也要严格按法律、法规规定的条件进行。

④行政处罚作出以前要通知被处罚人将要作出的内容、理由以及提出意见的途径、方式和期限，以便使其有陈述意见、提出反证等参与的机会。

⑤现场勘查、物品检验要通知当事人及利害关系人到场。

⑥职权分立。事实的调查和作出处罚决定分立，复议、申诉受理与作出处罚决定分立，处罚决定与处罚执行分立。

2. 公开，是指行政机关对于有关行政处罚的法律规范、执法人员身份、主要事实根据等与行政处罚有关的情况，除可能危害公共利益或者损害其他公民或者组织的合法权益并由法律、法规特别规定的以外，都应向当事人公开。公开原则在行政处罚上的主要表现如下。

①法的公开。有关行政处罚的法律、行政法规、地方性法规、部门规章及政府规章等规范性文件都要以适当途径公开，使行政管理相对人有了解的可能。

②执法人员的身份公开。执行调查、处罚送达、执行等职务的执法人员必须出示证件

或者佩戴标志。受委托执行行政处罚职务的，要出示委托证明。

③有关文书，除法律、法规规定限制的以外，允许当事人及利害关系人阅览、摘记及复制。

④案例公开，行政处罚形成的案例以一定形式和途径公开发表。

（二）以事实为依据原则

这种事实必须是客观存在，并且是已经发生的行为，不能以“可能是”而进行处罚。没有违法事实的，不得给以处罚。处罚必须与违法行为的事实、性质、情节以及社会危害程度相当。就是说罚要当罚，防止滥罚。实施处罚要综合衡定以下因素：违法行为的事实是否该罚；其性质如何，是否属于行政处罚的范畴；情节怎样，区别出是否有情节严重应该给予刑事处罚的行为，或情节轻微不够行政处罚的；社会危害程度怎样，是严重危害社会还是对社会无大危害。

（三）一事不再罚原则

一事不再罚是行政处罚的重要原则之一。一事不再罚原则是指对违法当事人的同一个违法行为，不得以同一事实和同一理由给予两次以上的行政处罚。同一事实和同一理由是一事不再罚原则的共同要件，二者缺一不可。同一事实是指同一个违法行为，即从其构成要件上，只符合一个违法行为的特征。同一理由是指同一法律依据。坚持一事不再罚原则，应当把握两个要点：同一违法行为已经受到行政处罚，不应根据同一法律依据再受处罚；不同的行政机关不得以同一事实和同一理由，再给予同一违法行为行政处罚。坚持一事不再罚原则，既要防止重复处罚、多头处罚，又要防止对这一原则作扩大解释，使违法者逃脱应受的处罚。罚款是行政机关强制违法当事人承担金钱给付义务，在一定期限内交纳一定数额钱款的处罚形式。对违法当事人的同一违法行为，不得给以两次以上的罚款的行政处罚，对限制行政机关的随意性，限制和杜绝乱罚款、滥罚款现象，做到公正处罚，使违法行为与行政处罚相适应，保护当事人的合法权益，都具有很大作用。不同法律规范对同一领域的社会关系进行交叉调整，造成同一行为违反不同法律规范的情形。这种现象在理论上称为规范竞合。对于规范竞合，刑法中适用特别法优于普通法的原则。从规范竞合这一法律现象出现的原因看，刑法和行政处罚法领域的规范竞合具有共同性，在处罚的适用上，也应该具有相通之处。但是，与刑法不同的是，行政处罚法所设定的罚种之间不像刑法罚种那样具有明显轻重不同的等级顺序。采取了对违法当事人的同一违法行为，不得给以两次以上罚款的行政处罚，将罚款这一处罚形式确立在一事不再罚的“罚”范围内。而如果其他法律规范规定了其他形式的处罚，则可以作出相应的处罚。

（四）坚持处罚与教育相结合的原则

设定行政处罚，不仅仅是惩罚违法者，并通过惩罚防止其再次违法，而且是寓教育于惩罚之中，使违法者通过处罚受到教育，自觉遵守法律秩序，同时也教育他人维护法律，提高法制观念。本法不仅在本条规定了处罚与教育相结合的原则，而且在其他法律条文中为贯彻这一原则具体规定了告知。通过告知，可以使当事人受到法制的教育。此外，听证制度也是进行法制宣传和教育的一种很好的形式，在听证过程中通过陈述事实、列举证据、援引法律，给各方面人员都留下深刻印象，从中受到教育。和申辩、缺席听证制度，等等。

五、行政处罚的程序

根据行政处罚法，我国行政处罚的程序主要包括行政处罚决定程序和行政处罚执行程序。

（一）行政处罚决定程序，是保证行政处罚程序正确实施的关键所在。根据我国行政处罚法规定，可以分为简易程序、一般程序和听证程序。

1. 简易程序。违法事实确凿并有法定依据，对公民处以二百元以下、对法人或者其他组织处以三千元以下罚款或者警告的行政处罚的，可以当场作出行政处罚决定。执法人员当场作出行政处罚决定的，应当向当事人出示执法证件，填写预定格式、编有号码的行政处罚决定书，并当场交付当事人。当事人拒绝签收的，应当在行政处罚决定书上注明。

2. 一般程序。除法律规定适用简易程序和听证程序的外，行政处罚所通常适用的程序，其步骤为：立案；调查收集证据；作出处理决定；制作处罚决定书；听取当事人陈述和辩解；送达。

3. 听证程序。行政机关在作出责令停产停业、吊销许可证或者执照、数额较大的罚款等行政处罚决定之前，应当事人的申请，应当公开举行听证会，广泛听取各方利害关系人的意见。根据行政处罚法规定，行政机关拟作出下列行政处罚决定，应当告知当事人有要求听证的权利，当事人要求听证的，行政机关应当组织听证：（1）较大数额罚款；（2）没收较大数额违法所得、没收较大价值非法财物；（3）降低资质等级、吊销许可证件；（4）责令停产停业、责令关闭、限制从业；（5）其他较重的行政处罚；（6）法律、法规、规章规定的其他情形。当事人不承担行政机关组织听证的费用。

（二）行政处罚执行程序，主要包括由专门机构收缴罚款。当场收缴罚款。主要有三种情形可当场收缴罚款：依法给予 100 元以下罚款的；不当场收缴事后难以执行的；偏远、水上、交通不便地区，向指定的银行缴纳罚款有困难，经当事人提出的。

以案释法 3：某公司诉某市海洋与渔业局行政处罚案

【法律要点】

行为人未依法取得海域使用权，在海岸线向海一侧以平整场地及围堰护岸等方式，实施筑堤围割海域，将海域填成土地并形成有效岸线，改变海域自然属性的用海活动可以认定为构成非法围海、填海。同一海域内，行为人在无共同违法意思联络的情形下，先后各自以其独立的行为进行围海、填海，并造成不同损害后果的，不属于共同违法的情形。行政机关认定各行为人的上述行为已构成独立的行政违法行为，并对各行为人进行相互独立的行政处罚，人民法院应予支持。对于同一海域内先后存在两个以上相互独立的非法围海、填海行为，行为人应各自承担相应的行政法律责任，在后的违法行为不因在先的违法行为适用从轻或者减轻行政处罚的有关规定。

【案情简介】

2013 年 6 月 1 日，渔沣公司与某市铁山港区兴港镇石头埠村小组签订《农村土地租赁合同》，约定石头埠村小组将位于石头埠村海边的空地租给渔沣公司管理使用，该地块位于石头埠村海边左邻避风港右靠北林码头，与海堤公路平齐，沿街边 100 米，沿海上进深 145 米，共 21.78 亩，作为海产品冷冻场地。合同涉及租用的海边空地实际位置在海岸线之外。同年 7—9 月间，渔沣公司雇请他人抽取海沙填到涉案海域，形成沙堆。2016 年 5 月 12 日，乃志公司与渔沣公司签订《土地承包合同转让协议》，乃志公司取得渔沣公司在原合同中的权利。同年 7—9 月间，乃志公司在未依法取得海域使用权的情况下，对其租赁的海边空地（实为海滩涂）利用机械和车辆从外运来泥土、建筑废料进行场地平整，建设临时码头，形成陆域，准备建设冷冻厂。

2017 年 10 月，海洋渔业局对该围海、填海施工行为进行立案查处，测定乃志公司填占海域面积为 0.38 公顷。经听取乃志公司陈述申辩意见，召开听证会，并经两次会审，海洋渔业局作出北海渔处罚〔2017〕09 号行政处罚决定书，对乃志公司作出行政处罚：责令退还非法占用海域，恢复海域原状，并处非法占用海域期间内该海域面积应缴纳海域使用金 15 倍计人民币 256.77 万元的罚款。乃志公司不服，提起行政诉讼，请求撤销该行政处罚决定。

【裁判结果】

北海海事法院于2018年9月17日作出〔2018〕桂72行初2号行政判决，驳回原告乃志公司的诉讼请求。宣判后，乃志公司提出上诉。广西壮族自治区高级人民法院于2019年6月26日作出〔2018〕桂行终1163号行政判决：驳回上诉，维持原判。

【以案释法】

法院生效裁判认为：乃志公司占用的海边空地在海岸线（天然岸线）之外向海一侧，实为海滩涂。其公司使用自有铲车、勾机等机械，从外运来泥土和建筑废料对渔沣公司吹填形成的沙堆进行平整、充实，形成临时码头，并在临时码头西南面新填了部分海域，建造了临时码头北面靠海一侧的沙袋围堰和护岸设施。上述平整填充场地以及围堰护岸等行为，导致海域自然属性改变，形成有效岸线，属于围海、填海行为。乃志公司未取得案涉0.38公顷海域的合法使用权，在该区域内进行围海、填海，构成非法围海、填海。

渔沣公司与乃志公司均在案涉海域进行了一定的围海、填海活动，但二者的违法行为具有可分性和独立性，并非共同违法行为。首先，渔沣公司与乃志公司既无共同违法的意思联络，亦非共同实施违法行为。从时间上分析，渔沣公司系于2013年7—9月间雇请他人抽取海沙填到涉案海域，形成沙堆。而乃志公司系于2016年5月12日通过签订转让协议的方式取得渔沣公司在原合同中的权利，并于2016年7—9月期间对涉案海域进行场地平整，建设临时码头，形成陆域。二者进行围海、填海活动的时间间隔较远，相互独立，并无彼此配合的情形。其次，渔沣公司与乃志公司的违法性质不同。渔沣公司仅是抽取海沙填入涉案海域，形成沙堆，其行为违法程度较轻。而乃志公司已对涉案海域进行了围堰和场地平整，并建设临时码头，形成了陆域，其行为违法情节更严重，性质更为恶劣。最后，渔沣公司与乃志公司的行为所造成的损害后果不同。渔沣公司的行为尚未完全改变涉案海域的海洋环境，而乃志公司对涉案海域进行围堰及场地平整，设立临时码头，形成了陆域，其行为已完全改变了涉案海域的海洋生态环境，构成了非法围海、填海，损害后果更为严重。海洋渔业局认定乃志公司与渔沣公司的违法行为相互独立并分别立案查处，有事实及法律依据，并无不当。乃志公司主张海洋渔业局存在选择性执法，以及渔沣公司应当与其共同承担责任的抗辩意见不能成立。

乃志公司被查处后并未主动采取措施减轻或消除其围海、填海造地的危害后果，不存在从轻或减轻处罚的情形，故乃志公司主张从轻或减轻行政处罚，缺乏法律依据。乃志公司平整和围填涉案海域，占填海域面积为0.38公顷，其行为改变了该海域的自然属性，形成陆域，对近海生态造成不利的影响。海洋渔业局依据海域使用管理法第四十二条规定的“处非法占用海域期间内该海域面积应缴纳的海域使用金十倍以上二十倍以下的罚款”，决定按十五倍处罚，未违反行政处罚法关于行政处罚适用的相关规定，符合我国海监总队《关于进一步规范海洋行政处罚裁量权行使的若干意见》对于行政处罚幅度中的一般处罚，并非从重处罚，作出罚款人民币256.77万元的处罚决定，认定事实清楚，适用法律并无不当。

以案释法4：贝某诉某市公安局交通警察大队道路交通管理行政处罚案

【法律要点】

礼让行人是文明安全驾驶的基本要求。机动车驾驶人驾驶车辆行经人行横道，遇行人正在人行横道通行或者停留时，应当主动停车让行，除非行人明确示意机动车先通过。公安机关交通管理部门对不礼让行人的机动车驾驶人依法作出行政处罚的，人民法院应予支持。

【基本案情】

2015年1月31日，贝某驾驶案涉车辆沿某市西山路行驶，遇行人正在通过人行横道，未停车让行。海宁交警大队执法交警当场将案涉车辆截停，核实了贝某的驾驶员身份，适用简易程序向贝某口头告知了违法行为的基本事实、拟作出的行政处罚、依据及其享有的权利等，并在听取贝某的陈述和申辩后，当场制作并送达了公安交通管理简易程序处罚决定书，给予贝某罚款100元，记3分。贝某不服，于2015年2月13日向某市人民政府申请行政复议。3月27日，某市人民政府作出行政复议决定书，维持了海宁交警大队作出的处罚决定。贝某收到行政复议决定书后于2015年4月14日起诉至某市人民法院。

【裁判结果】

浙江省某市人民法院于2015年6月11日作出（2015）嘉海行初字第6号行政判决：驳回贝某的诉讼请求。宣判后，贝某不服，提起上诉。

浙江省嘉兴市中级人民法院于2015年9月10日作出（2015）浙嘉行终字第52号行政判决：驳回上诉，维持原判。

【以案释法】

首先，人行横道是行车道上专供行人横过的通道，是法律为行人横过道路时设置的保护线，在没有设置红绿灯的道路路口，行人有从人行横道上优先通过的权利。机动车作为一种快速交通运输工具，在道路上行驶具有高度的危险性，与行人相比处于强势地位，因此必须对机动车在道路上行驶时给予一定的权利限制，以保护行人。

其次，认定行人是否“正在通过人行横道”应当以特定时间段内行人一系列连续行为为标准，而不能以某个时间点行人的某个特定动作为标准，特别是在该特定动作不是行人在自由状态下自由地做出，而是由于外部的强力原因迫使其不得不做出的情况下。案发时，行人以较快的步频走上人行横道线，并以较快的速度接近案发路口的中央位置，当看到贝某驾驶案涉车辆朝自己行走的方向驶来，行人放慢了脚步，以确认案涉车辆是否停下来，但并没有停止脚步，当看到案涉车辆没有明显减速且没有停下来的趋势时，才为了自身安全不得不停下脚步。如果此时案涉车辆有明显减速并停止行驶，则行人肯定会连续不停止地通过路口。可见，在案发时间段内行人的一系列连续行为充分说明行人“正在通过人行横道”。

最后，机动车和行人穿过没有设置红绿灯的道路路口属于一个互动的过程，任何一方都无法事先准确判断对方是否会停止让行，因此处于强势地位的机动车在行经人行横道遇行人通过时应当主动停车让行，而不应利用自己的强势迫使行人停步让行，除非行人明确示意机动车先通过，这既是法律的明确规定，也是保障作为弱势一方的行人安全通过马路、减少交通事故、保障生命安全的现代文明社会的内在要求。综上，贝某驾驶机动车行经人行横道时遇行人正在通过而未停车让行，违反了《中华人民共和国道路交通安全法》第四十七条的规定。海宁交警大队根据贝某的违法事实，依据法律规定的程序在法定的处罚范围内给予相应的行政处罚，事实清楚，程序合法，处罚适当。

以案释法 5：某船务公司诉某市渔政支队行政处罚案

【法律要点】

我国为《濒危野生动植物种国际贸易公约》缔约国，对于列入该公约附录一、附录二中的珊瑚、砗磲的所有种，无论活体、死体，还是相关制品，均应依法给予保护。行为人非法运输该公约附录一、附录二中的珊瑚、砗磲，行政机关依照野生动物保护法等有关规定作出行政处罚的，人民法院应予支持。

【案情简介】

砗磲是一种主要生活在热带海域的珍贵贝类，在我国及世界范围内均为重点保护的水生野生动物。砗磲全部 9 个种均为《濒危野生动植物种国际贸易公约》附录二物种，其中的大砗磲（又名库氏砗磲）为国家一级保护动物。2014 年 8 月 21 日，海南省公安边防总队海警第三支队在三沙海域开展巡逻管控过程中，发现原告某船务公司（以下简称盈海公司）所属的“椰丰 616”号船违法装载大量砗磲贝壳，遂将其查获，并将该案交由某市综合执法局先行查处。后因该案属于被告某市渔政支队的职权范围，某市综合执法局将该案转交被告具体办理。经查实，原告未持有《水生野生动物特许运输许可证》，涉案船舶共装载砗磲贝壳 250 吨，经专业机构鉴定和评估，该 250 吨砗磲贝壳中 98%为大砗磲，属国家一级保护动物，2%为砗蠔（属于砗磲科），属《濒危野生动植物种国际贸易公约》附录二物种，涉案砗磲贝壳总价值为373500元。据此，被告作出琼三沙渔政罚字〔2018〕01号行政处罚决定书，以原告的“椰丰616”号船未持有《水生野生动物特许运输许可证》擅自运输砗磲贝壳的行为违反《中华人民共和国野生动物保护法》等法律规定，对原告处以没收砗磲贝壳250吨及按照实物价值3倍罚款人民币1120500元的行政处罚。原告不服，向海口海事法院提起行政诉讼，请求撤销该行政处罚决定。

【裁判结果】

海口海事法院于2018年11月30日作出（2018）琼72行初14号行政判决，认为某市渔政支队作出的行政处罚决定事实清楚，证据确凿，适用法律、法规正确，符合法定程序，判决驳回原告盈海公司的诉讼请求。判决后，盈海公司提出上诉，海南省高级人民法院于2019年4月10日作出（2019）琼行终125号行政判决：驳回上诉，维持原判。

【以案释法】

我国作为《濒危野生动植物种国际贸易公约》缔约国，应当严格、全面履行公约义务，对已列入该公约附录一、附录二中的珊瑚、砗磲的所有种，无论活体、死体，还是相关制品，均应依法给予保护。砗磲属受保护的珍贵、濒危水生野生动物，砗磲贝壳为受我国法律保护的水生野生动物产品。根据《最高人民法院关于审理发生在我国管辖海域相关案件若干问题的规定（二）》第七条第三款及《中华人民共和国水生野生动物保护实施条例》第二条的规定，列入《国家重点保护野生动物名录》中国家一、二级保护的，以及列入《濒危野生动植物种国际贸易公约》附录一、附录二中所有水生野生动物物种，无论属于活体、死体，还是相关制品（水生野生动物的任何部分及其衍生品），均受到法律保护。案涉大砗磲属《国家重点保护野生动物名录》中的国家一级保护动物，砗蠔属《濒危野生动植物种国际贸易公约》附录二物种，二者均受法律保护。盈海公司运输行为的客体虽然是砗磲贝壳，但作为双壳纲动物，砗磲的贝壳属于其作为动物的一部分，因此，应当将砗磲贝壳认定为《中华人民共和国水生野生动物保护实施条例》第二条规定应受保护的水生野生动物产品；盈海公司关于其运输的砗磲为死体，不违反法律、行政法规的抗辩不能成立。

非法开发利用野生动物资源“产业链”中所涉及的非法采捕、收购、运输、加工、销售珍贵、濒危野生动物及其制品等行为均构成违法并需承担相应的法律责任。非法运输珍贵、濒危野生动物及其产品的行为是非法开发利用野生动物资源“产业链”的重要一环，应承担相应的法律后果和责任。根据案发时生效的《中华人民共和国野生动物保护法》（2009年8月27日修订）第二十三条、《中华人民共和国水生野生动物保护实施条例》第二十条及《中华人民共和国水生野生动物利用特许办法》第二十九条的规定，运输、携带国家重点保护野生动物或者其产品出县境的，必须经省、自治区、直辖市政府野生动物行政主管部门或者其授权的单位批准并取得相应许可证明。本案中，盈海公司未经批准并取得相关许可证明，就将案涉砗磲贝壳从某市向海南岛运输，已构成违法，故某市渔政支队对其处以罚款具有法律、行政法规依据。

第三节　行政强制

一、行政强制法概述

行政强制法的立法目的如同行政处罚法的立法目的一样，主要不是为了加强行政管理，而是为了规范行政管理，规范行政机关的强制性和制裁性行为，保障和监督行政机关依法行政，保护公民、法人和其他组织的合法权益。行政强制立法的指导思想有两个方面，一方面赋予行政机关必要的手段，保证行政机关履行职责，维护公共利益和公共秩序；另一方面，对行政强制进行规范，避免和防止权力的滥用，以保护公民、法人和其他组织的合法权益。

目前我国行政强制制度主要存在以下两个问题。

一是“乱”，包括“乱”设和“滥”用行政强制，侵害了公民、法人或者其他组织的合法权益。除法律、行政法规外，地方性法规、部门规章、地方政府规章也大量设立行政强制。有些地方和部门的规范性文件也有设定行政强制的情况。层级越低的规范性文件设定的行政强制越多。

二是“软”，就是行政机关的强制手段不足，对违法行为不能有效制止，行政决定不能及时执行。行政强制法在行政强制的设定、实施程序、法律责任等具体规定上充分体现了宪法赋予公民的基本权利。强制法的规定体现了宪法的精神。

行政强制，包括行政强制措施和行政强制执行。

（一）行政强制措施

行政强制措施，是指行政机关在行政管理过程中，为制止违法行为、防止证据损毁、避免危害发生、控制危险扩大等情形，依法对公民的人身自由实施暂时性限制，或者对公民、法人或者其他组织的财物实施暂时性控制的行为。行政强制措施，就是临时性措施，当临时性的情况消失后，临时性措施也会不再执行。但是，并不是说所有临时性措施都是行政强制措施，例如，法院以干扰法庭秩序而采取的措施就不是行政强制措施。其方法主要包括：1. 对人的管束；2. 对于物的扣押、使用、处置或者限制使用；3. 对于住宅、建筑物的限制；4. 其他。

行政强制措施的特征：1. 行政强制措施只能是由行政主体作出，人民法院不能成为即时强制的主体；2. 基础行为与采取强制措施行为本身结合在一起，在时间上难以分离；3. 行政强制措施是在出现紧急状态，且无法期待相对人自动履行时采取的；4. 行政强制措施的实施必须有具体法律的实体授权。

法律规定的行政强制措施包括以下五大类。

1. 限制公民人身自由。包括由戒严法、人民警察法、集会游行示威法等，包括强制戒毒办法、公安机关督察条例等，限制人身自由的方式有盘问、留置、约束、强制带离现场等。

2. 查封场所、设施或者财物。包括税收征管法、道路交通安全法、食品卫生法等，包括海关稽查条例、税收征收管理法实施细则等。行政机关为了保障行政决定的有效作出或者保障行政决定得到有效执行，依法对行政相对人的场所、设施或者财物暂时封存的行为。查封对象有场所、工具、设施、财物、资料、协议、账簿等，主要方式是就地封存。

3. 扣押财物。包括枪支管理法、海关法、产品质量法等，包括公安机关督察条例、道路交通安全法实施条例等。行政机关为了预防、制止违法行为，保障行政决定的执行，对行政相对人涉嫌违法的财物予以暂时扣留的行为。扣押对象是可移动的财物，不能移动的财物只能就低查封。

4. 冻结存款、汇款。包括海关法和税收征管法，包括国家安全法实施细则、进出口关税条例等。行政机关为防止当事人转移或者隐匿违法自己，损害证据，或者为保障行政决定得到有效执行，对当事人的账户采取停止支付、禁止资金转移的强制措施。冻结需要银行和其他金融机构协助实施。冻结对象是当事人的账户资金、包括存款、汇款、有价证券等。

5. 其他行政强制措施。这是兜底性规定，除前述四种，还有许多强制措施没有列举，如《专利法》第四十九条规定的强制许可，《计量法》第九条规定的强制检定，《动物防疫法》第二十一条规定的“隔离、扑杀、销毁、消毒、紧急免疫接种”，《外汇管理条例》第四十五条、第四十六条规定的强制收兑等。

行政强制措施由法律和法规设定。法律可设定所有的强制措施，行政法规不能设定限制人身自由与冻结存款、汇款的强制措施；地方性法规只能设定查封场所、设施或者财物与扣押财物的强制措施；规章和其他规范性文件不能设定强制措施。行政法规、地方性法规可对法律设定的强制措施进行具体细化，但不能扩大对象、条件和种类。法律、法规以外的其他规范性文件不得设定行政强制措施。

（二）行政强制执行

行政强制执行，是指行政机关或者行政机关申请人民法院，对不履行行政决定的公民、法人或者其他组织，依法强制履行义务的行为。

行政强制执行有如下特征：1. 行政强制执行以行政主体和法院为执行主体；2. 行政强制执行以已生效的具体行政行为所确定的义务为执行内容；3. 强制执行的目的在于迫使相对人履行义务或用代执行等方式达到与履行义务相同之状态，最终确保行政法上秩序的实现；4. 在执行条件上，行政强制执行必须以相对人逾期不履行已经生效的具体行政行为所确定的义务为前提。

行政强制执行的方式主要有以下六个方面。

1. 加处罚款或者滞纳金。这是间接强制的执行方式，属于执行罚。比如，行政处罚法规定，行政相对人到期不交罚款，每日按罚款数额的百分之三加处罚款。

2. 划拨存款、汇款。这是直接强制方式，采用这种执行方式的行政机关，需要法律的明确授权。目前，行政机关划拨存款、汇款只适用于税收、社保费征收等少数领域。

3. 拍卖或者依法处理查封、扣押的场所、设施或者财物。行政处罚法规定，采用此种执行方式，必须由法律规定。目前《税收征收管理法》《海关法》以及《行政强制法》第四十六条规定了此执行方式。此外，行政机关拍卖财物必须委托拍卖机构依法拍卖。

4. 排除妨碍、恢复原状。比如《道路交通安全法》第一百零四条、《水法》第六十五条、《气象法》第三十五条规定了此执行方式。

5. 代履行。这是指行政机关依法作出要求当事人履行排除妨碍、恢复原状等义务的行政决定，当事人逾期不履行，经催告仍不履行，其后果已经或者将危害交通安全、造成环境污染或者破坏自然资源的，行政机关可以代履行，或者委托没有利害关系的第三人代履行，费用除法律另有规定外一般由当事人承担。

6. 其他强制执行方式。这是兜底性规定，除上述以外的其他执行方式，如《兵役法》规定的强制履行兵役，《金银管理条例》规定的强制收购，《外汇管理条例》规定的强制回兑等。

行政强制措施和行政强制执行之间的主要区别是：实施主体不同，行政强制措施实施的主体是行政机关，行政强制执行实施的主体包括人民法院；二者目的不同，行政强制措施是为了制止违法行为，防止证据毁灭，避免危险发生，控制危险扩大。而行政强制执行是为履行先前的法律义务—行政决定；二者前提不同，行政强制执行的前提是存在一个行政决定，行政强制措施就没有这个前提，而是存在一个临时性的危险性。当然，二者也在一定程度上存在着联系，在行政强制执行中经常会遇到行政强制措施，行政强制措施往往是行政强制执行的前奏，带有预防性质。

二、行政强制法的基本原则

（一）法定原则

行政强制法第四条规定：行政强制的设定和实施，应当依照法定的权限、范围、条件和程序。行政强制的设定只有法律、行政法规和地方性法规，法律法规可以直接设定，地方性法规要根据立法法规定设定。具体而言，限制人身自由、冻结存款、汇款的由法律设定，行政强制措施的对象、条件、种类由法律设定，行政法规、地方性法规不得设定。

按照法定条件设定行政强制主要是指按照本法第二条的条件设定，并且排除该法第五条能用非强制手段达到管理目的的，不得使用行政强制。法定程序主要指第十四条条的规定，拟定法律、法规草案的行政强制，要采取听证会、讨论会形式听取意见。对设定行政强制的必要性、可能产生的影响及听取、采纳的意见向制定机关说明。行政强制措施的权限、范围和条件主要由各个单行法律、法规规定，程序有行政强制法规定。主要规定在行政强制法第三章、第四章。

（二）行政强制适当性原则

行政强制法第五条规定：行政强制的设定和实施，应当适当。采用非强制手段可以达到行政管理目的的，不得设定和实施行政强制。从实体上说，行政主体依法实施行政强制应当以实现行政管理所要求的目标为限，应该冻结部分资金的，不能冻结整个账户。从程序上说，行政主体所采取的强制手段必须与要达到的目标之间有对应关系，要扣押商店里的违禁品，不能扣押违禁品以外的其他商品。主要表现在情节轻微的，能不实施就不实施；查封、扣押、冻结价值适当；行政强制的手段要适当。

（三）正当法律程序原则。

行政强制法将正当法律程序原则分别规定于多个不同条款，将其精神贯穿和体现在行政强制权设定程序和行政强制实施程序的具体设计上，重点主要落实在行政强制实施程序的具体设计上，包括对行政强制措施程序的设计和对程序的设计。

（四）比例原则

比例原则的核心内容是“最小损害”，即行政机关为实现行政目的，在有多种手段、多种方法、多种途径可供选择时，应选择其中对相对人“最小损害”的手段、方法和途径。该法规定的“采取非强制手段可以达到行政管理目的的，不得设定和实施行政强制”应该说是“最小损害”原则的很好体现。

（五）教育和强制相结合原则

行政强制法第六条规定，实施行政强制，应当坚持教育与强制相结合。行政强制只是促使当事人履行法定义务的一种手段，不是目的。当事人经教育自觉改正违法行为，履行法定义务的，就不应再采取行政强制。这里的“教育”，既包括特定教育，也包括一般教育；既包括对被强制对象的教育，也包括对一般社会公众的教育，当然，主要是指对被强制对象的特定教育。此外，这一原则还具有“先教育、后强制”和在行政强制的事前、事中、事后的整个过程中坚持教育的意涵。只要通过教育自觉履行了义务，行政机关就不应对之再实施行政强制或处罚。

（六）权利救济原则

行政强制法第八条规定，公民、法人或者其他组织对行政机关实施行政强制，享有陈述权、申辩权；有权依法申请行政复议或者提起行政诉讼；因行政机关违法实施行政强制受到损害的，有权依法要求赔偿。行政强制是一种涉及公民人身权、财产权的“高权”行政行为公民、法人或者其他组织因人民法院在强制执行中有违法行为或者扩大强制执行范围受到损害的，有权依法要求赔偿。

三、行政强制执行程序

（一）催告及其效力

《强制执行法》第三十五条规定，行政机关作出强制执行决定前，应当事先催告当事人履行义务。催告应当以书面形式作出，并载明下列事项：1. 履行义务的期限；2. 履行义务的方式；3. 涉及金钱给付的，应当有明确的金额和给付方式；4. 当事人依法享有的陈述权和申辩权。第三十六条规定，当事人收到催告书后有权进行陈述和申辩。行政机关应当充分听取当事人的意见，对当事人提出的事实、理由和证据，应当进行记录、复核。当事人提出的事实、理由或者证据成立的，行政机关应当采纳”。

（二）强制执行的作出

《行政强制法》第三十七条规定，经催告，当事人逾期仍不履行行政决定，且无正当理由的，行政机关可以作出强制执行决定。强制执行决定应当以书面形式作出，并载明下列事项：1. 当事人的姓名或者名称、地址；2. 强制执行的理由和依据；3. 强制执行的方式和时间；4. 申请行政复议或者提起行政诉讼的途径和期限；5. 行政机关的名称、印章和日期。在催告期间，对有证据证明有转移或者隐匿财物迹象的，行政机关可以作出立即强制执行决定。

（三）强制执行的文书送达

《行政强制法》第三十八条规定：“催告书、行政强制执行决定书应当直接送达当事人。当事人拒绝接收或者无法直接送达当事人的，应当依照《中华人民共和国民事诉讼法》的有关规定送达。”主要有直接送达、留置送达、委托送达、邮寄送达、转交送达、公告送达。

（四）强制执行的中止

《强制执行法》第三十九条规定，有下列情形之一的，中止执行：1. 当事人履行行政决定确有困难或者暂无履行能力的；2. 第三人对执行标的主张权利，确有理由的；3. 执行可能造成难以弥补的损失，且中止执行不损害公共利益的；4. 行政机关认为需要中止执行的其他情形。中止执行的情形消失后，行政机关应当恢复执行。对没有明显社会危害，当事人确无能力履行，中止执行满三年未恢复执行的，行政机关不再执行。

（五）强制执行的终结

《强制执行法》第四十条规定，有下列情形之一的，终结执行：1. 公民死亡，无遗产可供执行，又无义务承受人的；2. 法人或者其他组织终止，无财产可供执行，又无义务承受人的；3. 执行标的灭失的；4. 据以执行的行政决定被撤销的；5. 行政机关认为需要终结执行的其他情形。

（六）国家赔偿

《行政强制法》第四十一条规定，在执行中或者执行完毕后，据以执行的行政决定被撤销、变更，或者执行错误的，应当恢复原状或者退还财物；不能恢复原状或者退还财物的，依法给予赔偿。主要是执行回转和国家赔偿。

（七）执行协议

《行政强制法》第四十二条规定“实施行政强制执行，行政机关可以在不损害公共利益和他人合法权益的情况下，与当事人达成执行协议。执行协议可以约定分阶段履行；当事人采取补救措施的，可以减免加处的罚款或者滞纳金。执行协议应当履行。当事人不履行执行协议的，行政机关应当恢复强制执行”。

（八）行政机关强制执行的禁止性规定

《行政强制法》第四十三条规定，行政机关不得在夜间或者法定节假日实施行政强制执行。但是，情况紧急的除外。行政机关不得对居民生活采取停止供水、供电、供热、供燃气等方式迫使当事人履行相关行政决定。

四、金钱给付义务的执行

（一）执行罚的前提条件及数额

《行政强制法》第四十五条规定，行政机关依法作出金钱给付义务的行政决定，当事人逾期不履行的，行政机关可以依法加处罚款或者滞纳金。加处罚款或者滞纳金的标准应当告知当事人。加处罚款或者滞纳金的数额不得超出金钱给付义务的数额。

（二）执行罚的效力及查封、扣押、冻结

《行政强制法》第四十六条规定，行政机关依照本法第四十五条规定实施加处罚款或者滞纳金超过三十日，经催告当事人仍不履行的，具有行政强制执行权的行政机关可以强制执行。行政机关实施强制执行前，需要采取查封、扣押、冻结措施的，依照本法第三章规定办理。没有行政强制执行权的行政机关应当申请人民法院强制执行。但是，当事人在法定期限内不申请行政复议或者提起行政诉讼，经催告仍不履行的，在实施行政管理过程

中已经采取查封、扣押措施的行政机关，可以将查封、扣押的财物依法拍卖抵缴罚款。

（三）划拨存款、汇款的程序

《行政强制法》第四十七条规定，划拨存款、汇款应当由法律规定的行政机关决定，并书面通知金融机构。金融机构接到行政机关依法作出划拨存款、汇款的决定后，应当立即划拨。法律规定以外的行政机关或者组织要求划拨当事人存款、汇款的，金融机构应当拒绝。

（四）拍卖及相关款项处理

《行政强制法》第四十八条规定，依法拍卖财物，由行政机关委托拍卖机构依照《中华人民共和国拍卖法》的规定办理；第四十九条规定，划拨的存款、汇款以及拍卖和依法处理所得的款项应当上缴国库或者划入财政专户。任何行政机关或者个人不得以任何形式截留、私分或者变相私分。

五、代履行

（一）代履行的条件

《行政强制法》第五十条规定，行政机关依法作出要求当事人履行排除妨碍、恢复原状等义务的行政决定，当事人逾期不履行，经催告仍不履行，其后果已经或者将危害交通安全、造成环境污染或者破坏自然资源的，行政机关可以代履行，或者委托没有利害关系的第三人代履行。

（二）代履行的步骤、费用及方式

《行政强制法》第五十一条规定，代履行应当遵守下列规定：1. 代履行前送达决定书，代履行决定书应当载明当事人的姓名或者名称、地址，代履行的理由和依据、方式和时间、标的、费用预算以及代履行人；2. 代履行三日前，催告当事人履行，当事人履行的，停止代履行；3. 代履行时，作出决定的行政机关应当派员到场监督；4. 代履行完毕，行政机关到场监督的工作人员、代履行人和当事人或者见证人应当在执行文书上签名或者盖章。代履行的费用按照成本合理确定，由当事人承担。但是，法律另有规定的除外。代履行不得采用暴力、胁迫以及其他非法方式。

（三）立即实施代履行

《行政强制法》第五十二条规定，需要立即清除道路、河道、航道或者公共场所的遗洒物、障碍物或者污染物，当事人不能清除的，行政机关可以决定立即实施代履行；当事人不在场的，行政机关应当在事后立即通知当事人，并依法作出处理。

以案释法 6：胡某诉湖南省某市某镇政府行政强制监督案

【法律要点】

国有土地上房屋征收过程中，只有市、县级人民政府及其确定的房屋征收部门依法具有组织实施强制拆除被征收人合法房屋的行政职权。市、县级人民政府及房屋征收部门等不能举证证明被征收人合法房屋系其他主体拆除的，可以认定其为强制拆除的责任主体。市、县级人民政府及房屋征收部门等委托建设单位等民事主体实施强制拆除的，市、县级人民政府及房屋征收部门等对强制拆除后果承担法律责任。建设单位等民事主体以自己名义违法强拆，侵害物权的，除应承担民事责任外，违反行政管理规定的应依法承担行政责任，构成犯罪的应依法追究刑事责任。

市、县级人民政府在既未作出补偿决定又未通过补偿协议解决补偿问题的情况下，违法强制拆除被征收人房屋的，应当赔偿被征收人房屋价值损失、屋内物品损失、安置补偿等损失。人民法院在确定赔偿数额时，应当坚持全面赔偿原则，合理确定房屋等的评估时点，并综合协调适用《国家赔偿法》规定的赔偿方式、赔偿项目、赔偿标准与《国有土地上房屋征收与补偿条例》规定的补偿方式、补偿项目、补偿标准，确保被征收人得到的赔偿不低于其依照征收补偿方案可以得到的征收补偿。

【案情简介】

2014 年 8 月 31 日，婺城区政府在《金华日报》上发布《婺城区人民政府关于二七区块旧城改造房屋征收范围的公告》，并公布了房屋征收范围图，明确对二七区块范围实施改造。2014 年 9 月 26 日，案涉房屋由婺城区政府组织拆除。2014 年 10 月 25 日，婺城区政府作出《金华市婺城区人民政府关于迎宾巷区块旧城改造建设项目房屋征收的决定》（以下简称《房屋征收决定》），载明：因旧城区改建的需要，决定对迎宾巷区块范围内房屋实行征收；房屋征收部门为金华市婺城区住房和城乡建设局，房屋征收实施单位为金华市婺城区二七区块改造工程指挥部（以下简称改造工程指挥部）；签约期限为 45 天，搬迁期限为 30 日，具体起止日期在房屋征收评估机构选定后，由房屋征收部门另行公告；附件为《征收补偿方案》。2014 年 10 月 26 日，《房屋征收决定》《征收补偿方案》在《金华日报》上公布。许水云位于金华市婺城区五一路迎宾巷8号、9号的房屋（以下简称案涉房屋）被纳入本次房屋征收范围。

另查明，包括许水云案涉房屋在内的金华市婺城区迎宾巷区块房屋曾于2001年因金华市后溪街西区地块改造及“两街”整合区块改造被纳入拆迁范围，金华市城建开发有限公司（以下简称金华开发公司）取得了房屋拆迁许可证，其载明的拆迁期限为2001年7月10日至2001年8月9日，后因故未实际完成拆迁。

【裁判结果】

本案经最高人民法院再审判决：一、二审法院判决认定的基本事实清楚，一、二审法院判决确认婺城区政府强制拆除许水云房屋的行政行为违法的判项正确，本院予以维持。但一审判决责令婺城区政府参照《征收补偿方案》对许水云进行赔偿，未能考虑到作出赔偿决定时点的类似房地产市场价格已经比《征收补偿方案》确定的补偿时点的类似房地产市场价格有了较大上涨，仅参照《征收补偿方案》进行赔偿，无法让许水云有关赔偿房屋的诉讼请求得到支持；二审判决认为应通过征收补偿程序解决本案赔偿问题，未能考虑到案涉房屋并非依法定程序进行的征收和强制搬迁，而是违法实施的强制拆除，婺城区政府应当承担赔偿责任。一审判决第二项与二审判决第二项、第三项均属于适用法律错误，应予纠正。据此，依照《中华人民共和国行政诉讼法》第八十九条第一款第二项和《最高人民法院关于执行〈中华人民共和国行政诉讼法〉若干问题的解释》第七十六条第一款之规定，判决如下。

一、维持浙江省高级人民法院〔2017〕浙行终154号行政判决第一项与浙江省金华市中级人民法院〔2015〕浙金行初字第19号行政判决第一项，即确认金华市婺城区人民政府强制拆除许水云位于金华市婺城区五一路迎宾巷8号、9号房屋的行政行为违法。

二、撤销浙江省高级人民法院〔2017〕浙行终154号行政判决第二项、第三项与浙江省金华市中级人民法院〔2015〕浙金行初字第19号行政判决第二项。

三、责令金华市婺城区人民政府在本判决生效之日起九十日内按照本判决对许水云依法予以行政赔偿。

【以案释法】

本案的争议焦点主要包括四个方面：（一）关于强制拆除主体的认定问题；（二）关于本案拆除行为是否违法的问题；（三）关于本案通过行政赔偿还是行政补偿程序进行救济的问题；（四）关于赔偿方式、赔偿项目、赔偿标准与赔偿数额的确定问题。

一、关于强制拆除主体的认定问题

《征收与补偿条例》第四条第一款、第二款规定，市、县级人民政府负责本行政区域的房屋征收与补偿工作。市、县级人民政府确定的房屋征收部门组织实施本行政区域的房屋征收与补偿工作。第五条规定，房屋征收部门可以委托房屋征收实施单位，承担房屋征收与补偿的具体工作。房屋征收实施单位不得以营利为目的。房屋征收部门对房屋征收实施单位在委托范围内实施的房屋征收与补偿行为负责监督，并对其行为后果承担法律责任。第二十八条第一款规定，被征收人在法定期限内不申请行政复议或者不提起行政诉讼，在补偿决定规定的期限内又不搬迁的，由作出房屋征收决定的市、县级人民政府依法申请人民法院强制执行。根据上述规定，在国有土地上房屋征收过程中，有且仅有市、县级人民政府及其确定的房屋征收部门才具有依法强制拆除合法建筑的职权，建设单位、施工单位等民事主体并无实施强制拆除他人合法房屋的权力。民事主体自行违法强制拆除他人合法房屋，涉嫌构成故意毁坏财物罪的，权利人可以依法请求公安机关履行相应职责；人民法院经审查认为有犯罪行为的，应当依据《行政诉讼法》第六十六条第一款的规定，将有关材料移送公安、检察机关。因而，除非市、县级人民政府能举证证明房屋确系在其不知情的情况下由相关民事主体违法强拆的，则应推定强制拆除系市、县级人民政府委托实施，人民法院可以认定市、县级人民政府为实施强制拆除的行政主体，并应承担相应的赔偿责任。

本案中，婺城区政府主张2014年9月26日改造工程指挥部委托婺城建筑公司对已达成补偿安置协议的案外人的房屋进行拆除时，因操作不慎导致案涉房屋坍塌；婺城建筑公司于2015年3月6日出具的情况说明也作了类似陈述。婺城区政府据此否认强拆行为系由政府组织实施，认为造成案涉房屋损毁的是案外人婺城建筑公司，并主张本案系民事侵权赔偿纠纷，与婺城区政府无关，不属于行政争议。但案涉房屋被强制拆除系在婺城区政府作为征收主体进行征收过程中发生的。案涉房屋被拆除前的2014年8月31日，婺城区政府即发布旧城改造房屋征收公告，将案涉房屋纳入征收范围。因此，对于房屋征收过程中发生的合法房屋被强制拆除行为，首先应推定系婺城区政府及其确定的房屋征收部门实施的行政强制行为，并由其承担相应责任。本案虽然有婺城建筑公司主动承认“误拆”，但改造工程指挥部工作人员给许水云发送的短信记载有“我是金华市婺城区二七新村区块改造工程指挥部工作人员、将对房子进行公证检查、如不配合将破门进行安全检查及公证”等内容，且许水云提供的有行政执法人员在拆除现场的现场照片及当地有关新闻报道等，均能证实2014年9月26日强制拆除系政府主导下进行，故婺城区政府主张强拆系民事侵权的理由不能成立。婺城建筑公司拆除案涉房屋的行为，其法律责任应由委托其拆除的改造工程指挥部承担；改造工程指挥部系由婺城区政府组建并赋予行政管理职能但不具有独立承担法律责任能力的临时机构，婺城区政府应当作为被告，并承担相应的法律责任。

二、关于本案拆除行为是否违法的问题

《中华人民共和国物权法》第四条规定，国家、集体、私人的物权和其他权利人的物权受法律保护，任何单位和个人不得侵犯。第四十二条第一款规定，为了公共利益的需要，依照法律规定的权限和程序可以征收集体所有的土地和单位、个人的房屋及其他不动产；第三款规定，征收单位、个人的房屋及其他不动产，应当依法给予拆迁补偿，维护被征收人的合法权益；征收个人住宅的，还应当保障被征收人的居住条件。

许水云位于金华市婺城区迎宾巷8号、9号的房屋未依法办理相关建设手续，也未取得房屋所有权证，但案涉房屋确系在1990年4月1日《中华人民共和国城市规划法》施行前建造的历史老房。对此类未经登记的房屋，应综合考虑建造历史、使用现状、当地土地利用规划以及有关用地政策等因素，依法进行调查、认定和处理。对认定为合法建筑和未超过批准期限的临时建筑的，应当给予补偿。改造工程指挥部与一审法院根据许水云提供的许宝贤、寿吉明缴纳土地登记费、房产登记费等相关收款收据以及寿吉明私有房屋所有权登记申请书等材料，已经认定案涉房屋为合法建筑，许水云通过继承和购买成为房屋所有权人，其对案涉房屋拥有所有权，任何单位和个人均不得侵犯。国家因公共利益需要确需征收的，应当根据《征收与补偿条例》规定，给予房屋所有权人公平补偿，并按照《征收与补偿条例》第二十七条的规定，先给予补偿，后实施搬迁。房屋所有权人在签订补偿协议或者收到补偿决定确定的补偿内容后，也有主动配合并支持房屋征收的义务和责任。《征收与补偿条例》和《最高人民法院关于办理申请人民法院强制执行国有土地上房屋征收补偿决定案件若干问题的规定》对市、县级人民政府及房屋征收部门如何实施征收、如何进行补偿、如何强制搬迁以及如何保障被征收人获得以市场评估价格为基础的公平补偿的权利进行了系统、严密的规定。同时，为了确保因公共利益需要而进行的房屋征收顺利、高效实施，还专门规定对极少数不履行补偿决定、又不主动搬迁的被征收人可以依法进行强制搬迁。具体到本案中，根据《征收与补偿条例》的规定，婺城区政府应当先行作出房屋征收决定并公告，然后与许水云就补偿方式、补偿金额和支付期限等事项订立补偿协议；如双方在征收补偿方案确定的签约期限内达不成补偿协议的，市、县级人民政府则应当依法单方作出补偿决定。被征收人对补偿决定不服的，可以依法申请行政复议，也可以依法提起行政诉讼；被征收人在法定期限内不申请行政复议或者不提起行政诉讼，在补偿决定规定的期限内又不搬迁的，由作出房屋征收决定的市、县级人民政府依法申请人民法院强制执行。人民法院裁定准予执行后，一般由作出征收补偿决定的市、县级人民政府组织实施，也可以由人民法院执行。此即为一个合法的征收与补偿应当遵循的法定程序，也系法律对征收与补偿的基本要求。本院注意到，案涉房屋的征收拆迁，最早始于2001年7月金华开发公司取得拆迁许可证，在10多年时间内，如因房屋所有权人提出不合法的补偿请求，导致未能签署补偿安置协议，婺城区政府及其职能部门应当依法行使法律法规赋予的行政职权，及时作出拆迁安置裁决或者补偿决定，给予许水云公平补偿，并及时强制搬迁以保障公共利益的实现和拆迁征收工作的顺利进行。但婺城区政府及相应职能部门既未及时依法履职，又未能保障被征收人合法权益，也未能正确理解《征收与补偿条例》有关强制搬迁制度的立法目的，还未能实现旧城区改造项目顺利实施；而是久拖不决，并以所谓民事”误拆”的方式违法拆除被征收人房屋，最终不得不承担赔偿责任。一、二审法院判决确认婺城区政府强制拆除行为违法，符合法律规定，本院予以支持。

三、关于本案通过行政赔偿还是行政补偿程序进行救济的问题

行政补偿是指行政机关实施合法的行政行为，给行政相对人合法权益造成的损失，由国家依法予以补偿的制度。行政赔偿是指行政机关实施违法的行政行为，侵犯行政相对人合法权益，由国家依法予以赔偿的制度。在国有土地上房屋征收过程中，征收及与征收相关联的行政行为违法造成损失的赔偿问题，较为复杂。其中，既有因违法拆除给权利人物权造成损失的赔偿问题，也有因未依据《征收与补偿条例》第十七条和当地征收补偿政策进行征收补偿而给权利人造成的应补偿利益的损失问题，甚至还包括搬迁、临时安置以及应当给予的补助和奖励的损失问题。尤其是在因强制拆除引发的一并提起的行政赔偿诉讼中，人民法院应当结合违法行为类型与违法情节轻重，综合协调适用《国家赔偿法》规定的赔偿方式、赔偿项目、赔偿标准与《征收与补偿条例》规定的补偿方式、补偿项目、补偿标准，依法、科学地确定赔偿项目和赔偿数额，让被征收人得到的赔偿不低于其依照征收补偿方案可以获得的征收补偿，确保产权人得到公平合理的补偿。同时，人民法院在确定赔偿义务机关和赔偿数额时，要坚持有权必有责、违法须担责、侵权要赔偿、赔偿应全面的法治理念，对行政机关违法强制拆除被征收人房屋，侵犯房屋所有权人产权的，应当依法责令行政机关承担行政赔偿责任，而不能让产权人因侵权所得到的赔偿低于依法征收所应得到的补偿。

通常情况下，强制拆除被征收人房屋应当依据已经生效的补偿决定，而补偿决定应当已经解决了房屋本身的补偿问题。因此，即使强制拆除行为被认定为违法，通常也仅涉及对房屋内物品损失的赔偿问题，而不应涉及房屋本身的补偿或者赔偿问题。但本案在强制拆除前，既无征收决定，也无补偿决定，许水云也未同意先行拆除房屋，且至今双方仍未达成补偿安置协议，许水云至今未得到任何形式的补偿，强制拆除已构成重大且明显的违法，应当依法赔偿。对许水云房屋损失的赔偿，不应再依据《征收与补偿条例》第十九条所规定的《房屋征收决定》公告之日被征收房屋类似房地产的市场价格，即2014年10月26日的市场价格，为基准确定，而应按照有利于保障许水云房屋产权得到充分赔偿的原则，以婺城区政府在本判决生效后作出赔偿决定时点的案涉房屋类似房地产的市场价格为基准确定。同时，根据《国家赔偿法》第三十六条第八项有关对财产权造成其他损害的，按照直接损失给予赔偿的规定，许水云在正常征收补偿程序中依法和依据当地征收补偿政策应当得到的利益损失，属于其所受到的直接损失，也应由婺城区政府参照补偿方案依法予以赔偿。因此，本案存在行政赔偿项目、标准与行政补偿项目、标准相互融合的情形，一审法院判决第二项责令婺城区政府参照《征收补偿方案》对许水云进行赔偿；二审法院判决认为应当通过后续的征收补偿程序获得救济，并据此驳回许水云的行政赔偿请求，均属对《国家赔偿法》《征收与补偿条例》等相关规定的错误理解，应予纠正。

四、关于赔偿方式、赔偿项目、赔偿标准与赔偿数额的确定问题

具体到本案中，根据许水云的诉讼请求，其主张的损失包括以下三个部分：一是房屋损失；二是停产停业损失；三是房屋内物品的损失。婺城区政府与许水云应就上述三项损失问题平等协商，并可通过签订和解协议的方式解决；如双方无法达成一致，婺城区政府应按照本判决确定的方法，及时作出行政赔偿决定。

（一）房屋损失的赔偿方式与赔偿标准问题

《国家赔偿法》第三十二条规定，国家赔偿以支付赔偿金为主要方式。能够返还财产或者恢复原状的，予以返还财产或者恢复原状。据此，返还财产、恢复原状是国家赔偿首选的赔偿方式，既符合赔偿请求人的要求也更为方便快捷；但其适用条件是原物未被处分或未发生毁损灭失，若相关财产客观上已无法返还或恢复原状时，则应支付相应的赔偿金或采取其他赔偿方式。本案中，案涉房屋已经被列入旧城区改造的征收范围，且已被婺城区政府拆除，因此，对许水云要求恢复房屋原状的赔偿请求，本院不予支持。案涉房屋系因旧城区改建而被拆除，如系依法进行的征收与拆除，许水云既可以选择按征收决定公告之日的市场评估价进行货币补偿，也有权要求在改建地段或者就近地段选择类似房屋予以产权调换。本案系因违法强制拆除引发的赔偿，《国家赔偿法》第四条第三项规定，行政机关违法征收，侵犯财产权的，受害人有取得赔偿的权利。因此，为体现对违法征收和违法拆除行为的惩戒，并有效维护许水云合法权益，对许水云房屋的赔偿不应低于因依法征收所应得到的补偿，即对许水云房屋的赔偿，不应低于赔偿时改建地段或者就近地段类似房屋的市场价值。结合《国家赔偿法》第三十六条诸项规定以及许水云申请再审的请求，婺城区政府既可以用在改建地段或者就近地段提供类似房屋的方式予以赔偿，也可以根据作出赔偿决定时点有效的房地产市场评估价格为基准计付赔偿款。婺城区政府与许水云可

以按照《征收与补偿条例》第二十条规定的方式确定房地产价格评估机构。鉴于案涉房屋已被拆除，房地产评估机构可以参考《国有土地上房屋征收评估办法》第十三条所规定的方法，根据婺城区政府与许水云提供的原始资料，本着疑点利益归于产权人的原则，独立、客观、公正地出具评估报告。

（二）停产停业损失的赔偿标准问题

本案中，许水云主张因为房屋被拆除导致其停业，要求赔偿停产停业至今的损失每月2万元，婺城区政府对许水云存在经营行为的事实予以认可，但提出因为许水云的房屋属于无证建筑，只能按照一般住房进行补偿，不予计算停产停业的损失。本院认为，《征收与补偿条例》第二十三条规定，对因征收房屋造成停产停业损失的补偿，根据房屋被征收前的效益、停产停业期限等因素确定。具体办法由省、自治区、直辖市制定。《浙江省国有土地上房屋征收与补偿条例》第二十九条第一款规定，征收非住宅房屋造成停产停业损失的，应当根据房屋被征收前的效益、停产停业期限等因素给予补偿。补偿的标准不低于被征收房屋价值的百分之五，具体标准由设区的市、县（市）人民政府规定。《金华市区国有土地上房屋征收与补偿实施意见（试行）》第三十四条第一款规定，征收非住宅房屋造成停产停业损失的，按被征收房屋价值的百分之五计算。

《征收与补偿条例》第二十四条第二款规定，市、县级人民政府作出房屋征收决定前，应当组织有关部门依法对征收范围内未经登记的建筑进行调查、认定和处理。对认定为合法建筑和未超过批准期限的临时建筑的，应当给予补偿；对认定为违法建筑和超过批准期限的临时建筑的，不予补偿。既然案涉房屋已被认定为合法建筑，则其与已发放房屋所有权证的房屋在补偿问题上拥有同等法律地位。如果许水云提供的营业执照、纳税证明等证据，能够证明其符合《征收与补偿条例》《浙江省国有土地上房屋征收与补偿条例》《金华市区国有土地上房屋征收与补偿实施意见（试行）》所确定的经营用房（非住宅房屋）条件，则婺城区政府应当依据上述规定，合理确定停产停业损失的金额并予以赔偿。但由于征收过程中的停产停业损失，只是补偿因征收给房屋所有权人经营造成的临时性经营困难，具有过渡费用性质，因而只能计算适当期间或者按照房屋补偿金额的适当比例计付。同时，房屋所有权人在征收或者侵权行为发生后的适当期间，也应当及时寻找合适地址重新经营，不能将因自身原因未开展经营的损失，全部由行政机关来承担。因此许水云主张按每月停产停业损失2万元标准赔偿至房屋恢复原状时的再审请求，没有法律依据，本院不予支持。

（三）屋内物品损失的赔偿金额确定方式问题

《国家赔偿法》第十五条第一款规定，人民法院审理行政赔偿案件，赔偿请求人和赔偿义务机关对自己提出的主张，应当提供证据。《最高人民法院关于执行〈中华人民共和国行政诉讼法〉若干问题的解释》第二十七条第三项进一步规定，在一并提起的行政赔偿诉讼中，原告应当就因受被诉行为侵害而造成损失的事实承担举证责任。《最高人民法院关于行政诉讼证据若干问题的规定》第五条也规定，在行政赔偿诉讼中，原告应当对被诉具体行政行为造成损害的事实提供证据。因此，许水云就其房屋内物品损失事实、损害大小、损害金额承担举证责任，否则将承担不利后果。同时，《行政诉讼法》第三十八条第二款还规定，在行政赔偿案件中，原告应当对行政行为造成的损害提供证据。因被告的原因导致原告无法举证的，由被告承担举证责任。因此，因行政机关违反正当程序，不依法公证或者依法制作证据清单，给原告履行举证责任造成困难的，且被告也无法举证证明实际损失金额的，人民法院可在原告就损失金额所提供证据能够初步证明其主张的情况下，依法作出不利于行政机关的损失金额认定。许水云向一审法院提供的相关照片与清单，可以判断案涉房屋内有鸟笼等物品，与其实际经营花鸟生意的情形相符；在许水云已经初步证明存在损失的情况下，其合情合理的赔偿请求应当得到支持。婺城区政府可以根据市场行情，结合许水云经营的实际情况以及所提供的现场照片、物品损失清单等，按照有利于许水云的原则酌情确定赔偿数额，对房屋内财产损失依法赔偿。

以案释法 7：刘某诉某省某市公安局交通警察支队道路交通管理行政强制案

【法律要点】

建设服务型政府，要求行政机关既要严格执法以维护社会管理秩序，也要兼顾相对人实际情况。行政处理存在裁量余地时，应当尽可能选择对相对人合法权益损害最小的方式；实施扣留等暂时性控制措施不能代替对案件的实体处理，行政机关无正当理由长期不处理的，构成滥用职权。

【案情简介】

2001 年 7 月，刘云务通过分期付款的方式在山西省威廉汽车租赁有限公司购买了一辆东风 EQ1208G1 型运输汽车，发动机号码 133040，车架号码 11022219，合格证号 0140721，最终上户车牌为晋 A2××××号。刘云务依约付清车款后，车辆仍登记挂靠在该公司名下。2006 年 12 月 12 日，刘云务雇佣的司机任治荣驾驶该车辆行驶至太原市和平路西峪乡路口时，晋源交警一大队的执勤民警以该车未经年审为由将该车扣留并于当日存入存车场。2006 年 12 月 14 日，刘云务携带该车审验日期为 2006 年 12 月 13 日的行驶证去处理该起违法行为。晋源交警一大队执勤民警在核实过程中发现该车的发动机号码和车架号码看不到，遂以该车涉嫌套牌及发动机号码和车架号码无法查对为由对该车继续扣留，并口头告知刘云务提供其他合法有效手续。刘云务虽多次托人交涉并提供相关材料，但晋源交警一大队一直以其不能提供车辆合法来历证明为由扣留该车。刘云务不服，提起行政诉讼，请求法院撤销晋源交警一大队的扣留行为并返还该车。在法院审理期间，双方当事人在法院组织下对该车车架号码的焊接处进行了切割查验，切割后显示的该车车架号码为GAGJB-DK011022219，而刘云务提供的该车行驶证载明的车架号码为LGAGJB-DK011022219。

法院另查明，车架号码，即车辆识别代号，通常也称大架号，由字母和数字共17位字符组成，是车辆的重要身份证明。第1位字符是国家或者地区代码，中国的代码是"L"。最后8位即第10位至第17位字符代表车辆的年份、生产工厂、生产下线顺序号等信息。对于特定汽车生产厂家生产的特定汽车而言，车架号码最后8位字符组成的字符串具有唯一性。

【裁判结果】

本案经最高人民法院再审认定，本案涉案车辆是经过年审并正常行驶的车辆，晋源交警一大队在作出行政行为时和原一、二审诉讼中均未以车辆系擅自改装而需要强制报废等作为扣留涉案车辆的理由，在本院审理中也未提供证据证明涉案车辆需要强制报废，故对晋源交警一大队有关涉案车辆需要强制报废的主张不应予以支持，且其在再审期间又改变扣留理由，也有违依法行政的基本要求。据此，依照《行政诉讼法》第八十九条第一款第二项及最高人民法院《关于执行〈中华人民共和国行政诉讼法〉若干问题的解释》第七十八条之规定，判决如下。

一、撤销山西省高级人民法院行政判决和山西省太原市中级人民法院行政判决。

二、确认山西省太原市公安局交通警察支队晋源一大队扣留晋车辆的行为违法。

三、山西省太原市公安局交通警察支队晋源一大队在本判决生效后三十日内将车辆返还。

【以案释法】

本案的争议焦点为再审被申请人晋源交警一大队扣留涉案车辆的行政强制措施是否合法。具体涉及以下三个问题。

（一）决定扣留涉案车辆的程序是否合法

依照全国人民代表大会常务委员会于2003年10月28日通过的《中华人民共和国道路交通安全法》第九十六条第一款及公安部于2004年4月30日发布的《道路交通安全违法行为处理程序规定》第十三条第二项的规定，晋源交警一大队在行政执法中发现车辆涉嫌套牌的，有依法扣留的职权。在再审申请人刘云务提交合法年审手续后，晋源交警一大队又发现涉案车辆无发动机号码、无法识别车架号码而涉嫌套牌时，可依法继续扣留。但是，晋源交警一大队决定扣留应遵循《中华人民共和国道路交通安全法》第一百一十二条第一款和《道路交通安全违法行为处理程序规定》第十一条第一款规定的告知当事人违法行为的基本事实、拟作出行政强制措施的种类、依据及其依法享有的权利，听取当事人的陈述和申辩，制作行政强制措施凭证并送达当事人等行政程序。晋源交警一大队违反上述行政程序，始终未出具任何形式的书面扣留决定，违反法定程序。在刘云务提供合法年审手续后，晋源交警一大队初始以未经年审为由扣留车辆的行为应已结束，其关于以车辆涉嫌套牌为由继续扣留无须另行制作扣留决定的主张，依法不能成立，本院不予支持。

（二）认定涉案车辆涉嫌套牌而持续扣留证据是否充分

比对切割查验后显示的涉案车辆车架号码和涉案车辆行驶证载明的车架号码，前者共16位字符，后者共17位字符，前者缺失了代表车辆生产国家或者地区的首字母。再审申请人刘云务主张缺失的首字母“L”系在切割查验时不慎损毁所致，再审被申请人对此未发表相反意见。鉴于涉案汽车确系中国生产，且对于该型号的东风运输汽车而言，切割查验后显示的车辆车架号码和涉案车辆行驶证载明的车架号码的最后8位字符均为“11022219”，可以认定被扣留的车辆即为刘云务所持行驶证载明的车辆。晋源交警一大队在刘云务先后提供购车手续、山西省威廉汽车租赁有限公司出具的说明、山西吕梁东风汽车技术服务站出具的三份证明等相关证据材料后，认定涉案车辆涉嫌套牌而持续扣留，构成主要证据不足。

（三）既不调查核实又长期扣留涉案车辆是否构成滥用职权

车辆车体打刻的发动机号码、车架号码，是确认车辆身份的重要证明。根据公安部于2004年4月30日发布的《机动车登记规定》第九条、第十条的规定，刘云务在车辆生产厂家指定的维修站对涉案车辆的发动机、车架进行维修，并不违法。且仅为对涉案车辆更换发动机缸体而非更换发动机。但刘云务未及时请相关单位在相应部位重新打刻号码并履行相应手续不当。在涉案车辆发动机缸体未打刻发动机号码且车架号码被钢板铆钉遮盖无法目视确认的情况下，刘云务让所雇佣的司机驾驶车辆上路具有过错，晋源交警一大队认为涉嫌套牌依法有权扣留车辆，刘云务应承担相应责任。但扣留车辆属于暂时性的行政强制措施，不能将扣留行为作为代替实体处理的手段。晋源交警一大队扣留车辆后，应依照《中华人民共和国道路交通安全法》第九十六条第二款和《道路交通安全违法行为处理程序规定》第十五条的规定，分别作出相应处理：如认为刘云务已经提供相应的合法证明，则应及时返还机动车；如对刘云务所提供的机动车来历证明仍有疑问，则应尽快调查核实；如认为刘云务需要补办相应手续，也应依法明确告知补办手续的具体方式方法并依法提供必要的协助。刘云务先后提供的车辆行驶证和相关年审手续、购车手续、山西省威廉汽车租赁有限公司出具的说明、山西吕梁东风汽车技术服务站出具的三份证明，已经能够证明涉案车辆在生产厂家指定的维修站更换发动机缸体及用钢板铆钉加固车架的事实。在此情况下，晋源交警一大队既不返还机动车，又不及时主动调查核实车辆相关来历证明，也不要求刘云务提供相应担保并解除扣留措施，以便车辆能够返回维修站整改或者返回原登记的车辆管理所在相应部位重新打刻号码并履行相应手续，而是反复要求刘云务提供客观上已无法提供的其他合法来历证明，滥用了法律法规赋予的职权。

行政机关进行社会管理的过程，也是服务社会公众和保护公民权利的过程。建设服务型政府，要求行政机关既要严格执法以维护社会管理秩序，也要兼顾相对人实际情况，对虽有过错但已作出合理说明的相对人可以采用多种方式实现行政目的时，在足以实现行政目的的前提下，应尽量减少对相对人权益的损害。实施行政管理不能仅考虑行政机关单方管理需要，而应以既有利于查明事实，又不额外加重相对人负担为原则。实施扣留等暂时性控制措施，应以制止违法行为、防止证据损毁、便于查清事实等为限，不能长期扣留而不处理，给当事人造成不必要的损失。因此，晋源交警一大队扣留涉案车辆后，既不积极调查核实车辆相关来历证明，又长期扣留涉案车辆不予处理，构成滥用职权。

第四节 政府信息公开

一、政府信息公开概述

政府信息是指行政机关在履行行政职责过程当中制作的或者获取的，以一定的形式记录、保存的信息。首先，政府信息必须是履行行政职责过程当中制作的或者获取的信息。例如，甲向房管局申请某个信息，但该信息是法院在房管局的某个判决的执行情况，房管局回复其不属于政府信息因此拒绝了甲，那么房管局的理由成立吗？成立。其履行人民法院生效判决作出的行政行为，并不属于其履行行政管理职责过程中制作或者获取的信息。因为法院判决的执行情况，不属于政府信息，而属于司法信息。

其次，政府信息是制作的或者获取的信息。制作的信息，比如，政府制定的各种法律文件，等等。获取的信息，是指行政机关从自然人、法人或者其他组织处获取的信息。最典型的就是企业工商登记，企业登记注册会在工商部门备案章程、股东名册等，由此转化为一种政府信息。

最后，是不是政府信息与存放介质无关，政府信息不一定都是纸质文本，以一定形式承载于胶卷、数据库中的，都可以为政府信息。

二、政府信息公开的主体

（一）行政机关公开

一般来讲，行政机关公开，是指谁制作，谁公开，谁保存，谁公开。政府信息公开条例确定了首次接触原则，即行政机关获取了其他行政机关的政府信息，由最初制作或者最初获取该政府信息的行政机关负责公开。

因此，按照首次接触原则，该份合同由县公安局负责公开，换个角度讲，公安局作为首次接触者，熟悉合同文本，明确签合同的过程，更了解签订合同的背景及履行情况。

（二）派出机关派出机构公开

行政机关设立的派出机构、内设机构依照法律、法规对外以自己名义履行行政管理职能的，可以由该派出机构、内设机构负责与所履行行政管理职能有关的政府信息公开工作。

一般而言，行政机关的派出机构只能以行政机关的名义履行行政职责，其职权范围限于行政机关的授权。派出机构既不能超越职权，也不能以自己的名义独立对外开展活动。司法实践中，街道办事处、派出所的性质虽为政府的派出机构，应当在政府的授权范围内以政府的名义作出行政行为。但随着行政管理实际的需要，街道办事处、派出所等政府派出机构越来越多地承担了一些法律、法规直接赋予的职权，因此，街道办事处、派出所等政府派出机构也根据其法定授权的管理职责，具有相应的政府信息公开法定职权。

（三）牵头制作的行政机关公开

两个以上行政机关共同制作的政府信息，由牵头制作的行政机关公开。

要点提示：申请公开的政府信息由两个以上行政机关共同制作的，牵头制作的行政机关收到政府信息公开申请后可以征求相关行政机关的意见，被征求意见机关应当自收到征求意见书之日起 15 个工作日内提出意见，逾期未提出意见的视为同意公开。

（四）法律法规授权的具有管理公共事务职能的组织

实践中，一些社会组织会取得行政机关的有效授权，履行公共事务的管理职能。因此他们履行公共事务管理职能过程当中制作的或者获取的信息也叫政府信息，该类社会组织也有公开政府信息的法定义务。

三、政府信息公开范围

政府信息公开的范围，以公开为原则，不公开为例外。

（一）依法确定为国家秘密的政府信息，法律、行政法规禁止公开的政府信息，以及公开后可能危及国家安全、公共安全、经济安全、社会稳定的政府信息，一律不公开。当且仅当申请公开的信息被“依法确定”为国家秘密时，才属于绝对不予公开的信息。（见《中华人民共和国保守国家秘密法》第九、十条之规定）

由于涉及国家秘密政府信息公开行政诉讼中，按照《行政诉讼法》关于被告举证责任的规定，“应当提供作出该具体行政行为的证据和所依据的规范性文件”，但是，对于涉及国家秘密的政府信息，由于其本身具有保密性，应当采取较为特殊的举证规则。即被告能够提供书面证据材料证明其拒绝公开的政府信息已经依照法定程序确定为国家秘密，或者能够提供有关主管部门、同级保密工作部门出具的政府信息公开保密审查结论的，人民法院可以不要求其提供该政府信息。

但有下列情形之一的除外：人民法院认为相关证据材料不充分的；人民法院认为该信息中不应当公开的内容与可公开的内容可以作区分处理的。

（二）涉及商业秘密和个人隐私的，原则上不公开。政府信息涉及商业秘密和个人隐私的，原则上不公开，但是权利人同意公开或者行政机关认为不公开会对公共利益造成重大影响的，予以公开。

依申请公开的政府信息公开会损害第三方合法权益的，行政机关应当书面征求第三方的意见。第三方应当自收到征求意见书之日起 15 个工作日内提出意见。第三方逾期未提出意见的，由行政机关依照本条例的规定决定是否公开。第三方不同意公开且有合理理由的，行政机关不予公开。行政机关认为不公开可能对公共利益造成重大影响的，可以决定予以公开，并将决定公开的政府信息内容和理由书面告知第三方。对于该类信息，要根据个案判断，将公共利益与当事人的隐私和秘密进行衡量权衡判断，决定是否公开。

（三）内部事务信息不公开。行政机关的内部事务信息，包括人事管理、后勤管理、内部工作流程等方面的信息，此类信息一般只涉及行政机关的内部管理事务，对外并不产生约束力，对相对人的权利义务并不会产生实际影响，因此可不予公开。但需注意的是，行政机关的内部事务信息并非可一概不予以公开，当内部事务信息的效力发生外化时，即对外产生约束力、对相对人的权利义务产生实际影响时，则应当予以公开。

（四）过程性信息不公开。行政机关在履行行政管理职能过程中形成的讨论记录、过程稿、磋商信函、请示报告等过程性信息以及行政执法案卷信息，具有过程性和非终局性，对外不直接产生约束力，对申请人的权利义务不产生实际影响，可不予公开。过程性信息一般是指行政决定作出前行政机关内部或行政机关之间形成的研究、讨论、请示、汇报等信息，此类信息一律公开或过早公开，可能会妨害决策过程的完整性，妨害行政事务的有效处理。但过程性信息不应是绝对的例外，当决策、决定完成后，当事人申请的信息处于确定的实施阶段，此前处于调查、讨论、处理中的信息即不再是过程性信息，如果公开的需要大于不公开的需要，就应当公开。

以案释法 8：罗某诉重庆市彭水苗族土家族自治县地方海事处政府信息公开案

【裁判要点】

在政府信息公开案件中，被告以政府信息不存在为由答复原告的，人民法院应审查被告是否已经尽到充分合理的查找、检索义务。原告提交了该政府信息系由被告制作或者保存的相关线索等初步证据后，若被告不能提供相反证据，并举证证明已尽到充分合理的查找、检索义务的，人民法院不予支持被告有关政府信息不存在的主张。

【案情简介】

原告罗某是兴运 2 号船的船主，在乌江流域从事航运、采沙等业务。2014 年 11 月 17 日，罗某因诉重庆大唐国际彭水水电开发有限公司财产损害赔偿纠纷案需要，通过邮政特快专递向被告重庆市彭水苗族土家族自治县地方海事处（以下简称“彭水县地方海事处”）邮寄书面政府信息公开申请书，具体申请的内容为：1. 公开彭水苗族土家族自治县港航管理处（以下简称“彭水县港航处”）、彭水县地方海事处的设立、主要职责、内设机构和人员编制的文件。2. 公开下列事故的海事调查报告等所有事故材料，兴运 2 号在 2008 年 5 月 18 日、2008 年 9 月 30 日的 2 起安全事故及鑫源 306 号、鑫源 308 号、高谷 6 号、荣华号等船舶在 2008—2010 年发生的安全事故。

彭水县地方海事处于 2014 年 11 月 19 日签收后，未在法定期限内对罗某进行答复，罗某向彭水苗族土家族自治县人民法院（以下简称“彭水县法院”）提起行政诉讼。2015 年 1 月 23 日，彭水县地方海事处作出〔2015〕彭海处告字第 006 号《政府信息告知书》，载明：一是对申请公开的彭水县港航处、彭水县地方海事处的内设机构名称等信息告知罗某获取的方式和途径；二是对申请公开的海事调查报告等所有事故材料经查该政府信息不存在。彭水县法院于 2015 年 3 月 31 日对该案作出〔2015〕彭法行初字第 00008 号行政判决，确认彭水县地方海事处在收到罗某的政府信息公开申请后未在法定期限内进行答复的行为违法。

2015年4月22日，罗某以彭水县地方海事处作出的〔2015〕彭海处告字第006号《政府信息告知书》不符合法律规定，且与事实不符为由，提起行政诉讼，请求撤销彭水县地方海事处作出的〔2015〕彭海处告字第006号《政府信息告知书》，并由彭水县地方海事处向罗某公开海事调查报告等涉及兴运2号船的所有事故材料。

另查明，罗某提交了涉及兴运2号船于2008年5月18日在彭水高谷长滩子发生整船搁浅事故以及于2008年9月30日在彭水高谷煤炭沟发生沉没事故的《乌江彭水水电站断航碍航问题调查评估报告》《彭水县地方海事处关于近两年因乌江彭水万足电站不定时蓄水造成船舶搁浅事故的情况报告》《重庆市发展和改革委员会关于委托开展乌江彭水水电站断航碍航问题调查评估的函（渝发改能函〔2009〕562号）》等材料。在案件二审审理期间，彭水县地方海事处主动撤销了其作出的〔2015〕彭海处告字第006号《政府信息告知书》，但罗某仍坚持诉讼。

【裁判结果】

重庆市彭水苗族土家族自治县人民法院于2015年6月5日作出〔2015〕彭法行初字第00039号行政判决，驳回罗某的诉讼请求。罗某不服一审判决，提起上诉。重庆市第四中级人民法院于2015年9月18日作出〔2015〕渝四中法行终字第00050号行政判决，撤销〔2015〕彭法行初字第00039号行政判决；确认彭水苗族土家族自治县地方海事处于2015年1月23日作出的〔2015〕彭海处告字第006号《政府信息告知书》行政行为违法。

【裁判理由】

法院生效裁判认为：《中华人民共和国政府信息公开条例》第十三条规定，除本条例第九条、第十条、第十一条、第十二条规定的行政机关主动公开的政府信息外，公民、法人或者其他组织还可以根据自身生产、生活、科研等特殊需要，向国务院部门、地方各级人民政府及县级以上地方人民政府部门申请获取相关政府信息。彭水县地方海事处作为行政机关，负有对罗某提出的政府信息公开申请作出答复和提供政府信息的法定职责。根据《中华人民共和国政府信息公开条例》第二条“本条例所称政府信息，是指行政机关在履行职责过程中制作或者获取的，以一定形式记录、保存的信息”的规定，罗某申请公开彭水县港航处、彭水县地方海事处的设立、主要职责、内设机构和人员编制的文件，属于彭水县地方海事处在履行职责过程中制作或者获取的，以一定形式记录、保存的信息，当属政府信息。彭水县地方海事处已为罗某提供了彭水编发〔2008〕11号《彭水苗族土家族自治县机构编制委员会关于对县港航管理机构编制进行调整的通知》的复制件，明确载明了彭水县港航处、彭水县地方海事处的机构性质、人员编制、主要职责、内设机构等事项，罗某已知晓，予以确认。

罗某申请公开涉及兴运2号船等船舶发生事故的海事调查报告等所有事故材料的信息，根据《中华人民共和国内河交通事故调查处理规定》的相关规定，船舶在内河发生事故的调查处理属于海事管理机构的职责，其在事故调查处理过程中制作或者获取的，以一定形式记录、保存的信息属于政府信息。彭水县地方海事处作为彭水县的海事管理机构，负有对彭水县行政区域内发生的内河交通事故进行立案调查处理的职责，其在事故调查处理过程中制作或者获取的，以一定形式记录、保存的信息属于政府信息。罗某提交了兴运2号船于2008年5月18日在彭水高谷长滩子发生整船搁浅事故以及于2008年9月30日在彭水高谷煤炭沟发生沉没事故的相关线索，而彭水县地方海事处作出的〔2015〕彭海处告字第006号《政府信息告知书》第二项告知罗某申请公开的该项政府信息不存在，仅有彭水县地方海事处的自述，没有提供印证证据证明其尽到了查询、翻阅和搜索的义务。故彭水县地方海事处作出的〔2015〕彭海处告字第006号《政府信息告知书》违法，应当予以撤销。在案件二审审理期间，彭水县地方海事处主动撤销了其作出的〔2015〕彭海处告字第006号《政府信息告知书》，罗某仍坚持诉讼。根据《中华人民共和国行政诉讼法》第七十四条第二款第二项之规定，判决确认彭水县地方海事处作出的政府信息告知行为违法。

以案释法9：行政机关应对政府信息不存在承担举证责任

【法律要点】

合法性审查原则是行政诉讼的一项基本原则，人民法院应当围绕行政行为证据是否确凿，适用法律、法规是否正确，是否符合法定程序进行审查。对因政府信息不存在而引发的政府信息公开的诉讼，审查被告是否已经尽到充分合理的查找、检索义务建立在合理分配举证责任的基础之上，但这主要涉及行政机关政府信息不存在答复的证据是否确凿这一方面。值得进一步指出的是，除此外还应当对被诉行政行为适用法律、法规是否正确，程序是否合法进行全面审查，进而对行政机关所作政府信息不存在答复是否合法进行准确的裁判。

【案情简介】

本案中，原告罗某是兴运2号船的船主，在乌江流域从事航运、采砂等业务。2014年11月17日，罗某通过邮政特快专递向被告重庆市彭水苗族土家族自治县地方海事处（以下简称彭水县地方海事处）邮寄书面政府信息公开申请书，申请公开的其中一项内容为：公开兴运2号船2008年5月18日、2008年9月30日两起安全事故的海事调查报告等所有事故材料。2015年1月23日，彭水县地方海事处作出〔2015〕彭海处告字第006号政府信息告知书，其第二项载明：对申请公开的海事调查报告等所有事故材料，经查，该政府信息不存在。2015年4月22日，罗某以彭水县地方海事处作出的〔2015〕彭海处告字第006号政府信息告知书不符合法律规定，且与事实不符为由，提起行政诉讼，请求撤销彭水县地方海事处作出的〔2015〕彭海处告字第006号政府信息告知书，并由彭水县地方海事处向罗某公开海事调查报告等涉及兴运2号船的所有事故材料。罗某提供被告已制作或获取并保存案涉政府信息的相关线索。在案件二审审理期间，彭水县地方海事处主动撤销了〔2015〕彭海处告字第006号政府信息告知书，罗某仍坚持诉讼。

【裁判结果】

法院于2015年6月5日作出行政判决，驳回罗某的诉讼请求。罗某不服一审判决，提起上诉。二审法院于2015年9月18日作出行政判决，撤销原审行政判决；确认彭水苗族土家族自治县地方海事处于2015年1月23日作出的〔2015〕彭海处告字第006号政府信息告知书行政行为违法。

【以案释法】

在政府信息公开案件中，被告以政府信息不存在为由答复原告的，人民法院应审查被告是否已经尽到充分合理的查找、检索义务。原告提交了该政府信息系由被告制作或者保存的相关线索等初步证据后，若被告不能提供相反的证据，并举证证明已尽到充分合理的查找、检索义务的，人民法院不予支持被告有关政府信息不存在的主张。现围绕与该裁判要点相关的问题逐一解释和说明如下。

（一）政府信息不存在诉讼司法审查的相关规定

根据我国《政府信息公开条例》第二条的规定，政府信息是指行政机关在履行职责过程中制作或者获取的，以一定形式记录、保存的信息。在审理行政机关以政府信息不存在为答复的案件中，首先应当明确行政机关是否具有制作或获取涉案政府信息的职责，同时这也是政府信息是否存在的前提条件。若行政机关不具有相应职责，就没有合理理由和机会制作或获取该政府信息。本案中，根据我国《内河交通事故调查处理规定》的相关规定，彭水县地方海事处作为彭水县的海事管理机构，负有对彭水县行政区域内发生的内河交通事故进行立案调查处理的职责，其在事故调查处理过程中制作或者获取的，以一定形式记录、保存的信息属于政府信息。据此，即可断定彭水县地方海事处具有制作或获取涉案政府信息的职责。但若行政机关能够说明其不可能制作或获取信息的，如申请公开的信息不属于被告的职权范围，无合理理由和机会制作或获取政府信息，在此情况下无须进一步提供证据。

我国《政府信息公开条例》第十三条、第二十一条、第三十三条规定：公民、法人或者其他组织还可以根据自身生产、生活、科研等特殊需要，向国务院部门、地方各级人民政府及县级以上地方人民政府部门申请获取相关政府信息。依法不属于本行政机关公开或者该政府信息不存在的，应当告知申请人。公民、法人或者其他组织认为行政机关不依法履行政府信息公开义务的，可以向上级行政机关、监察机关或者政府信息公开工作主管部门举报。公民、法人或者其他组织认为行政机关在政府信息公开工作中的具体行政行为侵犯其合法权益的，可以依法申请行政复议或者提起行政诉讼。据此，对行政机关答复政府信息不存在的，相关信息申请人可以向人民法院提起诉讼。

针对政府信息不存在的司法审查，最高人民法院《关于审理政府信息公开行政案件若干问题的规定》（以下简称《政府信息公开》）第5条第1、第2、第5款规定：被告拒绝向原告提供政府信息的，应当对拒绝的根据以及履行法定告知和说明义务的情况举证；因公共利益决定公开涉及商业秘密、个人隐私政府信息的，被告应当对认定公共利益以及不公开可能对公共利益造成重大影响的理由进行举证和说明；被告主张政府信息不存在，原告能够提供该政府信息系由被告制作或者保存的相关线索的，可以申请人民法院调取证据。

第12条第（1）项规定：不属于政府信息、政府信息不存在、依法属于不予公开范围或者依法不属于被告公开，被告已经履行法定告知或者说明理由义务的，人民法院应当判决驳回原告的诉讼请求。根据上述规定，在政府信息公开诉讼中，被告拒绝提供政府信息的，应当对拒绝的根据以及履行法定告知和说明理由义务的情况举证。如果原告能够提供该政府信息系由被告制作或者保存的相关线索的，可以申请人民法院调取证据。

（二）政府信息是否存在的举证责任分配

行政诉讼法第三十四条第一款规定："被告对作出的行政行为负有举证责任，应当提供作出该行政行为的证据和所依据的规范性文件。"但在政府信息公开诉讼中，对于政府信息是否存在的举证责任如何分配问题则尤具特殊性，主要存在两种认识：一是认为行政诉讼中被告对被诉行政行为的合法性承担举证责任，被告既然主张政府信息不存在，就有责任提供证据；二是认为在被告主张政府信息不存在的特殊情形下，原告认为政府信息存在，则由原告提供证据，否则法院不能否定行政机关的这一认定。从举证责任分配的一般理论来说，一方面，当事人对其认为不存在的事实不应承担直接举证责任。由此，在政府信息不存在案件中，被告行政机关就没有必要对信息不存在提供证据；另一方面，如果由原告证明信息存在，同样存在障碍，因为政府信息是由行政机关掌握的，要求明显处于弱势地位的原告承担全部的证明责任，几乎等同于直接宣布其败诉。

由于举证责任的分配关系到行政诉讼的结果，在没有法律明确规定的前提下，法院应从公平正义的角度出发，结合行政法律关系的特殊性，对原被告的举证责任作适当的分配。在具体分配的过程中，需要考虑的因素包括行政行为的特点、举证的难易程度、行政机关与行政相对人的举证能力、举证的便利性、公民权益的保障、行政机关行使职权的实际状况以及纠纷解决的可能性。

对此，最高法院《关于行政诉讼证据若干问题的规定》第1条规定：根据行政诉讼法第三十二条和第四十三条的规定，被告对做出的具体行政行为负有举证责任，应当在收到起诉状副本之日起10日内，提供据以作出被诉具体行政行为的全部证据和所依据的规范性文件。被告不提供或者无正当理由逾期提供证据的，视为被诉具体行政行为没有相应的证据。根据上述规定，在政府信息公开诉讼中，被告对作出的政府信息不存在的具体行政行为的合法性承担举证责任。虽然政府信息不存在作为一个否定性事实，一般由主张事实存在的一方举证，但是考虑到双方的举证能力等因素，法院依然要对行政机关主张政府信息不存在的事实和理由进行合法性审查，否则容易助长被告以政府信息不存在为由规避公开责任和诉讼风险。因此，在政府信息公开诉讼中，被告承担主要的举证责任，同时原告承担补充证明责任。由于否定性事实难以从正面直接予以证明，被告需要通过向法院提供能够证明其已经尽到合理搜索义务的材料，从而完成证明信息不存在的举证责任。

（三）原告对政府信息存在的补充证明责任

如上所述，在政府信息不存在的案件中，被告需举证证明其对涉案政府信息进行了合理检索责任，但由于对不存在的事实很难证明，法院同时可以要求原告提供被告已制作或获取并保存涉案政府信息的相关线索。一般来讲，原告向被告申请政府信息公开，对涉案政府信息是否存在有一定的了解，原告应承担提供政府信息存在线索及涉案政府信息系由被告制作或保存的补充证明责任。

第一，如果原告不能提供任何相关政府信息存在线索，人民法院可依据《政府信息公开规定》第12条第（1）项“不属于政府信息、政府信息不存在、依法属于不予公开范围或者依法不属于被告公开的，被告已经履行法定告知或者说明理由义务的，人民法院应当判决驳回原告的诉讼请求”之规定，认定涉案政府信息不存在，判决驳回原告的诉讼请求。

第二，如果原告进一步提供了政府信息实际存在的证据或线索的情况下，比如，其他政府文件已明确将被申请信息作为依据、有明确的文号等，应认定原告已经达到了其相应的证明责任。在此情况下，若行政机关未能举示相关证据材料或作出合理说明，人民法院可以判令撤销“政府信息不存在”的答复，责令被告重新作出相应的行政行为；也可依据《政府信息公开规定》第5条第5款“被告主张政府信息不存在，原告能够提供该政府信息系由被告制作或者保存的相关线索的，可以申请人民法院调取证据”之规定，申请人民法院调取证据。若行政机关在诉讼中主动撤销其作出的政府信息不存在答复，原告仍坚持诉讼的，应确认其之前作出政府信息不存在答复的行政行为违法。

（四）行政机关对政府信息合理检索义务的审查

“政府信息不存在”的含义应当是明确的，也就是“从未制作过或者获取过”，这是法院处理该类案件时应当明确的问题。在因政府信息不存在而引发的政府信息公开诉讼中，行政机关对于政府信息不存在负有证明责任，应举证证明其对相关政府信息已尽到合理、充分的查找、检索义务。对该类案件进行裁判时，应着重对被告告知义务的履行情况、搜寻与说明理由义务的合法性进行审查。行政机关对政府信息不存在应当承担何种举证责任，是准确审理此类案件的关键所在，一般以被告提供其已经尽到了合理搜索义务的证据材料或合理说明为判断标准。被告主张政府信息不存在的，必须提供相应的证据材料或对其查找经过作出合理说明来证明其尽到了合理的搜索义务，没有提供相关检索或工作记录的，法院对其政府信息不存在的主张不予支持。

行政机关对涉案政府信息是否尽到合理检索义务是司法审查的重点，那么，如何判断行政机关达到合理检索的标准？一般情况下，法院对行政机关是否正确履行检索义务应从以下几个方面进行判断：第一，用以检索的载体（如数据库、信息目录）包含的信息资料是否全面。检索载体收纳的数据越多，检索结果越具有合理性。第二，检索方法是否妥当。选用不同的检索关键词、采用不同的检索方法会产生不同的检索结果，选取适当的检索方法是确保检索合理性的重要内容；检索的方法包括人工检索、浏览目录、网页检索等等。第三，检索人员的工作态度是否认真。检索看似一个技术性工作，但不同的工作态度直接会对检索方法的选取以及最后的检索结果产生不同的影响。若有证据证明检索工作人员的工作态度是尽其可能帮助申请人获取信息的话，其检索结果便更具有合理性。

具体而言，法院可从以下几个方面进行审查：第一，根据原告提供的线索，要求被告提供其进行了相关搜索的证据材料，并对搜索方法和搜索结果作出说明；第二，根据原告提供的信息制作时间线索，要求被告提供相关信息公开指南、年度报告、公开目录等关联性证据；第三，根据原告提供的信息文号线索，要求被告提供相关政府信息文件编号方式以及涉诉文号的对应文件名称、时间、制作机关证据材料；第四，根据原告提供的信息出处线索，要求行政机关提供相关调查结果或者相关卷宗材料，必要时法院可以依申请调查。如果经过上述途径依旧无法证实原告所申请公开的信息存在，而原告又坚持认为该信息存在的，应由原告承担举证责任，由其提供证据证明其申请公开的政府信息在被告处实际存在。此外，在审查行政机关检索是否合理时，检索关键词的选择应以有利于检索到申请人申请获取的政府信息为原则，被告提供的生成其检索记录的数据库应是专门制作的用以开展信息公开工作的数据库，应包含其所掌握的全部政府信息。本案中，法院以行政机关是否尽到合理的查找、检索义务作为审查行政机关政府信息不存在答复是否合法的标准，符合法理、情理和事理，符合社会公众的正义观和社会发展的趋势，对法院裁判类案具有指导价值，有利于促使行政机关及其工作人员依法行政，对于依法保障公民知情权、推进法治政府建设具有重要的社会导向意义。二审中，行政机关主动撤销作出的政府信息告知书，也说明该裁判规则被原、被告双方认可，实现了法律效果和社会效果的统一。

合法性审查原则是行政诉讼的一项基本原则，人民法院应当围绕行政行为证据是否确凿，适用法律、法规是否正确，是否符合法定程序进行审查。对因政府信息不存在而引发的政府信息公开的诉讼，审查被告是否已经尽到充分合理的查找、检索义务建立在合理分配举证责任的基础之上，但这主要涉及行政机关政府信息不存在答复的证据是否确凿这一方面。值得进一步指出的是，除此外还应当对被诉行政行为适用法律、法规是否正确，程序是否合法进行全面审查，进而对行政机关所作政府信息不存在答复是否合法进行准确的裁判。

第五章　行政救济法

第一节　行政复议法

一、行政复议法概述

行政复议是指行政相对人认为行政机关的具体行政行为及其依据的行政规范性文件侵犯其合法权益，依法向行政复议机关提出申请，行政复议机关依照法定程序对被申请的具体行政行为的合法性、适当性进行审查，并作出裁决（复议决定）的一种法律制度。行政复议是为公民、法人和其他组织提供法律救济的行政监督制度。

（一）行政复议立法进程

我国现行的行政复议制度是作为行政诉讼的配套制度于1990年建立的。1989年行政诉讼法颁布以后，为配合行政诉讼法的施行，1990年12月国务院通过了《中华人民共和国行政复议条例》，对行政复议制度作了比较系统的规定，促进了行政复议制度的发展和完善。经过近10年的实践，行政复议工作积累了不少成功的经验，制定行政复议法的条件已经成熟。1998年10月国务院将行政复议法（草案）提交九届全国人大常委会审议，九届全国人大常委会经过第五次、第六次和第九次会议三次审议，于1999年4月29日通过了《中华人民共和国行政复议法》，该法共分7章43条，对行政复议的主体、受案范围和管辖及行政复议的程序作了规定，使行政复议脱离行政诉讼配套制度框架，建立起独立的国家行政复议制度。2007年5月国务院制定的《行政复议法实施条例》，对行政复议法的相关规定进行了细化，增加了这部法律的可操作性，进一步完善了现行行政复议制度。2009年、2017年，随着法治形势的辩护，行政复议法与时俱进地进行了两次修正。

行政复议法贯彻了党的十五大关于加强社会主义民主法制建设的基本要求，把行政复议作为行政机关内部自我纠正错误的一种监督制度和保护公民、法人或者其他组织合法权益的法律救济制度，加以法律化和规范化。行政复议法强调防止和纠正违法或者不当的行政行为，保护公民、法人和其他组织的合法权益，保障和监督行政机关依法行使职权。完善行政复议制度，对于社会主义民主政治建设，加强行政机关内部监督，促进行政机关合法、正确地行使职权，维护公民、法人和其他组织的合法权益，维护社会经济秩序和社会稳定，从制度上遏制和清除腐败，发挥了重要作用。

建立独立行政复议制度的重要根据，是行政复议本身的法律性质。首先，行政复议是权利救济制度。行政复议的内容和目的，是通过处理行政争议对受到行政侵害的公民、法人和其他组织合法的权益提供法律救济。其次，行政复议是行政监督制度。行政复议的根据是上级行政机关对下级行政机关的层级监督权。这种层级监督权具有维持、撤销或者改变下级行政机关决定的内容。再次，行政复议是一种行政行为制度。行政复议是行政机关行使行政管理权的单方职权行为，可以直接规定公民、法人或者其他组织的权利义务。因此，行政机关的复议行为应当遵守行政活动的基本制度，应当具备具体行政行为的成立条件和合法条件。最后，行政复议是行政裁判制度。行政复议的活动方式是处理行政争议，应当遵守保证公正处理的复议程序。

（二）行政复议立法宗旨

行政复议法第一条开宗明义规定了立法宗旨，明确包含下列三个方面。

第一，为了防止和纠正违法或者不当的具体行政行为。行政复议是一项法律救济制度，是一项行政机关内部自我纠正错误的监督机制，其目的就是防止并纠正行政机关以及行政机关的工作人员作出违法的或者不适当的具体行政行为。行政复议法从这一目的出发，确立了行政复议法律制度。行政机关实施具体行政行为，一般会对公民、法人及其他组织的权益产生影响，因为具体行政行为都是针对特定的人或物而作出的，都是由行政机关的工作人员直接具体操作，因此，就有可能出现违法现象，有可能作出不适当的行政行为，从而损害公民、法人及其他组织的合法权益。行政复议法遵循行政法基本原则，为防止和纠正行政机关的违法的和不当的具体行政行为，作出了一系列法律规范。行政法的基本原则中有两个重要原则，即合法性原则与合理性原则。合法性原则适用纠正违法的行政行为，而合理性原则适用纠正不当的行政行为。国外大多数国家和地区的行政法律都强调与贯彻这两项基本原则，这两项基本原则贯穿于行政法特别是行政程序法的主要内容之中。

第二，为了保护公民、法人和其他组织的合法权益。行政复议和行政诉讼一样，是一项法律救济制度，是行政相对人面对处于不对等的法律地位的行政机关所作出的行政行为，寻求法律保护的一条渠道，是保障公民、法人及其他组织合法权益的重要途径。行政机关的行政行为如果超越法定职权，或者滥用权力，或者不遵循正当程序，或者行政机关工作人员徇私舞弊、渎职、失职，必然对公民、法人及其他组织的合法权益造成侵害。对这种侵害，从法律制度上就要建立消除侵害、加以救济的机制。

（三）行政复议与行政诉讼联系

在行政法学理论中，行政复议被视为一种具有行政与司法双重性的活动，即行政复议以准司法的方式来审理特定的行政争议，从根本上说，行政复议属于行政救济制度的范畴。行政复议的首要宗旨，应该是保护公民、法人或其他组织的合法权益。因此，与行政许可、行政处罚、行政强制、行政确认等行政行为相比较，行政复议是一种行政司法行为。复议机关作为独立于争议双方之外的第三者，以准司法程序来审理特定的行政争议。既然同为行政司法程序，就牵涉到行政复议与行政争议，既然同为行政司法程序，就牵涉到行政复议与行政诉讼之关系了。

根据《行政复议法》第五条规定，公民、法人或者其他组织对行政复议决定不服的，可以依照行政诉讼法的规定向人民法院提起行政诉讼，但是法律规定行政复议决定为最终裁决的除外。因此在行政复议与行政诉讼在程序的衔接上有以下几种情况。

第一，选择型。即由公民、法人或者其他组织在行政复议与行政诉讼之间自由选择，在选择了行政复议后台对复议决定不服仍可以提起行政诉讼。我国绝大多数法律、法规，包括列入律考范围的法律、法规大多是这样规定的，这种模式坚持了司法最终裁决原则。

第二，选择兼终局型，即由公民、法人或者其他组织自由选择行政复议与行政诉讼，但选择了行政复议后即不得再提起行政诉讼，如《公民出入境管理法》与《外国人出入境管理法》就是如此规定的，该模式部分构成了司法最终裁决的例外。

第三，必经型。即行政复议是行政诉讼的必经程序，又称复议先行（前置）。公民、法院人或者其他组织不服行政机关的具体行政行为，必须先向行政机关申请复议，如不服行政复议，再行起诉，未经复议不得起诉，该模式坚持了司法最终裁决原则。

第四，复议终局型。即以行政复议决定为终局决定，公民、法人或者其他组织只能申请复议，不能提起行政诉讼，且行政复议决定产生最终的法律效力，如行政复议法第三十条第二款，关于土地、矿藏、水流、森林、山岭、草原、荒地、滩涂、海域等自然资源的所有权或者使用权的确认，即属此种模式。该模式是对司法最终裁决原则的彻底例外。

由于行政复议是行政系统内容解决行政争议的制度，由此，它与独立于行政机关以外的法院解决行政争议的行政诉讼存在许多区别，其中有两点是需注意的。

第一，审查范围不同。人民法院只审查具体行政行为的合法性，而一般不审查其是否适当；复议机关不仅审查具体行政行为是否合法而且还要审查其是否适当，行政诉讼是“不告不理”，行政复议则是“有错必纠”，这就意味着复议的范围不局限于申请人的申请，因此行政复议的审查范围要大于行政诉讼。

第二，受案范围不同。人民法院所受理的行政案件，只是公民、法人或者其他组织认为行政机关的具体行政行为侵害其合法权益的案件，而复议机关所受理的则既有行政违法案件，而复议机关所受理的则既有行政违法案件，也可有行政不当案件。换而言之，凡是能够提起行政诉讼的行政争议，公民、法人或者其他组织都可以向行政机关申请复议，而可以提起行政复议的未必能够提起行政诉讼，如复议终局型的行政争议解决。

二、行政复议原则

（一）合法原则

合法原则是任何行政复议机关履行行政复议职责时都必须遵守的原则，行政复议机关在处理行政复议案件时，必须以事实为根据，以法律为准绳。

合法中的“法”是指什么，有多大的范围，应当加以明确。我国的“法律”“法规”和“规章”都有特定的含义。法律是指全国人大及其常委会基于职权，依据宪法、通过法定程序所制定的，在全国范围内具有普遍约束力的规范性文件。法规是指由国务院依据宪法和法律通过法定程序所制定的在全国具有普遍约束力的行政法规，以及由地方省级人大及其常委会、省会市和经国务院批准为较大的市的人大及其常委会所制定的在地方相应范围内具有普遍约束力的地方性法规。规章是指由国务院各部、委员会以及省级人民政府、省会市和经国务院批准为较大的市的人民政府，依据法律、法规所制定的在相应范围内具有普遍约束力的规范性文件。行政合法性原则中的法，包含法律、法规和规章，但前提是规章必须符合法律、法规。

行政复议机关所遵循的合法原则的主要内容有以下三个方面。

一是履行复议职责时要依法办事。依法，就是要依照行政复议法的规定履行自已的职责。公民、法人或者其他组织对行政机关的具体行政行为有异议，向行政复议机关申请复议，行政复议机关及其工作机构有法定的义务和责任，依法受理申请人的复议申请，并对行政机关的具体行政行为予以审查、作出决定。绝不能该受理的不受理；该审查的拖延不办；该变更、撤销的不变更、撤销；该对失职的责任人员予以处理的不处理。这样做，行政复议机关及其行政复议机构是严重失职，同时也是违背本法规定的合法原则的。

二是依法审查行政机关作出的具体行政行为。行政复议机构审查具体行政行为是否合法，就包括具体行政行为认定事实是否清楚，证据是否确凿，适用依据是否正确，实施中执行的程序是否合法，作出的行政决定的内容是否适当；有没有超越职权或者滥用职权的现象，有没有不履行法定职责即不作为造成损害的情况等内容。这种审查主要应当是依据法律、法规的规定进行的审查。行政诉讼法专门规定了审理依据，即以法律和行政法规、地方性法规为依据。而行政复议法则没有专门规定审查依据的内容，主要是考虑到，首先，行政复议法的受案范围已经大大扩大，几乎所有的具体行政行为都包括进来，受案范围与行政诉讼并不相应一致，因此把审查依据仅限于法律、法规是不够的。其次，上级行政机关制定的规章以及规范性文件对下级行政机关是有约束力的，下级行政机关是必须执行的。同样在行政复议工作中，规章以及规范性文件是其审理的必然依据。最后，许多具体的行政行为没有法律、法规或者规章的依据，是根据规章以下的行政机关的有关规定作出的，对其审查时，往往需要行政复议机关根据法的精神进行裁量。行政复议法明确规定履行行政复议职责要遵循合法原则，就是强调行政复议机关在审查具体行政行为和作出行政复议决定时，必须依法进行，特别是对具体案件的审查裁量时，合法、合理进行。如果行政复议机关违背了合法性原则，行政复议法规定，公民、法人或者其他组织对行政复议决定不服的，可以向人民法院提起行政诉讼。

三是审查作出具体行政行为的依据是否合法。这也是合法原则的具体体现。行政复议法对此作出了明确规定，从而在法律制度上有所突破，使我国的监督制度更加完善。审查作出具体行政行为的依据，实际上赋予行政复议机关在职权范围内审查抽象行政行为的权力。行政复议法规定，对作出具体行政行为的依据进行审查有两个途径，其一是公民、法人或者其他组织在对具体行政行为申请复议时，认为作出具体行政行为所依据的行政机关有关规定不合法，可以向行政复议机关提出对其依据的审查申请，但范围限于规章以下的规范性文件；其二是行政复议机关在审查行政机关作出的具体行政行为时，认为其依据不合法，可以对其进行审查。这样，使行政复议的作用大大提升，不仅负有纠正违法的或者不当的具体行政行为的使命，而且能够把对抽象行政行为的审查监督具体化，形成制度实行起来。

（二）公正原则

行政复议机关履行行政复议职责，应当遵循公正原则。公正原则是一项重要原则，直接关系人民政府的形象。由于行政复议工作是在行政系统内部运作的监督工作，在实际工作中，履行行政复议职责往往会遇到种种责难和干扰，一方面，行政机关外边的人认为行政复议容易“官官相护”；另一方面，行政机关内部的人又认为干涉了本部门必要的行政管理活动。因此，履行行政复议职责必须强调公正原则。这一原则是在人大常委会会议审议时，根据委员们的意见增加规定进去的。

在行政复议工作中遵循公正原则的主要内容有以下三个方面。

一是适用法律依据正确。行政复议是对具体行政行为是否违法与适当作出新的裁决，这一裁决要做到公正，必须适用法律依据正确。它要求行政复议机关审查行政复议案件时，在事实的认定上、法律的适用上以及作出决定上都更能够符合法律和事实，做到无懈可击。行政复议决定可以对具体行政行为予以维持、变更、确认违法或者撤销；可以责令被申请人履行其法定职责或者责令重新作出具体行政行为，这些行政复议决定能否体现公正，就要求行政复议机关及其工作人员正确适用法律。

二是裁量适当。行政复议决定对具体行政行为的裁决，还应当从裁量适当中体现公正原则。大量的、形式多样的具体行政行为在实施时，往往根据法律、法规或者规章的一些原则性的条文，有可供行政机关选择的措施和处理的幅度，因此，行政机关可以根据具体情况具体处理。但是这种处理适当不适当，行政复议时，就需要行政复议机关予以裁量。这是对行政机关的自由裁量权的第二次裁量，行政复议公正原则要求行政复议机关及其工作人员在行使裁量权时，坚持做到裁量适当。

三是解决矛盾和争议，不得回避，不得不作为。行政复议法明确规定：“公民、法人或者其他组织依法提出行政复议申请，行政复议机关无正当理由不予受理的，上级行政机关应当责令其受理；必要时，上级行政机关也可以直接受理。”人民群众信任你，找到你，决不能推出去不管。行政复议机关及其工作人员应当把实现行政复议的宗旨，以维护公民、法人及其他组织的合法权益为己任，更好地发挥行政复议的监督功能。

（三）公开原则

公开原则是行政法合理性原则的核心内容，也是社会主义民主原则的体现形式。行政复议制度本身就具有很强的民主性，在整个行政复议过程中，应当保证申请人的权利通过公开原则的贯彻，得到实际上的保障。行政复议工作中最大的公开就是听取申请人的意见，多听听他们的陈述和申辩，必要时还可以召开听证会。群众最担心的问题，就是行政复议在行政机关内部运作，能不能秉公办事，能不能依法处理。解决这个问题的最有效的良方，就是最大限度地公开。

公开原则在行政复议法中得到贯彻，如规定行政复议原则采用书面审查的办法，但是申请人提出要求或者行政复议机关认为有必要时，可以听取申请人或者第三人的意见、向有关组织和人员调查了解情况。原草案在作这一条规定时，只规定行政复议机关认为有必要时，才去调查和听取意见。审议中根据常委委员的意见，增加规定“申请人提出要求”，行政复议机关也要听取他们的意见。其次，规定除涉及国家机密、商业秘密或者个人隐私的以外，申请人和第三人可以查阅被申请人的书面答复、作出行政行为的依据、证据和其他有关材料。本条原草案规定，申请人查阅复议案件材料需要“经批准”。审议中常委委员们提出，这种规定是不符合公开原则的，因此，删去了“经批准”三个字。最后，规定被申请人应当自收到申请书副本或者申请笔录复印件之日起十日内，提出书面答复，并提交当初作出具体行政行为的证据、依据和其他有关材料，如不提供则视为没有证据、依据，具体行政行为予以撤销。这些规定都体现着公开原则，行政复议机关及其工作人员认真依照行政复议法的规定去做，就可以消除人民群众的顾虑，使行政复议发挥有效的作用。

（四）及时原则

及时原则是指行政复议机关应当在法律规定的期限内，完成行政复议案件的审理工作。及时原则是为了实现行政复议的效率性，是实现行政复议制度目的的要求。这一原则的核心内容是，行政复议机关必须按照行政复议法所规定的受理、审理、作出决定的期限执行，延长期限也必须严格按照法律规定，要有法律依据。

行政复议法规定，行政复议机关自收到行政复议申请之日起即为受理；对不符合本法规定的行政复议申请，行政复议机关应当在五日内决定不予受理；行政复议申请或者规范性文件的审查申请需要转送的，行政复议机关应当在七日内转送；行政复议机关应当自受理申请之日起六十日内作出行政复议决定；但是法律规定行政复议期限少于六十日的除外。情况复杂，不能在规定期限内作出行政复议决定的，经行政复议机关的负责人批准，可以适当延长，并告知申请人和被申请人；但是延长期限最多不超过三十日。与此同时，也考虑到行政机关在进行复议工作的实际情况，明确规定“本法关于行政复议期间有关‘五日’‘七日’规定是指工作日，不含节假日。”行政复议法的这些规定，保障对行政复议案件能够及时有效地审查并作出行政复议决定。

（五）便民原则

便民原则，就是要求行政复议活动方便老百姓，不因行政复议造成诉累。人民群众因为不方便，往往为很简单的事磨破嘴、跑断腿，造成不必要的损失。具体来讲，行政复议的一切规定应尽量考虑便于行政相对人申请行政复议；在行政复议过程中要尽量为行政相对人进行行政复议活动提供方便；同时，在为行政相对人提供便利时，也照顾到行政复议机关的行政效率，这同样符合便民原则。

行政复议法规定，申请行政复议可以书面申请，也可以口头申请，方便了老百姓。对老百姓往往难以弄清向哪一个行政机关申请行政复议的复杂情况，行政复议法规定，对县级以上地方各级人民政府工作部门的具体行政行为不服的，申请人可以选择，或者向本级人民政府申请行政复议，或者向政府工作部门的上一级主管部门申请行政复议。如果搞不清楚向哪一个行政复议机关申请行政复议，可以直接向具体行政行为发生地的县级地方人民政府提出行政复议申请，由该县级地方人民政府负责转送有管辖权的行政复议机关。过去大多数法律规定的行政复议申请期限一般都是十五日，现在行政复议法规定，可以自知道侵权的具体行政行为之日起六十日内提出行政复议申请，由一般十五天延长到一般六十天。行政复议法还规定，行政复议机关受理行政复议申请，不得向申请人收取任何费用。这一规定将大大减轻申请人的经济负担，使行政复议相对于行政诉讼更加便民，会更加受到人民群众的拥护。

三、行政复议的受案范围

可以申请行政复议的具体行政行为的范围。具体行政行为是指行政机关针对特定公民、法人或者其他组织作出的影响其权益的决定或者措施的行为。对下列具体行政行为不服的，可以申请行政复议。

（一）行政处罚

行政处罚是指具有行政处罚权的行政机关或者组织依照法律、法规以及规章的规定对公民。法人或者其他组织违反行政管理秩序的行为给予的制裁。我国大量的行政管理法律、法规和规章都规定有行政处罚《行政处罚法》系统地对行政处罚的设定、种类、实施机关、处罚程序等作了规定，是行政机关实施处罚的主要法律依据。行政机关在对公民、法人或者其他组织实施处罚时应当严格按照行政处罚法和其他有关行政管理的法律、法规和规章的规定，否则，公民、法人或者其他组织就可以申请行政复议。行政处罚法规定的行政处罚种类有警告、通报批评；罚款、没收违法所得、没收非法财物；暂扣许可证件、降低资质等级、吊销许可证件；限制开展生产经营活动、责令停产停业、责令关闭、限制从业；行政拘留。公民、法人或者其他组织对这些行政处罚不服的，都可以申请行政复议。

（二）行政强制措施

行政强制措施是行政机关为了预防或者制止违法行为，对公民、法人或者其他组织的人身或财产采取的强制约束的具体行政行为。行政强制措施可以分为对人身的强制措施和对财产的强制措施两种。对人身自由的强制措施包括劳动教养、收容教育、收容遣送、强制传唤、强制戒毒、强行约束、强制带离、强制搜查等，对财产的强制措施包括查封、扣押、冻结财产等。行政强制措施与公民、法人或者其他组织的人身权或财产权密切相关，行政机关应当严格依法作出。日前，我国还没有一部统一的行政强制措施法，有关行政强制措施的规定散见于一些单行的法律之中，实践中还存在许多问题，侵害公民、法人或者其他组织的合法权益的现象还时有发生。对行政机关作出的上述行政强制措施不服的，都可以申请复议。

此外，还有一种与行政强制措施相近的行政行为，即行政强制执行。行政强制执行是指公民、法人或者其他组织不履行行政义务时，行政机关依法强制其履行，或使之达到与履行义务相同状态的行为。行政强制执行措施有直接强制和间接强制，直接强制包括对物的强制。如强制划拨、强制收缴、强制拆除、强制销毁、强制收兑等，对人的强制包括强制拘留、驱逐出境等；间接强制包括执行罚和代执行。代执行是义务人不履行义务时，行政机关请第三人代为执行，费用由义务人承担的执行方式；执行罚是指义务人不及时履行而他人又不能代为履行义务时，行政机关为促使其履行而采用的科处新的金钱给付义务的强制执行方式。虽然行政强制执行是为了保护行政决定的履行而采取的强制措施，但错误的执行措施同样可以侵犯公民、法人或者其他组织的人身权或财产权，因此，也需要给予救济。依照我国现有的强制执行制度，行政强制执行主要由行政机关向法院申请强制执行，但是也有少数行政机关法律赋予了其强制执行的权力，如公安、海关、税务等行政机关。对于法院依照司法程序采取的强制措施，当事人可以通过司法途径寻求救济；对行政机关违法采取强制执行措施的，当事人可以通过司法途径寻求救济，也可以申请行政复议寻求救济。

（三）对许可证、执照、资质证、资格证等证书的变更、中止、撤销行为

许可证和执照是指行政机关根据相对人的申请颁发的允许其从事某种活动的书面证明。许可证和执照的适用范围非常广泛，涉及社会生活各个方面。资质证一般是指企业或

其他组织能够从事某种活动的能力证明。主要是在一些特定行业实行，如建筑业对建筑企业的资质要求。资格证书是公民具备某种能力的书面证明，也是其能够从事某项工作的前提条件。主要是对一些职业的要求，从事律师职业要有律师资格，从事医师职业要有医师资格，从事注册会计师职业要有注册会计师资格等。许可证、执照与资质证、资格证在性质上有一定区别，颁发许可证和执照是一种行政许可行为，而颁发资格证、资质证是行政认可行为或证明行为，是公民或组织具备某种条件或者具备某种能力的证明，在有些情况下，它是取得许可证或执照的前提条件。但是，不管是许可证、执照，还是资质证、资格证，都是公民、法人或者其他组织能够从事某种活动的所必需的，没有这些证书，公民或组织就不能从事相应的活动。因此，法律对取得这些证书的公民、法人或者其他组织的保护也应当是相同的。除法律、法规明确规定的情形外，行政机关不得违法变更、中止、撤销公民、法人或者组织的许可证、执照、资质证或资格证。有对行政机关作出的有关资质、资格等证书变更、中止、撤销的决定不服的，可以申请复议。

（四）行政确权行为

根据我国宪法规定，矿藏、水流、森林、山岭、草原、荒地、滩涂等自然资源，都属于国家所有，由法律规定属于集体所有的森林和山岭、草原、荒地、滩涂除外。城市的土地属于国家所有。农村和城市郊区的土地，除法律规定属于国家所有外，属于集体所有。对于国有和集体所有的自然资源，公民、法人或者其他组织可以依法取得使用权。根据土地管理法、草原法、森林法、渔业法、矿产资源法等法律的规定，对土地、矿藏等自然资源的所有权或使用权予以确认和核发证书，是县级以上各级人民政府的法定职权。公民、法人或者其他组织对各级政府关于确认土地、矿藏、水流、森林、山岭、草原、荒地、滩涂、海域等的所有权或者使用权的决定不服的，可以申请行政复议。

需要注意的是，本项列举的自然资源中增加了“海域”，这是宪法中没有明确列举的，但也应当包括在宪法规定的“等”之内。海域的所有权属于国家，但公民或集体可以获得使用权，我国在领海和毗连区法、专属经济区和大陆架法以及渔业法、水法等都涉及海域的管理和利用。因此，对行政机关作出的关于海域的使用权不服的，也可以申请行政复议。

（五）侵犯经营自主权的行为

这里的经营自主权主要是指法律、法规赋予国有企业或集体所有制企业对所经营财产的占有、使用、收益和处分权、生产经营计划权、物资选购权、财务管理权、劳动管理权、产品销售权、工资津贴管理权、经营方式选择权等。赋予企业经营自主权是搞活企业的必要措施，保护企业的经营自主权，使企业真正成为自主经营、自负盈亏的商品生产者和经营者，是建立社会主义市场经济的内在要求，是深化经济体制改革的重要环节。企业的经营自主权也是法律、法规赋予企业的法定权利，因此，企业的经营自主权受法律保护，行政机关干预企业的经营，侵犯企业的经营自主权，企业可以申请行政复议。

私有企业、中外合资企业、中外合作企业、外资企业因所有制不同，企业所享有的经营自主权的范围也不一样，它们的经营自主权同样也受法律保护，如果行政机关干预其生产，侵犯其经营自主权，也可以申请行政复议。

（六）干涉农业承包合同的行为

农村承包经营责任制是我国改革开放以后在农村推行的一项重要经济政策，它是由村（组）集体经济组织与其内部成员或其他承包者之间通过签订承包合同的方式，确立双方在生产、经营和分配过程中的权利义务。实行承包经营责任制是我国农村改革的一项成功经验，1993 年 7 月 2 日第八届全国人大常委会第二次会议通过的《中华人民共和国农业法》以法律形式肯定了这种经营方式，该法规定，国家稳定以家庭联产承包为主的责任制，完善统分结合的双层经营体制。集体所有或者国家所有由农村集体经济组织使用的土地、山岭、草原、荒地、滩涂、水面可以由个人或者集体承包从事农业生产。个人或者集体的承包经营权，受法律保护。发包方和承包方应当订立农业承包合同，约定双方的权利和义务。九届人大第二次会议通过的宪法修正案进一步肯定了这一经营方式，该修正案第十五条规定农村集体经济组织实行家庭承包经营为基础，统分结合的双层经营体制。这是对我国农村改革成功经验的总结。但是，在实践中，一些地方的乡、镇政府对农业承包经营活动进行干预，擅自变更或者废止农业承包合同，侵犯了农民的经营自主权和财产权。因此，行政复议法将行政机关变更或者废止农业承包合同的纳入复议范围。

（七）违法集资、征收、摊派等要求履行义务的行为

在我国，权利义务都是依法确定的，对于法定义务，公民、法人或者其他组织应当认真履行；不履行的，行政机关可以依法强制其履行。但是，行政机关无权要求公民、法人或者其他组织履行法定义务以外的其他义务，否则就是侵犯他们的合法权益。行政机关违法要求履行义务的行为有多种，其中最主要的是乱集资、乱收费、乱摊派，人们称之为“三乱”。据统计，每年各种行政收费就与国家税收大致相当，人们形容是“税收轻、利息重、滥摊乱收无底洞”。“三乱”的原因，一部分是因为税收制度和财政体制存在一定

问题，财政收入不能保证不断膨胀的行政机关的正常开支，行政机关就运用手中的权力，收取各种费用，用于事业费用或单位福利；有的是一些地方政府违背量力而行的原则，在地方财政困难、经济脆弱的情况，急功近利，追求“政绩”，不顾企业、个人的承受能力，向企业、个人乱集资、乱摊派，搞建设，办教育等。“三乱”行为干扰了国家正常的财政、税收制度，加重了群众的负担，损害了政府形象，败坏了社会风气，为腐败提供了温床。虽然国家三令五申禁止“三乱”，但仍然是有令不行，有禁不止。行政复议法将违法集资、征收财物、摊派费用等纳入复议范围，是通过行政复议的方式，制止“三乱”行为，从而保护公民、法人或者其他组织的合法权益。这里的“违法要求履行其他义务”是指违法要求承担“三乱”以外的其他财产或劳务负担。

(八) 不予颁发许可证、执照等许可行为

行政许可是行政机关根据公民、法人或者其他组织的申请，作出允许其从事某项活动的行政行为，是行政管理的重要手段。在我国，法律、法规和规章中规定了大量的行政许可，涉及经济、文化、环境、卫生、资源以及公民安全和公共秩序等社会生活各个领域，许可的形式包括颁发许可证、执照、资质证、资格证、准许证、特许证、登记证等证书形式，还包括审批、核准、注册等非证书形式。无论是证书形式还是非证书形式，非经许可，公民、法人或者其他组织就不能从事相应的活动，因此，依法取得许可是公民、法人或者其他组织的权利。如果符合条件，申请行政机关颁发许可证、执照、资质证、资格等证书，或者申请行政机关审批、登记有关事项，行政机关没有依法办理的，公民、法人或者其他组织可以申请复议。需要注意的是，目前我国还没有对于行政许可的法律，所以行政许可工作还不规范，存在一些问题，行政许可的形式较多，本项规定只列举了行政许可的一些基本形式，对没有列举的其他行政许可形式，公民也可以申请复议。

(九) 未履行保护人身权利、财产权利或者受教育权利的行为

人身权利是指没有直接经济内容，与公民人身相关的权利，它包括人格权和身份权。其中人格权包括姓名权、名誉权、荣誉权、肖像权等。财产权是指有一定物质内容，直接体现为经济利益的权利，主要包括所有权及其他物权、债权和知识产权等。受教育权是指公民达到一定年龄并具备可以接受教育的智力时，通过学校或者通过其他教育设施和途径学习科学文化知识的权利。人身权利、财产权利和受教育权利都是受宪法保护的公民权利。我国还制定了一系列法律、行政法规，作出了更具体的规定，将保护公民、法人或者其他组织的人身权利、财产权利或者受教育权利的职责具体落实到不同的行政机关，如保

护人身权利、财产权利主要是公安机关的职责，保护受教育权利主要是教育行政部门的职责等。公民、法人或者其他组织申请行政机关履行保护人身权利、财产权利或者受教育权利的法定职责，行政机关拒绝履行或者不予答复的，属于行政不作为，可以申请行政复议。

（十）行政机关不依法发放抚恤金、社会保险金或者最低生活保障费的行为

抚恤金是公民因公或因病致残或死亡时，由本人或其家属依法领取的生活费用。我国的抚恤金主要有两种，一种是遗属抚恤金，发放对象为革命烈士、因工牺牲或某些特殊原因死亡人员的家属；另一种是伤残抚恤金，发放对象是因工致伤、致残者本人。社会保险金是公民在失业、年老、疾病、生育、工伤等情况发生时，向社会保障机构申请发放的社会救济金。社会保险金包括养老保险金、失业保险金、医疗保险金、工伤保险和生育保险金。目前，我国的社会保险制度正在建立之中，各项保险制度还不健全。最低生活保障费是向城镇居民发放的维持其基本生活需要社会救济金。建立最低生活保障线制度是现代社会保障制度的重要组成部分，是维护社会稳定的防线。各地根据本地区的经济发达程度和生活水平确定一个最低生活保障线的标准，达不到最低生活保障线的，可以向有关行政机关申请发放最低生活保障费。到 1998 年 5 月底，全国建立最低生活保障线制度的城市达到 400 多个。目前，最低生活保障费主要是由民政部门发放的。无论是抚恤金、社会保障金，还是最低生活保障费，都是公民生活需要的社会保障，行政机关没有依法发放的，都可以申请行政复议。

（十一）其他具体行政行为

前十项规定具体列举了可能侵犯公民权利的具体行政行为，但未必全面，还可能出现其他侵犯公民权利的具体行政行为。本项的规定是为了弥补前十项列举不全面可能带来的遗漏，是一项兜底性规定，其目的是为了更好地保护公民、法人或者其他组织的合法权益。它表明只要公民、法人或者其他组织认为行政机关的具体行政行为侵犯了其合法权益，都可以申请复议。

根据行政复议法的规定，对行政机关的下列行为，不能申请复议。

1. 行政处分或者其他人事处理决定

行政处分是行政机关对违法、违纪的国家公务员所给予的惩戒。根据《公务员法》的规定，国家公务员对有违纪行为，尚未构成犯罪的，或者虽然构成犯罪但是依法不追究刑事责任的，应当给以行政处分。行政处分分为警告、记过、记大过。降级、撤职、开除。

给予国家公务员行政处分，依法分别由任免机关或行政监察机关决定。其他人事决定是指除行政处分外，行政机关在内部人事管理活动中，对国家公务员个人作出的具体人事处理决定，它包括公务员定级、考核等次、降职、免职、回避、晋级、增资、辞职、辞退以及退休等涉及其个人权益的决定。行政处分以及其他人事处理决定属于行政机关的内部行政行为，而行政复议法的目的是解决行政机关在行使行政权的过程中与管理相对人之间产生的行政争议，是为管理相对人提供的一项权利救济途径，是解决外部行政行为争议的一项法律制度。外部行政行为引起的争议与内部行政行为引起的争议在性质、内容等方面都有所不同，因此，在处理机关、程序和后果等方面都不一样，它们适用不同的法律。行政复议法将行政处分和其他人事处理决定不服的，排除在行政复议范围之外，并不是说国家公务员的合法权益不受法律保护，而是有关法律、行政法规已经有相应的规定。

2. 不服行政机关对民事纠纷作出的调解或者其他处理

传统的理论认为行政权不应干预民事活动，民事争议引起的争议应当由社会中介组织或司法机关作出裁决。但是，随着社会事务的复杂化，行政权干预社会生活的广度和深度都在增加。这是行政权扩张的表现，也是社会发展的需要。虽然法学理论工作者对此持谨慎的态度，但行政权对民事活动的干预已是不争的事实，而且还有进一步发展的趋势。尤其是在我国，行政权对民事活动的干预有其历史基础和现实需求。许多法律、法规都规定了行政机关可以对民事纠纷作出调解或处理。行政机关对民事纠纷作出的调解或处理是解决民事纠纷的方式之一、但不是最终，也不是最主要的方式，当事人不服的还可以向法院提起诉讼。因此，为了尽快解决民事纠纷，行政复议法将不服行政机关对民事纠纷作出的调解或者其他处理排除在复议范围之外。

关于行政机关对民事纠纷作出的调解问题。这里的调解，是指行政机关主持的，以法律、法规为依据，以自愿为原则，通过说服教育，促使民事争议双方互谅互让，达成协议的一种活动。它与民间调解和司法调解一起构成具有中国特色的调解制度。对解决民事争议、平息社会矛盾和维护安定团结等方面发挥着重要作用。目前，关于行政调解没有统一的法律规定，因此，实践中的行政机关对哪些民事纠纷可以进行调解，是根据需要灵活进行掌握的，实践中出现较多调解有：基层行政机关对民事纠纷的调解，如农村乡政府、城镇街道办事处的司法助理员、民政助理员等主持的调解；行政主管机关在处理民事纠纷时给予的调解，如劳动行政部门对劳动争议的调解等。也有一些单行法律、法规规定了行政调解，如《治安管理处罚法》第九条规定，于因民间纠纷引起的打架斗殴或者损毁他人财物等违反治安管理行为，情节较轻的，公安机关可以调解处理。行政调解是实践中解决民事争议的一种便捷方式，调解的结果要靠双方当事人自觉自愿的遵守执行，对当事人没有法律约束力，当事人不执行调解协议的，不能强制执行。因此，它并不是严格意义上的行政行为，当事人对调解协议不服的，可以通过向法院提起诉讼或者向仲裁机构申请仲裁，不能向上级行政机关申请复议。

关于行政机关对民事纠纷作出的其他处理。这里的“其他处理”是指什么，法律没有明确。一般认为，行政机关对民事纠纷作出处理是指行政裁决。1994 年通过的《仲裁法》实施以后，行政仲裁变为民间仲裁，仲裁与诉讼的关系上，仲裁法确定了“或裁或审”的原则，对仲裁决定不服的不能起诉。因此，这里的其他处理不包括行政仲裁。行政裁决是指行政机关作为第三方，依照法律的规定解决与合同无关的民事纠纷的活动。与行政调解相比，行政裁决具有法律效力，但是它的法律效力又不及仲裁，对行政裁决不服的，还可以向法院提起诉讼。对行政裁决是否可申请复议，理论界有不同看法，赞成可以申请复议的认为，行政机关对民事争议的处理行为，体现了行政机关的意志，具有法律效力，属于行政决定的一种，应当允许当事人对处理决定不服的申请复议。对行政裁决不能申请复议的理由是，行政机关对民事纠纷作出处理决定没有最终的法律效力，民事纠纷最终需要由法院作出裁决，如果允许对行政裁决进行复议，可能会拖延民事纠纷的解决。因此，根据行政复议法的规定，对行政裁决不服的，不能申请行政复议，只能向法院提起诉讼。根据现行的法律、法规的规定，行政裁决主要适用于对土地、草原、水面、滩涂等自然资源的所有权或使用权争议和对专利、商标等知识产权争议，此外，《治安管理处罚条例》《食品卫生法》《药品管理法》《海洋环境保护法》《水污染防治法》《大气污染防治法》《邮政法》《医疗事故处理办法》等法律、法规也规定了行政裁决。对有的行政裁决可以申请复议，如对自然资源的所有权或使用权争议的裁决，公安机关对赔偿损失和负担医疗费用的裁决；对下列行政裁决，不能申请复议：

第一，有关专利权的民事纠纷。有关专利权的民事纠纷有两种情况，一种是专利侵权纠纷，就是未经专利权人的许可，实施其专利。根据《专利法》第六十条的规定，未经专利权人许可，实施其专利的侵权行为，专利权人或者利害关系人可以请求专利管理机关进行处理。当事人对专利机关的处理不服的，可以向人民法院起诉；另一种是专利权的使用费纠纷。根据专利法的规定，对不履行专利法规定的有关义务的专利权人由国家强制许可他人使用。根据该法第五十七条的规定，取得实施强制许可的单位或者个人应当付给专利权人合理的使用费，其数额由双方商定；双方不能达成协议的，由专利局裁决。对裁决不服的，专利权人可以向人民法院起诉。

第二，有关商标权的民事纠纷。商标权是一种具有财产性质的工业产权，商标权是商标所有人的专有权，根据《商标法》的规定，非经商标所有人的许可，不得擅自在同一种商品或者类似商品上使用与其注册商标相同或者近似的商标、不得销售明知是假冒注册商标的商品、不得伪造、擅自制造他人注册商标或者销售伪造、擅自制造的注册商标标识。有上述情形的，被侵权人可以向县级以上工商行政管理部门要求处理，有关工商行政管理部门有权责令侵权人立即停止侵权行为，赔偿被侵权人的损失。

此外，行政机关根据《邮政法》《海洋环境保护法》《水污染防治法》《药品管理法》《食品卫生法》《大气污染防治法》。《医疗事故处理办法》等所作的关于民事纠纷的处理，也不能申请复议，只能向法院提起诉讼。

四、行政复议申请

（一）申请行政复议需具备法定条件

行政复议是指公民、法人或者其他组织认为具体行政行为侵犯其合法权益，依法向行政机关提出行政复议申请，行政机关受理行政复议申请、作出行政复议决定的活动。进行行政复议首先要具备以下几个条件：一是申请人是认为具体行政行为侵犯其合法权益的公民、法人或者其他组织；二是有明确的被申请人；三是有具体的复议请求和事实依据；四是属于申请复议范围；五是属于受理机关管辖；六是法律、法规规定的其他条件。

（二）明确申请复议的期限为“六十日”

行政复议法第九条规定，公民、法人或者其他组织认为具体行政行为侵犯其合法权益的，可以自知道该具体行政行为之日起六十日内提出行政复议申请；但是法律规定的申请期限超过六十日的除外。因不可抗力或者其他正当理由耽误法定申请期限的，申请期限自障碍消除之日起继续计算。

从当前复议实践看，随着计划经济向市场经济的转变，行政管理也日趋多样化，内容也更加复杂，渗透到社会生活的各个方面。公民、法人或者其他社会组织与行政管理机关在具体行政行为问题上产生争议是不可避免的。但对于一个老百姓来说认为自己受到了侵害，往往不知道采取什么补救措施，知道了救济途径又很难在短时间内找出确凿的理由和依据提出复议申请或者提起行政诉讼以维护自己的合法权益，一般是需要一定的时间进行了解或者寻求法律上的帮助。因此，为了更有利于保护公民、法人或者其他组织的合法权益，使那些准备申请行政复议的行政管理相对人不至于因为时间太紧而丧失了申请行政复议的权利，将申请复议的期限从原先的三十日适当延长，明确规定为六十日。

关于申请行政复议期限的计算问题，根据本条的规定，要从公民、法人或者其他组织知道具体行政行为之日起计算。也就是行政管理相对人通过法定途径，得以了解具体行政行为已经作出并知晓其内容的时间。在实践中，知道具体行政行为之日主要通过三种途径：一是当场作出的具体行政行为，在行政机关作出具体行政行为的决定书上会注明日期，这个日期就是管理相对人知道具体行政行为之日；二是送达的具体行政行为决定书，送达日期就是管理相对人知道具体行政行为之日；三是具体行政行为决定无法送达，通过公告作出，公告中所注明的日期或者公告日，就是管理相对人知道具体行政行为之日。当然如果出现特殊情况，无法准确判断公民、法人或者其他组织知道具体行政行为的准确时间，难以认定管理相对人提出行政复议是否已超过了法定申请日，在这种情况下，就要由行政复议机关经过调查了解根据相关情况依法确定。

（三）复议申请人是公民、法人或者其他组织

依照行政复议法的规定，申请人应当具备以下几个条件：一是认为具体行政行为侵犯了自己的合法权益，当然这里只是申请人自己“认为”就可以，事实上这种“认为”可能有对有错，但不影响其申请行政复议的权利。二是依法向复议机关提出复议申请。三是对于公民来说，通常情况下申请人大多是有权申请行政复议公民本人，由自己提出复议申请，但有两种情况下有权申请行政复议的公民本人不能亲自提出复议申请，第一种是该公民是无行为能力人或者是限制行为能力人，不能自己申请行政复议，必须由法定代理人代为申请，需要注意的是这里的申请人仍是无行为能力或者限制行为能力的有权申请行政复议的公民；第二种是有权申请行政复议的公民死亡，其近亲属申请复议，由于该公民已经死亡，其近亲属就是申请人。四是对于法人或者其他组织来说，申请行政复议的多是法定代表人，当然也可以委托代理人提出复议申请。

行政复议法同时规定了三种特殊情况下复议申请人资格。

一是有权申请行政复议的公民死亡的，其近亲属可以申请行政复议。公民的近亲属，包括配偶、父母、成年子女、兄弟姐妹等有权以自己的名义申请行政复议，从而维护有权申请复议公民和本人的合法权益，由于法律赋予了近亲属这种复议申请的继承权，在这里近亲属申请复议其地位应当等同于申请人，而不是法定代理人。

二是有权申请行政复议的公民为无民事行为能力人或者限制民事行为能力人的，其法定代理人可以代为申请行政复议。这里主要解决的是有权申请行政复议的公民行为能力欠缺，如何申请行政复议问题。包括未成年人和无民事能力人、限制民事行为能力人

三是有权申请行政复议的法人或者其他组织终止的，承受其权利的法人或者其他组织

可以申请行政复议。这里主要解决的是申请人资格变更问题。这种情况大致有两类，一是有权申请行政复议的法人或者其他组织分立；二是有权申请行政复议的法人或者其他组织合并。在当前市场经济的条件下，这两种情况都会是经常发生的。对于合并成为一个新的法人或者组织的，这个新法人或者组织对合并前法人或者组织的权利和义务有合法的继承权，复议申请权也可以继承，新法人或者组织有权对行政机关作出的侵犯原法人合法权益的具体行政行为以自己的名义提起行政复议申请。

（四）行政复议方式

行政复议的申请方式，是公民、法人或者其他组织提出复议要求和表达复议意愿的具体表现形式。依据本条的规定，提出复议申请可以有两种形式：一种是书面形式，即申请人向行政复议机关提出的据以请求复议机关启动复议程序的申请文书；另一种是口头形式，即不向复议机关递交书面申请，但有明确的意思表示向复议机关申请行政复议。这两种申请形式的区别是前者是要式的申请形式，后者是非要式的申请形式。从我国多年的行政复议工作实践看，书面申请形式一直是被普遍认可的复议申请形式，国务院制定的行政复议条例对申请行政复议的只规定了一种形式，即必须采取书面形式，规定“申请人向行政机关申请复议应当递交复议申请书”，同时对复议申请书应当载明的内容也作出了明确的规定。应当说复议申请采取书面形式有许多优越性，一是能够保证复议申请内容明确具体，使复议的理由和复议的请求清晰明了；二是有利于维护行政复议工作的严肃性；三是有利于行政复议程序的完整，便于复议机关依据申请人的书面申请对具体行政行为进行调查，作出行政复议决定。正是因为复议申请采取书面形式有许多优越性，因此，可以肯定地说，在今后的行政复议实践中申请复议采取书面形式的还是会占主导地位。

复议申请书大致应当载明下列内容：1. 申请人的姓名、性别、年龄、职业、住址等（法人或者其他组织的名称、地址、法定代表人的姓名）；2. 被申请人的名称、地址；3. 申请复议的要求和理由；4. 提出复议申请的日期。虽然以上这四项都是复议申请书的必备内容，但最核心的还是第三项内容，因为它是复议申请的关键。关于申请复议的要求，必须写明对哪个被申请人的何种具体行政行为不服，同时明确复议请求，包括对被申请人错误的决定要求撤销或者变更，对被申请人应当作为而不作为的要求必须尽快作为，给申请人造成损害的要求依法赔偿，等等。关于申请复议的理由，必须写明被申请人作出具体行政行为的事实情况和依据；申请人认为被申请人作出具体行政行为的错误在于认定事实不准确或是法律依据不合理，同时要从事实和法律的角度加以论证；最后对于依据哪个法律规定申请行政复议也必须明确，并对其他准备提交的材料加以注明。

行政复议申请可以口头提出，这是本法新增加的规定，为什么以法律的形式肯定了行政复议申请的口头形式，主要是为了普通公民申请行政复议、在我国，行政管理浸透到了社会生活的各个方面，实际生活中一些普通百姓不服行政机关的决定想讨个说法的为数不少，但有的却是苦于自己不会写复议申请书又找不到人帮忙而无法为自己伸张正义。考虑到我国目前的实际情况，立法者认为，规定相对灵活的复议申请形式有利于行政复议工作的普遍开展，有利于保障行政管理相对人的合法权益，有利于更好地监督行政机关依法行使职权，这同本法的立法宗旨也是一致的。当然，为了保证行政复议工作的顺利进行，本法对口头提出复议的也规定了明确的要求，规定行政复议机关应当当场记录申请人的基本情况、行政复议请求、申请行政复议的主要事实理由和时间。也就是说，口头申请行政复议，也必须对复议申请的主要问题一一表达清楚，因为复议申请是复议机关据此决定是否受理并对该具体行政行为进行审查的依据。当然相对于书面申请来说，对口头申请的要求还是简单了许多，但是为了保证行政复议程序的完整，使行政复议工作每一步都有案可查，对口头申请的，法律要求复议机关的工作人员必须要有明确的笔录，应当当场记录申请人的基本情况、行政复议请求、申请行政复议的主要事实、理由和时间。

（五）行政复议机构

行政复议机构是指复议机关内设的具体办理有关行政复议工作的机构。目前承担行政复议工作的机构，包括地方各级人民政府和政府工作部门的行政复议机构。根据行政复议法的规定，县级以上地方各级人民政府的行政复议机构，应当设在政府法制工作机构，或者与政府法制工作机构合署办公。目前地方各级人民政府的行政复议机构基本上已比较健全，特别是省、市两级，绝大部分都设有法制工作机构。据有关部门统计，已有70%的县级人民政府设有法制工作机构，承担行政复议工作。行政复议法明确规定了行政复议机构的职责。

1. 受理行政复议申请，审查行政复议申请是否符合法定条件

审查的主要内容是：申请人是否具备申请资格；申请理由是否正当；被申请人是否明确；是否超过申请复议期限；申请复议的案件是否属本机关管辖；申请复议的其他要求是否符合。符合法定条件的，应予受理。不符合法定条件的，应请申请人提供或者补充有关材料；属于不予受理的，应当由行政复议机关作出不予受理的决定，并书面通知申请人。依照本法规定，行政复议机构收到申请人的行政复议申请之日即为受理之日，如有不予受理情形的，应当在五日内作出不予受理的决定。

2. 向有关组织和人员调查取证，查阅文件和资料

调查取证是保证行政复议机关作出的复议决定正确与否的必备条件。在调查取证时，行政复议机构应当着重调取被申请人最初作出具体行政行为时的事实根据和规范性文件依据，听取有关组织和个人对行政机关作出的具体行政行为的意见和证言。由于行政复议机构的调查取证属于法定职责，因此，行政复议机构在履行这一职责时，有关组织和个人应当予以配合和协助。

3. 审查申请行政复议的具体行政行为是否合法与适当，拟订行政复议决定

行政复议机构受理行政复议申请后，应当依据事实与法律，对行政机关作出的具体行政行为进行审查，审查具体行政行为是否合法；除此之外，还要审查具体行政行为是否适当。依照本法规定的审查决定程序，行政复议机构经审查后提出处理意见，拟订行政复议决定，报经行政复议机关负责人同意或者领导集体讨论通过后，作出行政复议决定。

4. 处理或者转送本法第七条所列有关规定的审查申请

依照行政复议法的规定，公民、法人或者其他组织在申请对行政机关的具体行政行为行政复议时，提出对作出该具体行政行为所依据的行政机关规定的审查申请的，如果本行政复议机关有权处理的，就是申请审查的规定是本级政府的工作部门或者是下级政府作出的，如其不合法，本级政府依法可以予以撤销的，就应当按照本行政复议机关的职责分工，由承担对规范性文件备案审查的工作机构对申请审查的规定进行审查。实际上，往往承担备案审查任务的工作机构，是人民政府的法制工作机构，与行政复议机构是同一机构，因此规定行政复议机构有处理规范性文件审查申请的职责。如果申请审查的有关规定是本行政复议机关无权处理的，则应当在七日内转送有权处理的国家机关依法处理。

5. 对行政机关本法规定的行为依照规定的权限和程序提出处理建议

行政复议法规定："行政复议机关负责法制工作的机构发现有无正当理由不予受理行政复议申请、不按照规定期限作出行政复议决定、徇私舞弊、对申请人打击报复或者不履行行政复议决定等情形的，应当向有关行政机关提出建议，有关行政机关应当依照本法和有关法律、行政法规的规定作出处理。"这是本法赋予行政复议机构的一项重要的监督职能。行政复议机构在政府中处于综合性工作机构的地位，超脱于具体工作部门的利益，可以站在人民政府的角度和地位衡量与判断是非。同时，行政复议机构是政府的法制部门，有责任监督政府及其工作部门依法行政工作。行政复议法对被申请人、行政复议机关违反本法规定的行为应当承担的法律责任作出规定，其中，大部分法律责任是行政处分。行政处分的实施需要按照有关规定的权限与程序进行。实际工作中由于职责不清，往往导致事实上监督制度流于形式。行政复议法明确规定行政复议机构有处理建议权，就从法律制度

上完善了行政处分的实施机制，保障了行政监督的有效性，也使行政复议机构在履行自己的职责时有了法律依据。

6. 办理因不服行政复议决定提起行政诉讼的应诉事项

行政复议法规定，行政相对人对行政复议决定不服的，除法律规定行政复议决定为最终裁决的以外，可以依法向人民法院提起行政诉讼。诉讼发生后，行政复议机关的法定代表人就应当出庭应诉。为了保证行政复议机关法定代表人履行其领导职责，减轻行政复议机关法定代表人出庭应诉负担，行政复议法规定，应诉事项由行政复议机构办理。行政复议机关法定代表人可以委托行政复议机构派人代表其出庭应诉。行政复议机构是专门负责行政复议案件的机构，它精通业务、熟悉案情，由其代为出庭比较合适。

7. 法律、法规规定的其他职责

由于其他法律、法规可以根据行政复议具体案件的不同情况，为行政复议机构规定其他的具体职责，行政复议法在这里作出原则规定，凡是遇有法律、法规对行政复议机构特别设定的权利、义务，行政复议机构都应当坚决执行与遵守。

五、行政复议受理

行政管理相对人提出行政复议申请后，行政复议机关通过对行政复议申请的审查，认为该申请符合法定条件时，接受申请，并予以立案。通常人们把行政复议机关的这一活动，称为行政复议的受理。行政复议机关在收到行政复议申请书后，应当及时审查行政复议申请的内容，并在一定期限内作出是否受理的决定。如何合理规定这一期限，应体现行政复议制度的效率原则，还得顾及实际操作中的可行性问题。行政复议法规定："行政复议机关接到行政复议申请后，应当在五日内进行审查。"

行政复议机关对行政复议申请进行审查，是确保行政复议活动正常进行的重要环节。做好这一工作，既可以保证管理相对人正确行使自己的权利；也可以避免行政复议机关盲目立案，为顺利地开展行政复议活动创造有利条件。对于行政复议申请的审查，应主要审查以下几个方面的内容，是否符合本法规定。

（一）行政复议申请是否属于行政复议的受案范围

《行政复议法》第六条规定了公民、法人或者其他组织认为行政机关的具体行政行为侵害了自己的合法权益，可以申请行政复议的具体受案范围；第七条规定了公民、法人或者其他组织认为行政机关的具体行政行为所依据的规范性文件不合法，在对具体行政行为申请行政复议时，可以一并向行政复议机关提出对该规定的审查申请的具体范围；同时第八条还规定了关于行政机关作出的行政处分或者其他人事处理决定的，不服行政机关对民事纠纷作出的调解或者其他处理，不是行政复议的受案范围。还应当指出的是，对国防、外交等国家行为不服的，也不属于申请行政复议的范围。

（二）行政复议申请是否超过法定期限；超过法定期限有无正当理由

《行政复议法》第九条规定：“公民、法人或者其他组织认为具体行政行为侵犯其合法权益的，可以自知道该具体行政行为之日起六十日内提出行政复议申请；但是法律规定的申请期限超过六十日的除外。因不可抗力或者其他正当理由耽误法定申请期限的，申请期限自障碍消除之日起继续计算。”

（三）行政复议申请人是否符合条件

《行政复议法》第十条规定：“依照本法申请行政复议的公民、法人或者其他组织是申请人。有权申请行政复议的公民死亡的，其近亲属可以申请行政复议。有权申请行政复议的公民为无民事行为能力人或者限制民事行为能力人的，其法定代理人可以代为申请行政复议。有权申请行政复议的法人或者其他组织终止的，承受其权利的法人或者其他组织可以申请行政复议。”申请人必须是认为行政机关的具体行政行为侵犯其合法权益的公民、法人或者其他组织。

（四）行政复议申请书是否符合条件

审查申请书的格式和内容是否符合要求。《行政复议法》第十一条规定：“申请人申请行政复议，可以书面申请，也可以口头申请；口头申请的，行政复议机关应当当场记录申请人的基本情况、行政复议请求、申请行政复议的主要事实、理由和时间。”申请人和被申请人的基本情况包括：申请人的姓名、性别、年龄、职业、住址等（法人或者其他组织的名称、地址、法定代表人的姓名）；被申请人的名称、地址。

（五）行政复议申请是否属于本行政复议机关的管辖范围

《行政复议法》第十二条规定：“对县级以上地方各级人民政府工作部门的具体行政行为不服的，由申请人选择，可以向该部门的本级人民政府申请行政复议，也可以向上一级主管部门申请行政复议。对海关、金融、国税、外汇管理等实行垂直领导的行政机关和国家安全机关的具体行政行为不服的，向上一级主管机关申请行政复议。”第十三条规定：

“对地方各级人民政府的具体行政行为不服的，向上一级地方人民政府申请行政复议。对省、自治区人民政府依法设立的派出机关所属的县级地方人民政府的具体行政行为不服的，向该派出机关申请行政复议。”第十四条规定：“对国务院部门或者省、自治区、直辖市人民政府的具体行政行为不服的，向作出该具体行政行为的国务院部门或者省、自治区、直辖市人民政府申请行政复议。对行政复议决定不服的，可以向人民法院提起诉讼；也可以向国务院申请行政裁决，国务院依照本法的规定作出最终裁决。”第十五条还规定了对老百姓往往难以弄清楚向哪一个行政机关申请行政复议的复杂情况，可以直接向具体行政行为发生地的县级地方人民政府提出申请，由该县级地方人民政府负责转送。

（六）行政复议申请提出之前，是否已向人民法院提起诉讼

根据我国法律的规定，在管理相对人既可选择请求行政复议又可选择提起行政诉讼的情况下，行政复议总是先于行政诉讼，如果对行政复议决定不服，管理相对人仍然可以提起行政诉讼。但是，这两种程序不能同时进行。管理相对人一旦提起行政诉讼，则表明其已放弃了行政复议救济程序。

以上是行政复议机关对行政复议申请进行审查的几个主要方面。经行政复议机关审查，符合本法规定的条件的，应当立案受理，决定受理的不需要再作出书面的行政处理决定，可以直接进入行政复议审理阶段，通知被申请人参加行政复议；如果认为行政复议申请不符合法定要件，如，或者超过法定期间且无正当理由，或者已经提起行政诉讼，或者不属本行政复议机关的管辖范围，应当裁定不予受理，并书面告诉行政复议申请人不予受理的理由。

六、行政复议决定

（一）复议决定作出时限

申请人在申请行政复议时，一并提出对本法第七条所列有关规定的审查申请的，行政复议机关对该规定有权处理的，应当在三十日内依法处理；无权处理的，应当在七日内按照法定程序转送有权处理的行政机关依法处理，有权处理的行政机关应当在六十日内依法处理。处理期间，中止对具体行政行为的审查。

行政复议机关在对被申请人作出的具体行政行为进行审查时，认为其依据不合法，本机关有权处理的，应当在三十日内依法处理；无权处理的，应当在七日内按照法定程序转

送有权处理的国家机关依法处理。处理期间，中止对具体行政行为的审查。

（二）复议决定的种类

行政复议机关负责法制工作的机构应当对被申请人作出的具体行政行为进行审查，提出意见，经行政复议机关的负责人同意或者集体讨论通过后，按照下列规定作出行政复议决定。

1. 决定维持具体行政行为。具体行政行为认定事实清楚，证据确凿，适用依据正确，程序合法，内容适当的，决定维持。

2. 被申请人不履行法定职责的，决定其在一定期限内履行。决定被申请人在一定期限内履行法定职责。有两种情况：一是拒绝履行。被申请人在法定期限内明确表示不履行法定职责的，责令其在一定期限内履行；二是拖延履行。被申请人在法定期限内既不履行，也不明确表示履行的，责令其在一定期限内履行。

3. 具体行政行为有下列情形之一的，决定撤销、变更或者确认该具体行政行为违法；决定撤销或者确认该具体行政行为违法的，可以责令被申请人在一定期限内重新作出具体行政行为。

（1）主要事实不清、证据不足的。

（2）适用依据错误的。

（3）违反法定程序的。

（4）超越或者滥用职权的。

（5）具体行政行为明显不当的。

4. 被申请人不按照本法第二十三条的规定提出书面答复、提交当初作出具体行政行为的证据、依据和其他有关材料的，视为该具体行政行为没有证据、依据，决定撤销该具体行政行为。

行政复议机关责令被申请人重新作出具体行政行为的，被申请人不得以同一的事实和理由作出与原具体行政行为相同或者基本相同的具体行政行为。

以案释法 1：孙某与某省人民政府行政复议不予受理决定案

【法律要点】

《政府信息公开条例》调整的“政府信息”是指现实存在的，并以一定形式记录、保存的信息。申请了解文件效力，属于咨询性质，不属于该条例第二十六条规定的“应当按照申请人要求的形式予以提供”政府信息的情形。行政机关针对咨询申请作出的答复以及不予答复行为，不属于政府信息公开行为，不会对咨询人的权利义务产生实际影响，故不属于行政复议的受理范围。起诉人缺乏诉的利益，则无原告资格，人民法院可以不予受理或裁定驳回起诉。

【案情简介】

2010年，孙某向某省某市房地产管理局提出将其房屋用途由“住宅”变更为“商用”。登记机关称，依据某省住房和城乡建设厅1999年11月17日公布的《关于申请房屋用途变更登记有关问题的通知》，变更用途须经规划许可。在规划部门拒绝作出相应行政许可之后，2011年2月孙某向某省住建厅提交了关于查询该通知是否已过时效的申请，并要求给予书面答复。某省住建厅一直未予书面答复。2011年4月26日，孙某以某省住建厅对其申请推托未予书面答复为由向某省人民政府提起行政复议，请求依据《政府信息公开条例》及相关法律规定，责令某省住建厅依法给予书面答复。2011年4月28日，某省人民政府作出不予受理决定，认为孙某提出的行政复议申请不在行政复议范围之内，根据行政复议法第六条、第十七条的规定，决定不予受理。2011年5月31日，某省住建厅在其网站上公布废止了《关于申请房屋用途变更登记有关问题的通知》。2011年7月6日，孙某向某省某市中级人民法院提起行政诉讼，请求人民法院撤销某省人民政府不予受理决定，并责令重新作出行政行为。

【裁判结果】

一审法院经认为，作出行政判决，维持某省人民政府2011年4月28日作出的不予受理决定。孙某不服一审判决，向某省高级人民法院提起上诉，二审法院维持原判。

【以案释法】

《政府信息公开条例》第二条规定：“本条例所称政府信息，是指行政机关在履行职责过程中制作或者获取的，以一定形式记录、保存的信息。”据此，该条例所指的政府信息，应当是现有的，以一定形式记录、保存的信息。为准确把握政府信息的适用范畴，《国务院办公厅关于做好政府信息依申请公开工作的意见》第二条明确规定：“行政机关向申请人提供的政府信息，应该是现有的，一般不需要行政机关汇总、加工或者重新制作（作区分处理的除外）。”本案中，孙某向某省住建厅申请了解《关于申请房屋用途变更登记有关问题的通知》的效力问题，并非申请公开“以一定形式记录、保存的”政府文件本身，在性质上属于咨询，不属于《政府信息公开条例》调整的范畴，况且针对咨询作出答复以及答复与否，不会对咨询人的权利义务产生实际影响。因此，某省人民政府作出不予受理决定，符合《行政复议法》第六条、第十七条的规定。孙某认为某省人民政府违反《政府信息公开条例》及相关法律规定，请求人民法院依法撤销不予受理决定的理由不能成立。法院维持某省人民政府作出的不予受理决定，并无不当。

根据《政府信息公开条例》第二十六条的规定，行政机关依申请公开的政府信息，应当按照申请人要求的形式予以提供。本案中，孙某的申请既然属于咨询性质，就不属于该条所规定的“应当按照申请人要求的形式予以提供”政府信息的情形。对于此类咨询申请，法律并无要求行政机关必须书面答复的明确规定。在某省住建厅已以口头方式作出答复，尤其是在孙某提起本案诉讼前某省住建厅已经公布废止《关于申请房屋用途变更登记有关问题的通知》的情况下，孙某仍然要求人民法院责令行政机关对该通知的效力问题作出答复，其起诉并无应受司法保护的现实利益，其请求被申请人重新作出行政行为已丧失诉的基础。

以案释法 2：行政诉讼请求一并解决民事纠纷必须符合法定要件

【法律要点】

在涉及行政许可、登记、征收、征用和行政机关对民事争议所作的裁决的行政诉讼中，当事人申请已经解决相关民事争议的，人民法院可以一并审理。

【案情简介】

2017 年 6 月 30 日，开发区管委会收到王某的信息公开申请，申请内容为：全村每户安置房的总面积，每户安置人口，其中农业人口多少人，非农村农业人口多少人，每户的分户情况等内容的汇总表。开发区管委会于 2017 年 7 月 18 日作出政府信息公开申请延长答复期限告知书，并向王某进行送达。2017 年 8 月 8 日，开发区管委会作出吴开信息〔2017〕22 号政府信息公开申请答复告知书，告知王某其申请的信息不属于《中华人民共和国政府信息公开条例》（以下简称《政府信息公开条例》）所指的政府信息。王某向吴江区政府申请复议，复议机关于 2017 年 9 月 11 日作出〔2017〕吴行复第 49 号行政复议决定书，决定维持开发区管委会作出的吴开信息〔2017〕22 号政府信息公开申请答复告知书。王某不服，向本院提起行政诉讼，同时要求判令开发区管委会履行吴开发〔2006〕69 号文件的分户规定，给予王某妻子沈娅平分户资格，对龙津村 8 组沈火根进行分户安置。

【裁判结果】

苏州市吴江区人民法院经审理认为，根据《行政诉讼法》第四十九条第三项的规定，提起行政诉讼必须要有具体的诉讼请求和事实依据。王某提起诉讼要求撤销吴江区政府〔2017〕吴行复第 49 号行政复议决定书，确认开发区管委会信息不公开违法。同时要求开发区管委会履行吴开〔2006〕69 号文件的规定分户，给予其妻子沈娅萍分户资格，对龙津村8组户主沈火根进行按户分户安置。因此经释明，王某不愿意予以明确，坚持其起诉状中的诉讼请求。王某同时起诉多个诉讼请求，且不明确，不符合起诉条件，原告仍坚持起诉，依照最高人民法院《关于适用〈中华人民共和国行政诉讼法〉若干问题的解释》第三条第一款第一项和行政诉讼法第四十九条第三项的规定，裁定驳回王某的起诉。

判决后，王某向苏州市中级人民法院上诉。苏州中院经审理于2018年3月27日作出终审裁定，依照行政诉讼法第八十六条、第八十九条第一款第一项之规定，裁定驳回上诉，维持一审裁定。

【以案释法】

本案在审理中，各方对事实方面都没有异议，分歧的关键点在于王某提出的请求是否属于行政诉讼法第六十一条规定的一并解决民事纠纷，法院是否应一并解决相关民事纠纷。

（一）在行政诉讼中一并解决民事争议，应当具备一定的条件。首先，要有一个已经成立的行政诉讼，而且这个行政诉讼符合起诉条件的相关规定；其次，该行政诉讼是涉及行政许可、登记、征收、征用和行政机关对民事争议所作的裁决的行政行为；再次，当事人在行政诉讼中申请一并解决民事争议；最后，提起的民事诉讼和之前的行政诉讼具有一定的相关性。王某在诉讼中要求政府信息公开，并根据公开的内容要求解决其妻子的拆迁安置问题，其妻子的拆迁安置问题和案件所涉的信息公开是两个不同种类的行为，信息公开的合法性与否与其妻子拆迁安置行为的合法性不具有相关性，而且都属于行政纠纷，因此不属于在行政诉讼中一并解决民事争议的情形；

（二）通过行政诉讼进行救济必须符合行政诉讼的起诉条件。根据行政诉讼法第四十九条第三项的规定，提起行政诉讼必须要有具体的诉讼请求和事实依据。行政诉讼作为一种救济方式，当事人要行使必须符合法定的要求。当事人要求在一个案件中解决多个诉讼请求，针对的是不同的法律关系，有的涉及知情权保护，有的涉及财产权保护，要求在一个案件中予以处理属于没有具体的诉讼请求，如果当事人坚持这起诉，法院对其起诉应当予以驳回。

（三）当事人提起一并解决民事争议必须在一审程序中提出。最高人民法院《关于适用〈中华人民共和国行政诉讼法〉若干问题的解释》第一百三十七条规定：公民、法人或者其他组织请求一并审理行政诉讼法第六十一条规定的相关民事争议，应当在第一审开庭审理前提出；有正当理由的，也可以在法庭调查中提出。因为如果法院在二审中就一并解决民事争议进行裁判就事实上剥夺了民事争议当事人的上诉权。

（四）不能一并解决民事争议并不影响其合法权利的行使。当事人如认为开发区管委会的行为侵犯了其民事或者行政方面的权利，完全可以另行提起行政或者民事诉讼，不将本案所涉的纠纷一并解决对其实体权利不造成实际影响。要求政府履行法定职责是公民的法定权利，但必须依照法律规定，依据法律程序进行。笼统将相关诉求提交政府要求解决并进而提起行政诉讼，要求法院判决政府履行法定职责并非最佳救济方式。

第二节　行政诉讼法

一、行政诉讼法概述

（一）行政诉讼的概念和特征

行政诉讼是指公民以及普通法人，向法院起诉行政机关的诉讼行为，在我国民间通常被称为“民告官”。行政诉讼法制度就是配合行政诉讼实施的司法制度，其包括法律制定、司法特征以及执法路径等内容。行政诉讼是法院应公民、法人和其他组织的请求，通过审查行政行为合法性的方式，解决特定范围内的行政争议，并为当事人提供救济的活动。行政诉讼与刑事诉讼、民事诉讼并称为三大诉讼，是国家诉讼制度的基本形式之一。行政诉讼有如下特点。

首先，行政诉讼是法院通过审判方式，为公民、法人和其他组织的合法权益提供有效救济的司法活动。行政诉讼是解决特定范围内行政争议，保护公民、法人和其他组织的合法权益，使受损的私权利得到救济和恢复的活动，是一种有效的权利救济途径。

其次，行政诉讼制度脱胎于民事诉讼制度，在《行政诉讼法》生效之前，行政争议都是依据民事诉讼程序予以解决的。现在，行政诉讼脱离民事诉讼成了独立的诉讼类型，但是，两大诉讼法在诸多制度规定上还是高度相似的。《行政诉讼法》第 101 条中专门规定：“人民法院审理行政案件，关于期间、送达、财产保全、开庭审理、调解、中止诉讼、终结诉讼、简易程序、执行等，以及人民检察院对行政案件受理、审理、裁判、执行的监督，本法没有规定的，适用《中华人民共和国民事诉讼法》的相关规定。”

最后，行政诉讼是通过审查行政行为合法性的方式解决行政争议的活动。行政诉讼不仅要解决社会纠纷和提供权利救济，还要监督行政机关依法行使行政职权。由于行政诉讼法官承担着“控制公权力，保护私权利”的重任，这就导致行政诉讼在管辖规则、证据制度、审理形式及裁判形式等问题上，都和民事诉讼和刑事诉讼存在较大的差别。

（二）行政诉讼法立法概述

20 世纪 80 年代以前，我国一直没有建立起行政诉讼制度。1982 年第五届全国人大常委会第二十二次会议通过的民事诉讼法（试行）首次规定人民法院可以按照民事诉讼程序审理法律规定的行政案件，直到 1989 年行政诉讼法颁布才全面正式地建立起“民告官”的行政诉讼制度。1989 年 4 月 4 日第七届全国人民代表大会第二次会议通过《中华人民共和国行政诉讼法》（以下简称行政诉讼法），并于 2014 年、2017 年进行了两次修正。

行政诉讼法的颁行在我国法制建设史上是值得人们记住的一笔。它第一次将“民告官”这样一种法律制度固定下来，改变了长久以来“官贵民贱”的落后观念，“使得老百姓和政府能够坐在同一个法庭的两端，来接受法院的居中裁判”。

行政诉讼法施行 20 多年来，在推动我国民主政治和行政法制建设方面发挥了巨大作用。随着我国社会面貌的迅速改变，法律体系的逐步完善和人们思想认识的日益深化，行政诉讼法在行政审判实践中日渐显露出诸多局限性，例如，受案范围狭小，起诉要件过于严格或不明确，无法满足对抽象行政行为的审查需求，行政诉讼参加人范围狭小，对当事人行使起诉权、申请撤诉权、和解权和上诉权有诸多限制，行政裁判执行难，等等。为此，最高人民法院在行政诉讼法颁布实施后，相继出台了约 40 部、700 余条有关的司法解释。这些司法解释和司法指导性文件、批复，在推进我国行政审判制度发展完善方面，在规范和指导各级人民法院正确审判行政案件方面，发挥了重要的作用。不仅如此，在贯彻执行行政诉讼法基本精神和原则的基础上，它们还极大地延伸了立法的规定，为正确开展行政审判工作及时提供了补充规则。

可是，即便如此“立案难、审理难、执行难”，这三难紧紧扼住了“民告官”的“咽喉”。

2014 年 11 月 1 日，实施 25 年后，行政诉讼法迎来首次大修改，体现了全面推进依法治国的战略部署。此次法律修改，重点解决“立案难、审理难、执行难”的“三难”问题，破解“民告官”困局。扩大诉讼范围，放低受理门槛，增加异地管辖，就是要突破行政权力对司法权力的干涉，保证案件审理公开、公平、公正，并对各种粗暴执法、权力滥用等提出司法警醒和警告，倒逼政府依法行政。大大推进了对公民权利的保护力度，出现了一系列的制度亮点与创新。

第一，扩大受案范围。修改前的《行政诉讼法》（以下简称旧法），受案范围限定了合法权益受到侵害的行政相对人可以提起诉讼的案件范围。

1. 将“具体行政行为”改为“行政行为”。旧法将行政诉讼的受案范围限定在“具体行政行为”范围内，新法则将其修改为“行政行为”，拓宽了法院的受案范围。这意味着行政机关及法律、法规、规章授权的组织的行政行为都属于法院受案的范围。

2. 增加了四项列举事项。修改后的可诉行政行为列举事项新增加四项条款，新增了“自然资源确权案件决定不服”“征收、征用及补偿决定不服”“滥用行政权力排除与限制竞争”“未支付抚恤金”“不履行协议”等五项新内容。并且兜底条款作出重要变化旧法中条文为“认为行政机关侵犯其他人身权、财产权的”，新法条文表述为“认为行政机关侵犯其他人身权、财产权等合法权益的”，增加了“等合法权益”。

3. 将权利保护范围从“人身权、财产权”扩大至“等合法权益”。新法将原兜底条款“侵犯其他人身权、财产权”改为“侵犯其他人身权、财产权等合法权益”的行为。显然，“合法权益”不只包括“人身权”“财产权”，还应包括其他政治权利、社会权利权利。使相对人受司法救济的权利范围大大扩大，而此次修改透漏出的立法意向也将影响审判人员，引导其尽量扩大受案范围。

第二，实行立案登记制，保障当事人诉权。诉权是当事人请求法院行使审判权来保护合法权益的权利，是当事人进行诉讼的基本权能。而立案则具有确认诉权、保障诉权行使的功能。

新法施行前，经常发生立案审查过严，对起诉条件要求过高而不予立案；对敏感案件，更是不立不裁；从程序审查变为实体审查等。普遍存在“立案”难问题。新法施行后，规定法院在接收起诉状时，对符合起诉条件的，应登记立案；不能当场决定立案的，应当接收起诉状，出具书面凭证，七日内决定是否立案。对于不接受起诉状、接受起诉状后不出具书面凭证，以及不一次性告知当事人需要补正的起诉状内容的，当事人可以向上级法院投诉，上级法院应当责令改正，并对相关人员依法给以处分。新法规定实行立案登记制度，为当事人进入诉讼之门提供了很大的方便，降低了入门的门槛，很大程度上解决了“求告无门”的问题，也增加了对立案审查人员的约束，进一步规范了法院的立案工作。

第三，起诉期限延长到六个月。新法规定，直接向法院提起诉讼的，应当自知道或者应当知道作出行政行为之日起六个月内提出。如果原告不知道被告作出的行政行为，在行政行为作出后五年内仍可起诉，涉及不动产的可延长至二十年。这一修改，对维护相对人权益是很有帮助的，由于许多行政相对人对法律规定的起诉期限不熟悉，加上其他原因，很容易错过旧法规定的三个月的期限，从而丧失司法救济的机会。新法延长了公民等作为原告的起诉期限到六个月，这就给原告更多的时间来提起诉讼。

第四，管辖制度的修改。行政诉讼管辖，指法院受理第一审行政案件的职权分工制度，即明确当事人在哪级、哪区、哪个法院提起诉讼。长期以来，由于行政区划与司法管辖区高度重合而容易发生“行政干预”，新法对行政案件的管辖规定修改意义重大。

其一，跨行政区域集中管辖。旧法规定，行政案件一般由被告所在地人民法院管辖。修改后的行诉则对此进行修改规定，经最高人民法院批准，高级人民法院可以根据审判工作的实际情况，确定若干人民法院跨行政区域管辖行政案件。实践中，由于行政案件所在地法院的人、财、物等都在地方管理，这就很难摆脱地方的行政干预与保护。此次修改，可较好的解决有关部门和领导插手案件处理，尽量避免有关“主客场”问题发生。

其二，经复议的行政案件的管辖。根据旧法，行政复议案件，由最初作出行政行为的行政机关所在地人民法院管辖，经复议的案件，如复议决定维持原行政行为的，最初作出行政行为的行政机关为被告，当事人只能向作出最初行政行为的行政机关所在地法院管辖。本次《行政诉讼法》修订的一个重要变化，就是规定对于复议机关决定维持原行政行为的，由作出原行政行为的行政机关和复议机关为共同被告，既可以由最初作出行政行为的行政机关所在地人民法院管辖，也可以由复议机关所在地人民法院管辖。这对法院管辖的行政案件的地域分布会产生较大影响，相对人可根据实际情况，选择对自己有利的法院进行起诉。

新修订后行政诉讼法受到社会普遍关注和高度评价，将对我国今后的行政诉讼实践的发展，产生积极的推进作用。希望在实践办案中，可得到合法适用，顺利解决长期存在的“立案难”“审理难”“执行难”等问题。

第五，建立行政机关首长出庭应诉制度。为了提高行政机关依法行政能力和有效监督行政机关依法行政，总则第三条三款明确规定：被诉行政机关负责人应当出庭应诉。不能出庭的，应当委托行政机关相应的工作人员出庭。将来最高院在出台本法解释时，肯定要对“不能出庭的”情形作出规定，避免行政机关负责人动辄以政务缠身为由规避出庭应诉。

二、行政诉讼法基本原则

根据《行政诉讼法》规定，我国行政诉讼法的基本原则包括以下几个方面。

（一）人民法院独立行使审判权原则。人民法院独立行使审判权，是我国民事、刑事和行政诉讼共有的一项极为重要的原则。这项原则的贯彻实施不仅关系到国家权力的相互制约和监督功能的发挥，而且关系到国家审判机关是否能真正具有权威。特别是行政诉讼的被告是行政主体，如果法院和法官的独立性差，就不可能真正公正地审理和裁判案件。

但如何使法院能够真正独立行使审判权，是我国诉讼制度改革与其他制度改革过程中应进一步加以解决的。

（二）以事实为根据，以法律为准绳原则。人民法院审理各类案件应以事实为根据，以法律为准绳。为保障贯彻这一原则，法院在审理案件的过程中，应在独立审判的前提下，进一步改革证据规则，坚持对证据的质证，坚持直接言词原则，加强对证人的法律保护，同时加强立法机关对法律的解释，提高法官对法律法规内容、立法目的及效力层级的理解和法律适用水平。

（三）合议、回避、公开审判和两审终审原则。行政诉讼实行合议原则，不存在民事诉讼有独任审判的例外。合议可由审判员三人以上单数组成合议庭，也可由审判员和人民陪审员组成合议庭。合议庭应是审判的主体，以少数服从多数方式决定案件的裁判结果。为保证案件的公开审理，行政诉讼同民事、刑事诉讼一样，应当坚持回避原则。当事人认为审判人员、书记员、翻译人员、鉴定人或勘验人与本案有利害关系或有其他关系可能影响公正审判时，有权要求回避。审判人员认为自己与本案有利害关系或有其他关系，应主动申请回避。人民法院审理行政案件，除涉及国家秘密、个人隐私和法律另有规定者外，一律公开进行。公开审判原则适用予法庭调查、法庭辩论和宣判等诉讼的各个阶段。人民法院审理行政案件实行两审终审制。

（四）诉讼当事人法律地位平等原则。当事人在行政诉讼中的法律地位是平等的，当事人有平等的诉讼权利和诉讼义务。但这并不意味着原、被告诉讼权利和义务完全对应。

（五）使用本民族语言文字进行诉讼原则。各民族公民都有使用本民族语言、文字进行行政诉讼的权利。在少数民族聚居或者多民族共同居住的地区，人民法院应当用当地民族通用的语言、文字进行审理和发布法律文书。人民法院应当为不通晓当地民族通用语言、文字的诉讼参与人提供翻译。

（六）辩论原则。在行政诉讼中，当事人有权针对案件事实的有无、证据的真伪，适用法律、法规的正确与否诸方面相互进行辩论。

（七）检察监督原则。根据我国宪法和行政诉讼法的规定，人民检察院有权对行政诉讼实行法律监督。人民检察院对法院已经发生法律效力的判决、裁定，发现违反法律、法规规定的，有权按照审判监督程序提出抗诉。

相较于民事诉讼法、刑事诉讼法，行政诉讼法因为诉讼双方的地位具有特殊性，决定了诉讼过程中，法律明确了以下几个特定原则。

（一）人民法院特定主管原则。人民法院只主管法律规定管辖的那一部分行政案件，它不同于刑事案件、民事案件统归人民法院管辖；法律规定由人民法院主管的行政案件，必须由人民法院管辖。根据这一原则，我国《行政诉讼法》将人民法院主管行政案件的范围规定为：只主管因具体行政行为引起争议的案件，不管辖因抽象行政行为发生争议的案件；只主管行政主体在管理国家事务时与公民、法人和其他组织发生争议的案件，不管辖行政主体在管理内部事务时发生争议的案件和行政主体内部职权争议的案件；按照国际惯例，政府所为的国家行为，如外交、国防事务，都不属于行政诉讼范围，人民法院不能管辖。

（二）具体行政行为合法性审查原则。这一原则包括两项内容，一是行政诉讼中人民法院只审查具体行政行为，而不审查抽象行政行为；二是行政诉讼中人民法院只审查具体行政行为的合法性，而不审查具体行政行为的合理性。行政诉讼中人民法院只审查具体行政行为，而不审查抽象行政行为，这是因为：第一，根据我国宪法和组织法确定的体制，对抽象行政行为的审查权交由权力机关和行政主体系统本身行使，故行政诉讼法只赋予人民法院对具体行政行为的审查监督权。第二，抽象行政行为涉及政策问题，政策问题不宜由法院判断。第三，抽象行政行为涉及不特定的相对方，甚至涉及一个或几个地区乃至全国的公民，其争议不适于通过诉讼途径解决。但是根据“参照规章”的原则规定，人民法院在审理过程中对规章是否要参照适用，拥有审查权。行政诉讼中人民法院只审查具体行政行为的合法性，而不审查具体行政行为的合理性，这是因为以下几个原因。

第一，根据我国宪法，人民法院依法行使审判权，行政主体依法行使行政权。裁定行政行为是否合法的争议属于审判权的范围。确定行政行为在法律范围内如何进行更为适当、更为合理，是行政权的范围。

第二，人民法院长期进行审判活动，对适用法律最有经验，对法律问题最能作出正确评价，而行政主体长期进行行政管理活动，对法律范围内如何实施行政行为能更为适当、更为合理、更为有效，因此，合法性问题应交由人民法院解决，适当性问题应留给行政主体解决。然而，合法性审查原则并不是绝对的，将其确立为一项基本原则与其说是为了排除合理性审查，倒不如说旨在尽可能限制法院对具体行政行为的合理性进行审查和作出裁判的权力。由于《行政诉讼法》第五十四条明确规定了法院对滥用职权的具体行政行为可以判决撤销，对显失公正的行政处罚可以直接判决变更，所以法院在有限的范围内依然可以进行合理性审查，并享有有限的司法变更权。

（三）被告负举证责任原则。被告负举证责任，是指作为行政诉讼被告的行政主体负有提供赖以作出具体行政行为的证据和所依据的规范性文件的责任。由于行政诉讼的客体是具体行政行为，作为被告的行政主体是作出具体行政行为的主体，它最清楚其作出具体行政行为的事实与法律依据；相反，行政相对人不易了解具体行政行为的依据。因此，被告具有较强的举证能力，在行政诉讼中，应当负举证责任。从行政法角度看，行政主体作出具体行政行为应有相应的事实和法律依据，才能有效成立，因此，当该具体行政行为被诉后，行政主体就须证明其行为确实是根据一定的事实和法律作出的符合法律的行为，如果行政主体不能提供证据证明作出具体行政行为的事实和法律依据，就可能因此而败诉，承担具体行政行为被人民法院判决撤销的后果。对于被告提供晦证据，原告有权进行质证，有权提出相关的证据予以反驳。任何证据材料，都应在法庭上出示并经质证，在经过认证后方可作为定案依据。被告负举证责任，既可以促使行政主体依法行政，防止其滥用职权，又可以对行政相对人的合法权益予以保障，使行政相对人不因行政主体滥用权力，自己又无法举证而得不到实际有效的司法保护。

（四）行政诉讼期间行政决定不停止执行原则。在行政诉讼中，当事人争议的具体行政行为不因原告提起诉讼而停止执行，这是由国家行政管理的特殊性决定的。现代国家的行政管理，要求效率性和连续性，如果具体行政行为一经当事人起诉即予停止执行，势必破坏行政管理的效率性和连续性，使法律秩序处于不稳定状态。如果遇到起诉情况较多时，甚至会导致行政管理陷入瘫痪，危害社会和公众的利益。

但是，此原则也存在例外的情况：一是被告认为需要停止执行的。由于作为被告的行政主体对发生争议的案件情况最为了解，在行政管理相对人起诉以后，他们权衡利弊得失认为需要停止具体行政行为执行的。二是人民法院根据原告的申请或依据职权，裁定停止执行。条件是具体行政行为的执行会给原告造成难以弥补的损失，同时停止执行不违背社会公共利益。三是有关法律、法规规定可以停止执行的。例如，治安管理处罚法第一百零七条规定：“被处罚人不服行政拘留处罚决定，申请行政复议、提起行政诉讼的，可以向公安机关提出暂缓执行行政拘留的申请。公安机关认为暂缓执行行政拘留不致发生社会危险的，由被处罚人或者其近亲属提出符合本法第一百零八条规定条件的担保人，或者按每日行政拘留二百元的标准交纳保证金，行政拘留的处罚决定暂缓执行。”

（五）不适用调解原则。不适用调解原则是指人民法院审理行政案件不得采用调解作为审理程序和结案方式。可以用调解方式结案的只限于特定案件，如关于行政赔偿的诉讼。这是因为，调解在于由法院说服双方当事人相互让步，达到谅解而结束案件。这种方式一般不适用于行政诉讼。因为在行政诉讼中，被告不能处分自己的实体权利和义务。在实体法上，行政主体享有的是一种公共权力，行政主体的义务，是为着公共利益必须履行的法定职责，处分这种权力和职责，则意味着违法失职；在涉外诉讼中，则意味着放弃国家主权。调解不同于协调沟通。法院在审理行政案件过程中，为了排除干扰，则应多做协调和沟通工作，以取得最佳审判效果。

三、我国行政诉讼法的受案范围

（一）行政诉讼受案范围概述

行政诉讼受案范围，是指人民法院受理行政案件的范围，即法律规定的法院受理审判一定范围内行政案件的权限。它不仅确定了人民法院对哪些行政行为享有司法审查权，同时也圈定了公民法人或其他组织的哪些权利受到行政主体的侵犯后，可以要求法院依法进行审理的范围。综上两点便能够比较明确清楚地把握行政诉讼受案范围的本质意义。

《行政诉讼法》采用了两种方法规定法院受理行政案件的范围。一是概括式；二是列举式。概括式的表达方式是对行政诉讼受案范围做出的统一的、完整的、原则性的规定方式。列举式的表达方式是具体指明了哪些事项是可以提起行政诉讼的。列举的表达方式又可分为肯定列举和否定列举两种方式。

行政诉讼法界定行政诉讼范围的标准有两项：一是具体行政行为标准；二是人身财产权标准。首先，人民法院只受理对具体行政行为提起的诉讼，对具体行政行为以外的其他行为即抽象行政行为提起诉讼，法院不予受理。其次，人民法院只受理对侵犯公民法人或者其他组织的人身权和财产权行政行为不服提起的诉讼，除非法律法规另有规定，人民法院一般不受理对人身权和财产权以外的其他权益造成侵犯的行政争议。

（二）行政诉讼的受案范围

我国行政诉讼受案范围采用“肯定式列举+否定排除”。行政诉讼法列举了行政机关的 11 项行政行为，但充分保护公民、法人或者其他组织的合法权益，行政诉讼法还采取了概括式的规定，即认为行政机关侵犯其他人身权、财产权等合法权益的，也可以向人民法院提起行政诉讼。

根据行政诉讼法第十二条规定，人民法院受理公民、法人或者其他组织提起的下列诉讼：1. 对行政拘留、暂扣或者吊销许可证和执照、责令停产停业、没收违法所得、没收非法财物、罚款、警告等行政处罚不服的；2. 对限制人身自由或者对财产的查封、扣押、冻结等行政强制措施和行政强制执行不服的；3. 申请行政许可，行政机关拒绝或者在法定期限内不予答复，或者对行政机关作出的有关行政许可的其他决定不服的；4. 对行政机关作出的关于确认土地、矿藏、水流、森林、山岭、草原、荒地、滩涂、海域等自然资源的所有权或者使用权的决定不服的；5. 对征收、征用决定及其补偿决定不服的；6. 申请行政机关履行保护人身权、财产权等合法权益的法定职责，行政机关拒绝履行或者不予答复的；7. 认为行政机关侵犯其经营自主权或者农村土地承包经营权、农村土地经营权的；8. 认为行政机关滥用行政权力排除或者限制竞争的；9. 认为行政机关违法集资、摊派费用或者违法要求履行其他义务的；10. 认为行政机关没有依法支付抚恤金、最低生活保障待遇或者社会保险待遇的；11. 认为行政机关不依法履行、未按照约定履行或者违法变更、解除政府特许经营协议、土地房屋征收补偿协议等协议的；12. 认为行政机关侵犯其他人身权、财产权等合法权益的。

同时，行政诉讼法第十三条列举了四类不属于人民法院行政诉讼的受案范围。

1. 国防、外交等国家行为。国家行为是指国务院、中央军事委员会、国防部、外交部等根据宪法和法律的授权，以国家的名义实施的有关国防和外交事务的行为，以及经宪法和法律授权的国家机关宣布紧急状态等行为。国家行为涉及国家主权和国家与外国的关系，因此，无论是权力机关作出的“决定战争和和平问题”，或者宣布“决定进入战争状态”，以及行政机关、军事机关依宪法和法律授权进行的国防、外交等国家行为，人民法院是无权对其合法性进行审查的。因此行政诉讼法规定，国防、外交等国家行为不属于人民法院行政诉讼的受案范围。

军事机关的行为损害军队以外的公民、法人或者其他组织人身权、财产权的事件还是时有发生的，这些损害往往是军队在演习、训练中发生的，它不是行使行政管理职权的行为。公民、法人或者其他组织对军事机关这类损害其人身权、财产权的行为不能提起行政诉讼。军事机关的这一类行为属于国家补偿的范围，双方当事人应当按照国家对这一类行为规定的补偿的范围、程序进行处理。

2. 行政法规、规章或者行政机关制定、发布的具有普遍约束力的决定、命令。按照宪法和法律的规定，对行政机关抽象行政行为的监督，是行政机关的上级机关和同级人民代表大会及其常务委员会的职权。宪法规定，全国人大常委会有权撤销国务院制定的同宪法、法律相抵触的行政法规、决定和命令。国务院有权改变或者撤销各部、各委员会发布的不适当的命令、指示和规章，改变或者撤销地方各级国家行政机关的不适当的决定和命令。地方各级人民代表大会和地方各级人民政府组织法规定，地方各级人民代表大会及其常委会有权撤销本级人民政府的不适当的决定和命令；县级以上的地方各级人民政府有权改变或者撤销所属各工作部门的不适当的命令、指示和下级人民政府不适当的决定、命令。所以，人民法院是无权撤销和改变行政机关具有普遍约束力的决定、命令等规范性文件的。它只能审查行政机关针对具体人所作的具体的行政行为是否合法。因此，公民、法人或者其他组织对行政机关制定的法规、规章或者其他具有普遍约束力的决定、命令向人民法院提出控告时，人民法院应当告知原告向制定该文件的行政机关的上一级行政机关或者同级人民代表大会常委会提出，由这些有权监督的机关进行审查。

3. 行政机关对行政机关工作人员的奖惩、任免等决定。根据公务员法规定，公务员对涉及本人的奖惩、任免等人事处理不服的，可以自知道该人事处理之日起三十日内向原处理机关申请复核；对复核结果不服的，可以自接到复核决定之日起十五日内，按照规定向同级公务员主管部门或者作出该人事处理的机关的上一级机关提出申诉；也可以不经复核，自知道该人事处理之日起三十日内直接提出申诉。还规定，机关因错误的人事处理对公务员造成名誉损害的，应当赔礼道歉、恢复名誉、消除影响；造成经济损失的，应当依法给予赔偿。

4. 法律规定由行政机关最终裁决的行政行为。我国目前法律规定行政机关有最终裁决权的行政行为主要有以下三点。

（1）行政复议法规定，根据国务院或者省、自治区、直辖市人民政府对行政区划的勘定、调整或者征收土地的决定，省、自治区、直辖市人民政府确认土地、矿藏、水流、森林、山岭、草原、荒地、滩涂、海域等自然资源的所有权或者使用权的行政复议决定为最终裁决。

（2）根据出境入境管理法规定，公安机关出入境管理机构作出的不予办理普通签证延期、换发、补发，不予办理外国人停留居留证件、不予延长居留期限的决定为最终决定。外国人对依照出境入境管理法规定对其实施的继续盘问、拘留审查、限制活动范围、遣送出境措施不服的，可以依法申请行政复议，该行政复议决定为最终决定。外国人违反出境入境管理法规定，情节严重，尚不构成犯罪的，公安部可以处驱逐出境。公安部的处罚决定为最终决定。

（3）集会游行示威法第十三条规定，集会、游行、示威的负责人对主管机关不许可的决定不服的，可以自接到决定通知之日起三日内，向同级人民政府申请复议，人民政府应当自接到申请复议书之日起三日内作出决定。

这里应当注意的一点是，行政诉讼法规定的不受理的情况，仅指“法律”规定由行政机关最终裁决的。这里仅限于法律“法律”，是指全国人民代表大会及其常务委员会依照立法程序制定、通过和颁布的规范性文件。法规或者规章规定行政机关对某些事项可以作“最终裁决”，而公民、法人或者其他组织不服行政机关依据这些法规或者规章作出的“最终裁决”，依法向人民法院提起诉讼的，人民法院应予受理。这是因为诉权是人民的基本权利，行政机关无权限制也无权加以规定。

另外，根据《最高人民法院关于适用〈中华人民共和国行政诉讼法〉的解释》规定，下列行为不属于人民法院行政诉讼的受案范围：（1）公安、国家安全等机关依照刑事诉讼法的明确授权实施的行为；（2）调解行为以及法律规定的仲裁行为；（3）行政指导行为；（4）驳回当事人对行政行为提起申诉的重复处理行为；（5）行政机关作出的不产生外部法律效力的行为；（6）行政机关为作出行政行为而实施的准备、论证、研究、层报、咨询等过程性行为；（7）行政机关根据人民法院的生效裁判、协助执行通知书作出的执行行为，但行政机关扩大执行范围或者采取违法方式实施的除外；（8）上级行政机关基于内部层级监督关系对下级行政机关作出的听取报告、执法检查、督促履责等行为；（9）行政机关针对信访事项作出的登记、受理、交办、转送、复查、复核意见等行为；（10）对公民、法人或者其他组织权利义务不产生实际影响的行为。

四、行政诉讼管辖

行政诉讼管辖是人民法院内部各法院之间受理第一审行政案件的权限和分工，作为一项行政诉讼程序制度，是涉及行政审判的组织体制、公民诉权保护等基本问题的重要诉讼法律制度，是法院之间审理与裁判权限的划分。行政诉讼管辖解决的是公民，法人或者其他组织认为属于法院受案范畴的行政行为侵犯了自己的合法权益时，向哪一级、哪一个法院起诉的问题。

管辖是上下级法院、同级法院之间受理行政案件的权限分工。也就是说，管辖要解决不同审级和同级不同区域法院之间的权限划分问题。管辖不包括第二审及再审案件的分工。我们实行四级两审制，第二审是第一审的继续，确定了第一审案件的管辖，第二审案件的管辖也就相应确定。

（一）确定管辖的重要意义

《行政诉讼法》第三章共 11 个条文规定了我国行政诉讼管辖的内容。对人民法院来讲，它具体明确了各法院之间对行政案件的管辖权，即规定哪一个案件应当由哪一个法院受理与审判，不同法院彼此间对行政案件的审理应如何分工。对公民、法人和其他组织来讲，它解决了向哪一个法院起诉的问题。司法实践中，由于管辖权的确定正确与否，往往与案件公平审判及裁判结果的顺利执行等紧密相关，甚至认为“选准了管辖法院，等于官司赢了一半”。在诉讼法上，违反法律规定中管辖制度的行为，被视为严重违反程序法。

我国《行政诉讼法》第十八条规定：“行政案件由最初作出行政行为的行政机关所在地人民法院管辖。经复议的案件，也可以由复议机关所在地人民法院管辖。”该法条包含三层意思：一是对原行政行为提起的诉讼，由最初作出原行政行为的行政机关所在地法院管辖；二是经复议的案件，如果复议机关维持了原行政行为，则对当事人的权利义务产生影响的还是原行政行为，还是由作出原行政行为的行政机关所在地法院管辖；三是经复议的案件，如果复议机关改变了原行政行为，则对当事人的权利义务产生影响的是新的行政行为，作出新的行政行为的行政机关所在地法院也可以管辖。

从法条可以看出，我国现行行政诉讼法一般管辖原则是以被告所在地为主，也就是通说的“原告就被告”原则。该法条是从《民事诉讼法》中移植而来，其设计之初的目的有四个方面的考虑：1. 遵循便于当事人参加诉讼的原则；2. 便于法院的调查审理；3. 为了保持法院适用的法律规范与行政机关作出行政行为的地方性规范的一致性；4. 促使原告严肃对待自己的诉权，防止司法资源的滥用。

（二）级别管辖

1. 四级法院管辖权分工

一级基层人民法院。根据《行政诉讼法》规定，基层人民法院管辖第一审行政案件。最高人民法院《关于完善四级法院审级职能定位改革试点的实施办法》对一审法院审理的案件作出补充，规定下列以县级、地市级人民政府为被告的第一审行政案件，由基层人民法院管辖：（1）政府信息公开案件；（2）不履行法定职责的案件；（3）行政复议机关不予受理或者程序性驳回复议申请的案件；（4）土地、山林等自然资源权属争议行政裁决案件。

二级中级人民法院。中级人民法院管辖下列第一审行政案件：（1）对国务院部门或者县级以上地方人民政府所作的行政行为提起诉讼的案件；（2）海关处理的案件；（3）本辖区内重大、复杂的案件；（4）其他法律规定由中级人民法院管辖的案件。根据《最高人民法院关于适用〈中华人民共和国行政诉讼法〉的解释》第五条规定，“本辖区内重大、复杂的案件”，包括社会影响重大的共同诉讼案件；涉外或者涉及香港特别行政区、澳门特别行政区、台湾地区的案件；其他重大、复杂案件。

三级高级人民法院。高级人民法院管辖本辖区内重大、复杂的第一审行政案件。

四级最高人民法院。最高人民法院管辖全国范围内重大、复杂的第一审行政案件。

各级人民法院各司其职，基层人民法院重在准确查明事实、实质化解纠纷；中级人民法院重在二审有效终审、精准定分止争；高级人民法院重在再审依法纠错、统一裁判尺度；最高人民法院监督指导全国审判工作、确保法律正确统一适用。

2. 提级管辖

提级管辖，就是对案件提高其管辖的级别。《行政诉讼法》第二十四条规定，上级人民法院有权审理下级人民法院管辖的第一审行政案件。下级人民法院对其管辖的第一审行政案件，认为需要由上级人民法院审理或者指定管辖的，可以报请上级人民法院决定。

一是基层法院报请中级法院审理。《关于完善四级法院审级职能定位改革试点的实施办法》第四条规定，基层人民法院对所管辖的第一审民事、刑事、行政案件，认为属于下列情形之一，需要由中级人民法院审理的，可以报请上一级人民法院审理：(1）涉及重大国家利益、社会公共利益，不宜由基层人民法院审理的；(2）在辖区内属于新类型，且案情疑难复杂的；(3）具有普遍法律适用指导意义的；(4）上一级人民法院或者其辖区内各基层人民法院之间近三年裁判生效的同类案件存在重大法律适用分歧，截至案件审理时仍未解决的；(5）由中级人民法院一审更有利于公正审理的。

中级人民法院对辖区基层人民法院已经受理的第一审民事、刑事、行政案件，认为属于上述情形之一，有必要由本院审理的，应当决定提级管辖。

二是中级人民法院报请高级法院审理。《关于完善四级法院审级职能定位改革试点的实施办法》第五条规定，中级人民法院对所管辖的第一审民事、刑事、行政案件，认为属于下列情形之一，需要由高级人民法院审理的，可以报请上一级人民法院审理：(1）具有普遍法律适用指导意义的；(2）上一级人民法院或者其辖区内各中级人民法院之间近三年裁判生效的同类案件存在重大法律适用分歧，截至案件审理时仍未解决的；(3）由高级人民法院一审更有利于公正审理的。

高级人民法院对辖区中级人民法院已经受理的第一审民事、刑事、行政案件，认为属于上述情形之一，有必要由本院审理的，应当决定提级管辖。

以上“上级法院对于行政案件只能提高案件管辖级别而不能降低管辖级别”的规则，有利于避免通过对行政案件先降级再二审，控制终审结果的现象发生。

3. 复议案件的级别管辖

关于复议案件的级别管辖，《行政诉讼法》第一百三十四条规定复议机关作共同被告的案件，以作出原行政行为的行政机关确定案件的级别管辖。行政复议案件不同于共同被告确定级别管辖法院的“就高不就低”原则，即选择两被告中所对应的级别较高的法院作为管辖法院，而是明确以做出原行政行为的行政机关确定级别法院。

4. 共同被告的级别管辖

一般情况下，行政诉讼都是以被告所在地的基层法院管辖，但存在多个被告且被告的级别不同时，就出现了管辖权的竞合。这种情况采取“就高不就低”的原则以共同被告中级别最高的行政机关确定级别管辖。但当共同被告中层级较高的“国务院部门或者县级以上地方人民政府”在立案后经审查被认为不是适格被告时，则同案中层级较低的行政机关不再由级别高的人民法院管辖。但在案件已经进行了开庭审理且对层级较低的行政机关作出的行政行为进行了一定审查之后，发现较高级行政机关不属于适格被告，受诉人民法院为节省司法资源可以依照《行政诉讼法》第二十四条关于“上级人民法院有权审理下级人民法院管辖的第一审行政案件”的规定，继续对案件进行审理。若受案法院认为存在借机抬高级别管辖的嫌疑或者有正当理由认为自己不宜对案件继续审理，也可以不由自己审理，在裁定驳回针对较高层级的行政机关的起诉之后，将案件移送有管辖权的下级人民法院。

（三）地域管辖

行政诉讼的地域管辖是指同级人民法院之间，按照各自辖区对第一审行政案件审理的分工。地域管辖是在确定级别管辖的基础上，从横向来确定行政案件由哪个法院来受理。

1. 一般地域管辖。一般地域管辖的基本原则是原告就被告，即行政案件由最初作出行政行为的行政机关所在地人民法院管辖。一般地域管辖是确定行政诉讼地域管辖的基本方法，若没有特殊规定，被告所在地的法院即为管辖法院。

2. 特殊地域管辖。一般地域管辖是确定管辖法院的基本原则，但是特殊地域管辖优先于一般地域。若法律明确规定行政案件须由特定的法院进行管辖，那原告就被告的原则就无法适用。与民事诉讼案件不同的是，专门人民法院不审理行政案件，除非经过最高院批准。所以专门法院的专属管辖无法适用于行政诉讼案件。

行政案件的特殊地域管辖主要是不动产案件。《行政诉讼法》第二十条规定了因不动产提起的行政诉讼，由不动产所在地人民法院管辖。《行政诉讼法司法解释》第九条明确了“因不动产提起的行政诉讼”是指因行政行为导致不动产物权变动而提起的诉讼。不动产已登记的，以不动产登记簿记载的所在地为不动产所在地；不动产未登记的，以不动产实际所在地为不动产所在地。因此，并非所有与不动产有关系的案件都由不动产所在地法院管辖，只有因不动产物权变动，即因行政行为直接导致不动产物权设立、变更、转让、消灭等的案件才适用不动产专属管辖。（参考案例见〔2017〕最高法行申 8347 号）

3. 共同管辖。共同管辖是指两个或两个以上的法院对同一行政案件都有管辖权。在这种情况下，原告对管辖法院拥有一定的选择权。

关于共同管辖的行政案件，《行政诉讼法》及其司法解释主要规定了两种共同管辖的情形。一是对限制人身自由的行政强制措施不服提起的诉讼，被告所在地和原告所在地都有管辖权（《行政诉讼法》第十九条）。并且只要行政机关采取了限制人身自由的行政强制措施并且是基于同一事实，即使又采取了其他行政强制措施或者行政处罚，仍然适用被告所在地加原告所在地的共同管辖原则（《行政诉讼法司法解释》第八条第二款）。二是经过复议的案件，最初作出行政行为的行政机关所在地和复议机关所在地法院都有管辖权（《行政诉讼法》第十八条第一款）。

对于共同管辖的案件，原告可以选择任一有管辖权的法院提起诉讼，如果原告向各个有管辖权的法院都提起诉讼的，由最先立案的法院管辖（《行政诉讼法》第二十一条）。

4. 跨行政区域管辖。跨行政区域管辖是对原告就被告的一般地域管辖的突破和创新。在跨行政区域管辖中，被告所在地法院并非唯一管辖法院，原告可以选择跨区域的符合规定的其他任一法院作为管辖法院。确定行政案件跨区域管辖需要经过最高人民法院的批准，由高级人民法院根据审判工作的实际情况确定法院跨区域管辖行政案件（《行政诉讼法》第十八条第二款）。跨行政区域管辖有利于减少地方政府对司法机关独立审判权的干涉，有利于保持司法的独立性和公正性。

5. 行政协议约定管辖。与民事争议中的合同或者其他财产权益纠纷相同，有关行政协议的行政纠纷，当事人也可以书面协议约定选择被告所在地、原告所在地、协议履行地、协议订立地、标的物所在地等与争议有实际联系地点的人民法院管辖，但违反级别管辖和专属管辖的除外（《最高人民法院关于审理行政协议案件若干问题的规定》第七条）。

（四）移送管辖和指定管辖

1. 移送管辖。移送管辖是对管辖错误所采取的一种纠正措施，是指人民法院将不属于自己管辖的案件移送到有管辖权的人民法院。移送管辖主要包括发生在同级法院之间的地域管辖错误，同时也包括发生在上下级法院之间的级别管辖错误。

人民法院发现受理的案件不属于本院管辖的，应当移送有管辖权的人民法院，受移送的人民法院应当受理（《行政诉讼法》第二十二条）。应当注意的是，移送管辖的前提是法院对案件已经受理。如果还未受理在立案阶段即发现案件不属于该院管辖，可以径行裁定不予立案，无移送管辖的适用。

2. 指定管辖。指定管辖是指上级法院以裁定的方式将某一案件交由某一下级法院受理。目的在于防止和解决因管辖不明而发生的争议。

行政诉讼的指定管辖主要存在于以下几种情形。

一是在移送管辖中，受移送的人民法院认为该案件按照规定不属于本院管辖的，应当报请上级人民法院指定管辖，不得再自行移送。

二是有管辖权的人民法院由于特殊原因不能行使管辖权的，由上级人民法院指定管辖。人民法院对管辖权发生争议，由争议双方协商解决。协商不成的，报它们的共同上级人民法院指定管辖。

3. 管辖权异议。人民法院受理行政案件以后，若被告认为受案法院没有管辖权，则可以在法定期限内提出管辖权异议。法院对其管辖权异议审查后认为该法院确实没有管辖权，应将案件移送有管辖权的法院；认为异议不成立的，裁定驳回。与民事诉讼案件不同，《行政诉讼法》及相关法律法规并没有赋予行政案件的被告对于驳回管辖权异议的裁定上诉的权利。

另外，管辖权异议只可以在一审中提出，发回重审、按照第一审程序再审以及二审程序中提出的管辖权异议，法院都不予审查。

五、诉讼参加人

（一）理清当事人、参加人与参与人关系

行政诉讼当事人，是指与本案行政诉讼在法律上有利害关系的人，包括原告、被告和第三人。在行政诉讼中，当事人依法享有广泛的、平等的诉讼权利，同时也承担必要的诉讼义务。

行政诉讼参加人，是指参加本案行政诉讼的当事人以及与当事人诉讼地位相似的诉讼代理人，包括原告、被告、第三人和诉讼代理人四种。

行政诉讼参与人，是指所有参与行政诉讼的人，包括参加人（原告、被告、第三人、诉讼代理人）与其他参与人（证人、鉴定人、翻译人、勘验人等）两类。其中，“参加人”在法律上与本案有利害关系；而“其他参与人”则与本案没有利害关系。当然，“其他参与人”在诉讼中也享有相应的权利并承担相应的义务。

（二）行政诉讼的原告

原告，是指在法律上能够以自己的名义向法院提起行政诉讼的诉讼当事人。行政诉讼的原告资格关系到什么样的人有权提起行政诉讼并启动对行政行为的司法审查。因而，原告资格问题实质上也是诉权问题。行政诉讼法第二条第一款规定：“公民、法人或者其他组织认为行政机关和行政机关工作人员的行政行为侵犯其合法权益，有权依照本法向人民法院提起诉讼。”根据《行政诉讼法》二十五条规定，在行政诉讼中，有原告资格的主体

包括内容如下。

第一，行政行为的相对人以及其他与行政行为有利害关系的公民、法人或者其他组织。将“与行政行为有利害关系”的公民、法人或者其他组织纳入具有“原告资格”的当事人，是为了保证直接相对人以外的公民、法人或者其他组织的诉权，同时为了不使这种诉权的滥用，法律给“利害关系”设定了一个标准。所谓“利害关系”，也就是有可能受到行政行为的不利影响，具体要考虑以下三个要素：1. 是否存在一项权利；2. 该权利是否属于原告的主观权利；3. 该权利是否可能受到了被诉行政行为的侵害。

为了便于司法审判实践运用，《最高人民法院关于适用〈中华人民共和国行政诉讼法〉的解释》对“与行政行为有利害关系”作出明确界定：1. 被诉的行政行为涉及其相邻权或者公平竞争权的；2. 在行政复议等行政程序中被追加为第三人的；3. 要求行政机关依法追究加害人法律责任的；4. 撤销或者变更行政行为涉及其合法权益的；5. 为维护自身合法权益向行政机关投诉，具有处理投诉职责的行政机关作出或者未作出处理的；6. 其他与行政行为有利害关系的情形。

第二，死亡公民的近亲属，包括配偶、父母、子女、兄弟姐妹、祖父母、外祖父母、孙子女、外孙子女和其他具有扶养、赡养关系的亲属。

第三，法人或者其他组织被终止，承受其权利的法人或者其他组织。

第四，提起公益诉讼的人民检察院。人民检察院在履行职责中发现生态环境和资源保护、食品药品安全、国有财产保护、国有土地使用权出让等领域负有监督管理职责的行政机关违法行使职权或者不作为，致使国家利益或者社会公共利益受到侵害的，应当向行政机关提出检察建议，督促其依法履行职责。行政机关不依法履行职责的，人民检察院依法向人民法院提起诉讼。

在司法实践中，把握“利害关系”的程度，不但需要参考法律的明确列举；还需要在领会利害关系的原理基础上，根据案件事实的具体情况灵活运用和准确判断。

（三）行政诉讼的被告

行政诉讼的被告，是指被原告起诉指控侵犯其行政法上的合法权益并与之发生行政争议，而由人民法院通知应诉的行政主体。被告适格是原告启动行政诉讼程序维护自身合法权益的前提条件，须同时具备形式要件和实质要件。

行政诉讼中的被告不仅包含作出行政行为的行政机关，还包括复议机关、受委托而实施行政行为的组织。它确定了在何种情况下，行政机关或受委托的组织可以成为行政诉讼中的适格被告，在不同情况下应以哪一行政机关或受委托的组织为被告。

被告适格有两个层面的含义。第一层含义是形式上适格。《行政诉讼法》第四十九条第二项规定“有明确的被告”，所谓“有明确的被告”，是指起诉状指向了具体的、特定的被诉行政机关。但“明确”不代表“正确”，因此被告适格的第二层含义则是实质性适格，即《行政诉讼法》第二十六条第一款规定的“公民、法人或者其他组织直接向人民法院提起诉讼的，作出行政行为的行政机关是被告”。根据《行政诉讼法》第四十九条第三项，提起诉讼应当“有具体的诉讼请求和事实根据”，这里的“事实根据”包括被告“作出行政行为”的相关事实根据，具体是指被诉的行政机关作出了被诉的行政行为。

根据现行《行政诉讼法》规定，可以作为被告的主体包括如下内容。

1. 作出行政行为的行政机关

根据《行政诉讼法》第二十六条第一款的规定，公民、法人或者其他组织直接向人民法院提起诉讼的，作出行政行为的行政机关是被告。这里的“行政机关”，包括省级以下各级政府及依法行使行政管理职能的各级行政部门。

2. 行政复议机关

根据《行政诉讼法》第二十六条第二款、第三款的规定，可分为以下情形：（1）经复议的案件，复议机关决定维持原行政行为的，作出原行政行为的行政机关和复议机关是共同被告；（2）经复议的案件，复议机关改变原行政行为的，复议机关是被告；（3）复议机关在法定期限内未作出复议决定，公民、法人或者其他组织起诉原行政行为的，作出原行政行为的行政机关是被告；（4）复议机关在法定期限内未作出复议决定，公民、法人或者其他组织起诉起诉复议机关不作为的，复议机关是被告。

3. 法律、法规、规章授权的组织

根据《行政诉讼法》第二条第一款的规定，公民、法人或者其他组织认为行政机关和行政机关工作人员的行政行为侵犯其合法权益，有权依照本法向人民法院提起行政诉讼。同时，该条第二款规定，前款所称行政行为，包括法律、法规、规章授权的组织作出的行政行为。

可见，在一定条件下，法律、法规、规章授权的组织也可以成为《行政诉讼法》所规定的被告。结合《最高人民法院关于适用〈中华人民共和国行政诉讼法〉的解释》（以下简称《适用解释》），这些“组织”包括：

（1）村委会和居委会。根据《适用解释》第二十四条第一款的规定，当事人对村民委员会或者居民委员会依据法律、法规、规章的授权履行行政管理职责的行为不服提起诉讼的，以村民委员会或者居民委员会为被告。

也就是说，村委会或居委会在具有法律、法规、规章授权时，可以履行行政管理职责。在此情形下，也可以成为行政诉讼的适格被告。

（2）事业单位和行业协会。一般而言，事业单位是没有行政管理职能的。但是，在法律、法规、规章授权的前提下，则要视情况对待。

根据《适用解释》第二十四条第三款的规定，当事人对高等学校等事业单位以及律师协会、注册会计师协会等行业协会依据法律、法规、规章的授权实施的行政行为不服提起诉讼的，就要以该事业单位、行业协会为被告。

4. 法律、法规、规章授权的内设机构或派出机构

根据《适用解释》第二十条的规定，法律、法规或者规章授权行使行政职权的行政机关内设机构、派出机构或者其他组织，超出法定授权范围实施行政行为，当事人不服提起诉讼的，应当以实施该行为的机构或者组织为被告。

因此，法律、法规、规章授权行使行政职权的行政机关内设机构、派出机构也可以成为适格被告。

5. 省级以上政府批准设立的开发区管理机构及所属职能部门

根据《适用解释》第二十一条的规定，当事人对由国务院、省级人民政府批准设立的开发区管理机构作出的行政行为不服提起诉讼的，以该开发区管理机构为被告；对由国务院、省级人民政府批准设立的开发区管理机构所属职能部门作出的行政行为不服提起诉讼的，以其职能部门为被告。可见，对于省级以上政府批准设立的开发区管理机构及所属职能部门，在履行行政管理职能时，可以成为适格被告。

6. 房屋征收部门

《国有土地上房屋征收与补偿条例》第 4 条规定，市、县级人民政府负责本行政区域的房屋征收与补偿工作，并由房屋征收部门具体组织实施。

根据《适用解释》第二十五条的规定，市、县级人民政府确定的房屋征收部门组织实施房屋征收与补偿工作过程中作出行政行为，被征收人不服提起诉讼的，以房屋征收部门为被告。同时，征收实施单位受房屋征收部门委托，在委托范围内从事的行为，被征收人不服提起诉讼的，也应当以房屋征收部门为被告。

这就明确了，房屋征收部门是组织实施国有土地上房屋征收与补偿工作的主体。对该部门或者由其委托的征收实施单位作出的行政行为不服，都应当将房屋征收部门作为被告。

（四）行政诉讼被告适格的特殊情形

1. 行政机关被撤销或者职权变更后的适格被告

《行政诉讼法》第二十六条第六款规定，行政机关被撤销或者职权变更的，继续行使

其职权的行政机关是被告。对于没有继受机关的情况，《适用解释》第二十三条规定："行政机关被撤销或者职权变更，没有继续行使其职权的行政机关的，以其所属的人民政府为被告；实行垂直领导的，以垂直领导的上一级行政机关为被告。"

2. 被告资格的推定

《适用解释》第二十五条规定，市、县级人民政府确定的房屋征收部门组织实施房屋征收与补偿工作过程中作出行政行为，被征收人不服提起诉讼的，以房屋征收部门为被告。征收实施单位受房屋征收部门委托，在委托范围内从事的行为，被征收人不服提起诉讼的，应当以房屋征收部门为被告。

在强制拆除房屋案件中，原告需对适格被告承担初步证明责任，即需要证明具体行政机关已经作出征收决定或者作出违法建筑确认决定等前续行政行为。现实中，原告若因客观原因无法举证证明具体组织实施强制拆除机关的，为保证原告的诉权，原则上推定该作出征收决定或者违法建筑确认决定的行政机关是强制拆除机关，除非作出决定机关有证据证明强制拆除行为确属其他相关部门或者组织所为［参见〔2015〕行监字第70号案］。

房屋所有权人既无法举证作出征收或强拆决定的行政机关，也无法确定强制拆除主体且无行政机关主动承担责任时，当事人以市、县、乡级人民政府为被告提起诉讼，人民法院应予立案。

3. 根据起诉人的选择确定被告

《行政诉讼法》第二十六条第三款规定，"复议机关在法定期限内未作出复议决定，公民、法人或者其他组织起诉原行政行为的，作出原行政行为的行政机关是被告；起诉复议机关不作为的，复议机关是被告。"此处的"复议机关不作为"应理解为既包括受理之后逾期不作复议决定，也包括对复议申请不予受理。且不予受理既包括书面决定不予受理的积极不作为，也包括对是否受理怠为处分的消极不作为［参见〔2018〕最高法行申9429号案］。

4. 县级以上地方人民政府行政诉讼被告资格

2021年4月1日起施行的《最高人民法院关于正确确定县级以上地方人民政府行政诉讼被告资格若干问题的规定》（以下称"规定"）对县级以上地方人民政府的行政诉讼被告资格问题进行了说明。

（1）法律、法规、规章规定属于县级以上地方人民政府职能部门的行政职权，县级以上地方人民政府对其职能部门进行指导，公民、法人或者其他组织不服指导行为提起诉讼的，具体实施行政行为的职能部门为被告。

（2）县级以上地方人民政府根据城乡规划法的规定，责成有关职能部门对违法建筑实施强制拆除、集体土地征收中强制拆除房屋以及国有土地上房屋征收与补偿决定中，公民、法人或者其他组织不服强制拆除行为提起诉讼，作出强制拆除决定的行政机关为被告；没有强制拆除决定书的，以具体实施强制拆除行为的职能部门为被告。

（3）公民、法人或者其他组织向县级以上地方人民政府申请履行法定职责或者给付义务，法律、法规、规章规定该职责或者义务属于下级人民政府或者相应职能部门的行政职权，县级以上地方人民政府已经转送下级人民政府或者相应职能部门处理并告知申请人，申请人起诉要求履行法定职责或者给付义务的，以下级人民政府或者相应职能部门为被告。

（五）被告不适格

1. 被告不适格的情形

（1）形式上不适格。形式上不适格表现为被告不具体、不明确或者不满足《行政诉讼法》第二十六条和《适用解释》第十九条至第二十五条关于适格被告的各条规定。

以最高院的判决为例进行分析：当事人起诉认为行政机关不履行法定监管职责的，应当以直接行使该监管职权的行政机关为被告。在〔2016〕最高法行申 1747 号案中，法院认为根据《银行业监督管理法》第八条和《商业银行理财产品销售管理办法》第四条的规定，银监会的派出机构具有对理财产品销售活动实施监督管理的法定职责。地方银监局作为独立的事业法人，根据法律的授权依法具有监管的法定职责，能独立承担法律责任。当事人错列银监会为被告经释明后仍拒绝变更为地方银监局的，人民法院可裁定不予立案或驳回起诉。该案的判决依据即为《适用解释》第二十条第二款。

（2）实质性不适格。实质性不适格是指起诉人或者原告没有证据证明被诉的行政行为是被诉的行政机关作出的。

在〔2016〕最高法行申 2907 号案中，最高院认为，再审申请人以庆云县政府为被告提起诉讼，要求确认庆云县政府行政强制行为违法并请求行政赔偿，由于“有明确的被告”，原告也提供了初步的事实证据，原审法院认定再审申请人提起本案诉讼符合法定条件并予以受理，不仅较好地保护了原告的诉权，也提供了通过言词审理进一步查清案件事实的机会。经过开庭审理之后，原审法院认为再审申请人所提供的证据和证人证言并不足以证明庆云县政府实质性适格，亦不足以证明被诉行政强制行为系由庆云县政府实施。原审法院判决驳回其诉讼请求符合法律规定。

2. 被告不适格的后果

（1）形式和实质不适格的后果。形式上适格属于法定起诉条件的范畴，不符合条件的，应当裁定不予立案或者在立案后裁定驳回起诉。根据《适用解释》第二十六条第一款的规定，原告所起诉的被告不适格，人民法院应当告知原告变更被告；原告不同意变更的，裁定驳回起诉。根据上述规定，对于起诉状中载明的被告是否属于适格被告，人民法院一方面有依职权查明的义务；另一方面即使不适格，人民法院也应当予以释明，而非直接以被告不适格为由直接裁定驳回起诉。实质性适格问题相对复杂，通常需要通过实体审理查明，如果审查认为不构成实质性适格，则判决驳回原告的诉讼请求。但是也不排除在特别明显地不具备实质性适格的情况下，在进入实体审理之前即以起诉不符合法定条件为由裁定驳回起诉。

（2）应当追加被告不追加的后果。根据《最高人民法院第一巡回法庭关于行政审判法律适用若干问题的会议纪要》的解释，应当追加被告，主要是指几个行政机关共同作出同一被诉行政行为，原告仅起诉其中一个或几个行政机关，未对全部参与作出被诉行政行为的行政机关提起诉讼的情形。《适用解释》第二十六条第二款规定了应当追加被告而原告不同意追加的，人民法院应当通知其以第三人的身份参加诉讼，但行政复议机关作共同被告的除外。在行政复议机关作共同被告的情况下，根据《适用解释》第一百三十四条第一款和上述会议纪要，原告仅仅起诉复议机关或作出原行政行为的机关，人民法院应当追加未被起诉的一方为共同被告，不得通知该行政机关以第三人身份参加诉讼。

（六）行政诉讼第三人

《行政诉讼法》第 29 条规定：“公民、法人或者其他组织同被诉行政行为有利害关系但没有提起诉讼，或者同案件处理结果有利害关系的，可以作为第三人申请参加诉讼，或者由人民法院通知参加诉讼。人民法院判决第三人承担义务或者减损第三人权益的，第三人有权依法提起上诉。”根据本条规定，行政诉讼第三人，是指与被诉行政行为有利害关系或者与案件处理结果有利害关系，依申请或者由法院通知参加诉讼的其他公民、法人或者其他组织。

1. 何谓“与被诉行政行为有利害关系”

《行诉适用解释》第 12 条、第 13 条对“与被诉行政行为有利害关系”进行了列举。根据《行诉适用解释》第 12 条的规定，有下列情形之一，属于“与被诉行政行为有利害关系”：（1）被诉的行政行为涉及其相邻权或者公平竞争权；（2）在行政复议等行政程序中被追加为第三人；（3）要求行政机关依法追究加害人法律责任；（4）撤销或者变更行政行为涉及其合法权益；（5）为维护自身合法权益向行政机关投诉，具有处理投诉职责的行政机关作出或者未作出处理；（6）其他与行政行为有利害关系的情形。

行政诉讼第三人与被诉行政行为有利害关系的情形，具体可分为以下三种。

（1）被诉行政行为有两个以上行政相对人，原告以外的行政相对人，是与被诉行政行为有利害关系的第三人。

（2）被诉行政行为影响到原告与他人之间特定的民事法律关系，该他人是与被诉行政行为有利害关系的第三人。

（3）被诉行政行为涉及原告与其他行政机关之间的特定行政法律关系，该其他行政机关是与被诉行政行为有利害关系的第三人。

2. 何谓“与案件处理结果有利害关系”

“与案件处理结果有利害关系”，是指虽然与被诉行政行为没有利害关系，但与原被告之间行政诉讼的处理结果有利害关系。这种情况下的第三人，一般包括以下两类。

一类是特定情况下的行政机关。比如，规划部门批准了甲的建房申请，但甲的房屋被水利部门以违章建筑强制拆除，甲对水利部门的拆除决定不服，起诉至人民法院。如果人民法院判决水利部门的拆除决定合法，那么甲就会向规划部门提出赔偿建房损失的要求。为此，规划部门可以作为第三人参加诉讼。理论上将此种情况下的第三人概括为“两个或两个以上的行政主体基于同一事实、针对同一对象作出了相互关联或相互矛盾的行政行为”。

另一类是特定情况下的与行政相对人有某种民事法律关系的第三人。我们举两个案例加以说明。案例一，甲因传播淫秽录像受到公安机关没收录像机的处罚，但录像机却是甲从乙处偷盗而来。甲向人民法院起诉，此时乙虽与被诉行政行为无关，但却与该案的处理结果有关。案例二，甲将土地使用权抵押给乙，后土地部门将甲的土地征收。甲不服提起行政诉讼，乙虽与土地部门的征收行政行为无关，但却与该案的处理结果有利害关系。上述两种情况涉及两个法律关系，一个是行政法律关系；另一个是民事法律关系。原则上，上述两例中的乙，应当对与其有民事关系的人提起民事诉讼，但是，如果案例一中，甲向行政机关已经告知录相机是从乙处偷盗而来，而行政机关不予理睬，也不告知乙；案例二中，土地部门已经知悉该幅土地上存有乙的抵押权却依然将土地补偿款支付到甲的账户，那么两案中的乙，均与行政诉讼的结果有法律上的利害关系。是故，《行诉适用解释》第13条规定：“债权人以行政机关对债务人所作的行政行为损害债权实现为由提起行政诉讼的，人民法院应当告知其就民事争议提起民事诉讼，但行政机关作出行政行为时依法应予保护或者应予考虑的除外。”

3. 第三人参加诉讼的方式与诉讼权利

第三人有权参加诉讼；在其权利遭到损害时，还有其他的补救权利。

（1）行政机关的同一行政行为涉及两个以上利害关系人，其中，一部分利害关系人对行政行为不服提起诉讼，人民法院应当通知没有起诉的其他利害关系人作为第三人参加诉讼。

（2）与行政案件处理结果有利害关系的第三人，可以申请参加诉讼，或者由人民法院通知其参加诉讼。

（3）被人民法院判决承担义务或者减损权益的第三人，有权提出上诉或者申请再审。

（4）第三人因不能归责于本人的事由未参加诉讼，但有证据证明发生法律效力的判决、裁定、调解书损害其合法权益，可以依照《行政诉讼法》第 90 条的规定，自知道或者应当知道其合法权益受到损害之日起 6 个月内，向上一级人民法院申请再审。

（七）行政诉讼第三人的理论分类与类型

1. 行政诉讼第三人的理论分类

总体上看，行政诉讼第三人可以分为原告型第三人、被告型第三人和证人型第三人。

（1）原告型第三人，是指享有诉权的公民、法人或其他组织没有在法定期限内起诉，而是参加到他人提起的行政诉讼之中的第三人。

（2）被告型第三人，是指应当作为被告参加诉讼，但因原告不指控，而被法院作为第三人通知参加诉讼的行政机关。

（3）证人型第三人，是指在案件审理过程中，主要作用是协助法院查明案件事实的第三人。

2. 行政诉讼第三人的主要类型

从《行政诉讼法》《行诉适用解释》以及审判实践和学理通说来看，行政诉讼第三人主要有以下几种类型。

（1）行政处罚案件中的被处罚人、被侵害人、未提起诉讼的共同被处罚人，均可作为第三人参加诉讼。同原告受处罚的行为有批准关系的另一行政机关可以作为第三人参加诉讼。

（2）确权行政案件中主张权利的人，可以作为第三人参加诉讼。

（3）因行政机关的损害赔偿决定而引起的行政案件中的加害人与被害人，均可以作为第三人参加诉讼。

（4）行政机关和非行政机关共同署名作出处理决定的案件中，非行政机关可以作为第三人参加诉讼。

（5）在征用土地或房屋拆迁行政案件中，建设单位可以作为第三人参加诉讼。

（6）房产登记行政案件中的第三人，等等。

（八）诉讼代理人

行政诉讼代理人，是指以当事人的名义在代理权限范围内为当事人进行行政诉讼活动的人，诉讼代理人的诉讼法律后果由当事人承受。

1. 行政诉讼代理人的种类

按照代理权限产生的根据不同，行政诉讼的代理人可以分为法定代理人和委托代理人。

（1）法定代理人。《行政诉讼法》第30条规定："没有诉讼行为能力的公民，由其法定代理人代为诉讼。法定代理人互相推诿代理责任的，由人民法院指定其中一人代为诉讼。"即没有诉讼行为能力的公民，其法定代理人就是法定诉讼代理人；如果法定代理人有两人以上且相互推诿，则由法院指定。需要注意的是，人民法院的这种指定代理不是诉讼代理制度中的"指定代理"，被指定的人仍然是法定代理人，而不是指定代理人。

（2）委托代理人。委托代理人，是指接受当事人、法定代理人的委托，代理当事人、法定代理人从事诉讼活动的人。

2. 行政诉讼代理人的权利义务

根据《行政诉讼法》第32条的规定，代理诉讼的律师有权按照规定查阅、复制本案有关材料；有权向有关组织和公民调查，收集与本案有关的证据。但对涉及国家秘密、商业秘密和个人隐私的材料，应当依照法律规定保密。

当事人和其他诉讼代理人有权按照规定查阅、复制本案庭审材料，但涉及国家秘密、商业秘密和个人隐私的内容除外。

3. 法定代理人

法定代理人，是指根据法律的规定，代替无诉讼能力的公民进行诉讼活动的人。行政诉讼上的法定代理，是为无诉讼能力的当事人设立的一种代理制度。行政诉讼中的法定代理人具有以下特征。

（1）代理权的产生和代理权限的范围必须是基于法律的明确规定。

（2）法定代理人所代理的被代理人，是没有诉讼行为能力的自然人。

（3）法定代理是一种权利。

4. 委托代理人

委托代理人，是指受当事人或法定代理人的委托而代为进行诉讼行为的人。根据《行政诉讼法》第31条的规定，当事人、法定代理人，可以委托一至二人作为诉讼代理人。

下列人员可以被委托为诉讼代理人。

（1）律师、基层法律服务工作者。

（2）当事人的近亲属或者工作人员。这里的“当事人的近亲属”，根据《行诉适用解释》第14条的规定，包括配偶、父母、子女、兄弟姐妹、祖父母、外祖父母、孙子女、外孙子女和其他具有扶养、赡养关系的亲属。另外，如果公民因被限制人身自由而不能提起诉讼，其近亲属可以依其口头或者书面委托以该公民的名义提起诉讼。近亲属起诉时无法与被限制人身自由的公民取得联系，近亲属可以先行起诉，并在诉讼中补充提交委托证明。如果被诉行政机关或者其他有义务协助的机关拒绝人民法院向被限制人身自由的公民核实，视为委托成立。

关于“当事人的工作人员”，《行诉适用解释》第32条规定：“依照行政诉讼法第三十一条第二款第二项规定，与当事人有合法劳动人事关系的职工，可以当事人工作人员的名义作为诉讼代理人。以当事人的工作人员身份参加诉讼活动，应当提交以下证据之一加以证明：①缴纳社会保险记录凭证；②领取工资凭证；③其他能够证明其为当事人工作人员身份的证据。”

（3）当事人所在社区、单位以及有关社会团体推荐的公民。《行政适用解释》第33条规定：“根据行政诉讼法第三十一条第二款第三项规定，有关社会团体推荐公民担任诉讼代理人的，应当符合下列条件：①社会团体属于依法登记设立或者依法免予登记设立的非营利性法人组织；②被代理人属于该社会团体的成员，或者当事人一方住所地位于该社会团体的活动地域；③代理事务属于该社会团体章程载明的业务范围；④被推荐的公民是该社会团体的负责人或者与该社会团体有合法劳动人事关系的工作人员。专利代理人经中华全国专利代理人协会推荐，可以在专利行政案件中担任诉讼代理人。”

当事人委托诉讼代理人，应当向人民法院提交由委托人签名或者盖章的授权委托书。委托书应当载明委托事项和具体权限。公民在特殊情况下无法书面委托，也可以由他人代书，并由自己捺印等方式确认，人民法院应当核实并记录在卷。当事人解除或者变更委托，应当书面报告人民法院。

六、行政诉讼证据

我国行政诉讼证据制度主要来源于《行政诉讼法》《最高人民法院关于执行〈行政诉讼法〉若干问题的解释》及《行政诉讼证据若干问题的规定》等法律、司法解释中。除现仍适用的《最高人民法院关于行政诉讼证据若干问题的规定》外，修改后的《中华人民共和国行政诉讼法》第五章中，从第三十三条至第四十三条对证据类型、举证责任、证据收集、证据调取、质证等方面作出规定；《最高人民法院关于适用〈中华人民共和国行政诉讼法〉的解释》第（四）项中，从第34条至第47条也对证据作出明确解释，在一定程度上完善了行政诉讼证据的运用规则。

（一）证据特性

证据是诉讼活动的核心。行政诉讼的证据有以下四个方面的特性。

一是证据来源具有特定性。行政诉讼中的证据原则上来源于行政执法过程，行政案件发生中产生。没有法庭的特许，一般不允许再行取证。这是由行政法的基本原则——依法行政所决定，行政案件是在行政证据的基础上产生的。

二是证明对象具有特定性。行政诉讼的证明对象是具体行政行为的合法性，合法性是讼争的焦点，行政行为的合法性争议是行政诉讼的实质。

三是证明主体的特定性。行政诉讼是围绕争议的焦点来确定行政机关，由作出具体行政行为的行政机关来承担举证责任，证明的主体是特定的，只能是行政机关或者法律法规授权的组织。

四是证明要求的特定性。证明要求又称证明标准程度。行政诉讼中证明标准要求被告提供的证据能证明其已经作出的具体行政行为合法有效。

（二）证据类型

根据《行政诉讼法》第三十三条规定，证据包括如下内容。

1. 书证。书证是记载或表达人们思想或行为，以其内容或含义证明案件事实的文字、符号、图画等材料。原则上应提供书证的原件，提供原件确有困难时可以提供与原件核对无误的复印件、照片、节录本。提供由有关部门保管的书证原件的复制件、影印件或者抄录件的，应当注明出处，经该部门核对无异后加盖其印章。当事人提供报表、图纸、会计账册、专业技术资料、科技文献等技术性书证的，应当附有说明材料。被告提供的被诉具体行政行为所依据的询问、陈述、谈话类笔录，应当有行政执法人员、被询问人、陈述人、谈话人签名或者盖章。

2. 物证。物证是指以物品的外形、质量、特征来证明案件事实的物品和痕迹，如走私物品、查禁物品等。原则上应当提供原物，在提供原物确有困难时，可以提供与原物核对无误的复制件或者证明该物证的照片、录像等其他证据。

3. 视听资料。视听资料是指运用录音、录像等科学技术手段记录下来的与案件相关的事实和材料。当事人应向法院提供有关资料的原始载体，在提供原始载体确有困难时，可以提供复制件。当事人应注明制作方法、制作时间、制作人和证明对象等。声音资料应当附有该声音内容的文字记录。

4. 电子数据。电子数据是指基于计算机应用、通信和现代管理技术等电子化技术手段形成的包括文字、图形符号、数字、字母等的客观资料。电子数据是电子信息化产业高速发展的产物，载体是计算机和互联网，它综合了文字、图形、图像、动画、音频、视频等多种多媒体信息，几乎涵盖了所有传统证据的类型。电子数据形式多样，如电子邮件、手机短信、电子签名、网上聊天记录、网络访问记录等。电子数据本身有易受损性，其存储的内容容易被删除、修改、复制。

5. 证人证言。证人证言是指了解案件有关情况的非本案诉讼相对人对待证案件事实的陈述。由于我国法律规范并没有排除传闻证据，所以证人包括直接或间接了解案件情况的人，证人既可以陈述目睹的事实，也可转述耳闻的事实。证人证言应写明证人的姓名、年龄、性别、职业、住址等基本情况。附有居民身份证复印件等证明证人身份的文件。应当有证人的签名，不能签名的应当以盖章的方式证明。注明出具证言的日期。证人因履行出庭作证义务而支持的交通、住宿、就餐等必要费用以及误工损失，由败诉一方当事人承担。

6. 当事人的陈述。当事人的陈述是指相对人在诉讼中向人民法院所作的案件待证事实的陈述。可能存在一定的片面性和虚假性，法院要认真审查判断。

7. 鉴定意见。鉴定意见是指人民法院指定具有专门知识的人员运用专业技术对案件事实中需要解决的专门性问题进行鉴定后所作出的结论。鉴定意见应载明委托人和委托鉴定的事项。鉴定部门和鉴定人鉴定资格的说明，并应有鉴定人的签名和鉴定部门的盖章。鉴定部门鉴定的依据和使用的科学技术手段，通过分析获得的鉴定意见，应当说明分析过程。

8. 勘验笔录、现场笔录。勘验笔录是指人民法院将双方争议的现场或物品进行勘查检验、测量、绘图、拍照，并将情况和结果如实记录下来而制作的笔录。勘验现场时，勘验人必须出示证件。勘验现场时绘制的现场图，应当注明绘制的时间、方位、绘制人姓名和身份等内容。当事人或其成年亲属应当到场，拒不到场的，不影响勘验的进行，但应在勘验笔录中说明情况。邀请当地基层组织或者当事人所在单位派人参加。审判人员应当制作勘验笔录，记载勘验时间、地点、勘验人、在场人、勘验的经过和结果，由勘验人、当事人、在场人签名。

现场笔录是指行政机关对违反行政管理法律规范行为当场处罚或者其他情况当场处理

而制作的文字记载材料。现场笔录是一种动态证据，通常在事后难以取证或证据难以保全的情况下使用。现场笔录侧重于对执法过程和处理结果的记录，制作者为行政机关，制作时间为行政程序中。现场笔录应当现场制作，不能事后补作，载明时间、地点和事件。应当由执法人员和当事人签名。当事人拒绝签名或不能签名的，应当注明原因。其他人在现场的可由其他人签名。

（三）证明标准

1. 证明标准又称证明度，即相对人就其主张证明到何种程度才能使法院确信案件事实真实存在。法庭应当对经过庭审质证的证据和无须质证的证据进行逐一审查和对全部证据综合审查，遵循法官职业道德，运用逻辑推理和生活经验，进行全面、客观和公正地分析判断，确定证据材料与案件事实之间的证明关系，排除不具有关联性的证据材料，准确认定案件事实。

（1）合法性。法庭应当根据案件的具体情况，从以下几方面审查证据的合法性：①证据是否符合法定形式；②证据的取得是否符合法律、法规、司法解释和规章的要求；③是否有影响证据效力的其他违法情形。

（2）真实性。法庭应当根据案件的具体情况，从以下几方面审查证据的真实性：①证据形成的原因；②发现证据时的客观环境；③证据是否为原件、原物，复制件、复制品与原件、原物是否相符；④提供证据的人或者证人与当事人是否具有利害关系；⑤影响证据真实性的其他因素。

2. 法律关于行政机关被诉的行政行为的合法性举证应当达到的证明标准没有明确规定，但是也不是没有规定。结合《行政诉讼法》第七十条的判决撤销被诉行政行为的法定情形的第（一）项即“证据不足”，第六十九条规定的“行政行为证据确凿”的规定可以看出，被诉行政机关对被诉行政行为的合法性举证的证明标准是有要求的，这个要求就是“证据确凿”只是行政诉讼法及相关司法解释的规定未像刑事诉讼法、民事诉讼法及相关司法解释把该问题予以明确。

这个所谓的“确凿”如何界定？从字面意思来看，确凿即确实、真实，是主观性判断，需要裁判者予以解释和价值衡量。司法实践中，一般根据行政案件类型多样的实际作出划分。

（1）优势证明标准，民事诉讼一般采取此证明标准，它是指如果全案证据显示某一待证事实存在的可能性明显大于其不存在的可能性，使法官有理由相信它很可能存在，尽管还不能完全排除存在相反的可能性，也应当允许法官根据优势证据认定这一事实。在行政诉讼中，优势证明标准主要适用以下几种情况：①行政机关作为中立机关对平等主体之间的民事纠纷作出裁决而引起的行政诉讼案件；②在行政诉讼案件中，对原告承担说服举证责任的事实部分；③诉即时性行政处罚、行政强制措施等行政行为的案件。

（2）排除合理怀疑的证明标准，是刑事诉讼中采取的证明标准，它是指公诉人将一个普通的理性人凭借日常生活经验对被告人的犯罪事实明智而审慎地产生的怀疑予以排除，法庭才能予以认定。在行政诉讼中，排除合理怀疑的证明标准适用于以下三类案件：①公安机关作出的限制人身自由的行政拘留决定案件和具有惩罚性的限制人身自由的强制措施案件；②行政机关作出的停产停业和吊销证照的决定案件；③被诉行政行为对公共安全或公共利益有重大影响的案件。

（3）明显优势证明标准，是介于优势证明标准与排除合理怀疑之间的一种证明标准，是行政诉讼中一般应当采取的证明标准，它是指在行政诉讼中，法庭按照证明效力具有明显优势的一方当事人提供的证据认定案件事实的证明标准。适用明显优势证明标准应当符合以下两项条件：一是要将双方当事人提供的证据进行比较，一方当事人提供的证据具有较大的优势；二是该优势足以使法官确信其主张的案件事实真实存在，或者更具有真实存在的可能性，允许一定的合理怀疑存在。

（四）非法证据排除

根据《最高人民法院关于行政诉讼证据若干问题的规定》第五十八条规定，以违反法律禁止性规定或者侵犯他人合法权益的方法取得的证据，不能作为认定案件事实的依据。从这条规定可以看出，行政诉讼非法证据的判断标准有两个：一是违反法律禁止性规定；二是采用侵犯他人合法权益的方法取得证据。这两个标准在逻辑关系上属于选择关系，而非并列关系。也就是说，只要具备其中一项就构成违法证据，应被排除。具体情形包括：1. 严重违反法定程序收集的证据材料；2. 以偷拍、偷录、窃听等手段获取侵害他人合法权益的证据材料；3. 以利诱、欺诈、胁迫、暴力等不正当手段获取的证据材料；4. 当事人无正当事由超出举证期限提供的证据材料；5. 在中华人民共和国领域以外或者在中华人民共和国香港特别行政区、澳门特别行政区和台湾地区形成的未办理法定证明手续的证据材料；6. 当事人无正当理由拒不提供原件、原物，又无其他证据印证，且对方当事人不予认可的证据的复制件或者复制品；7. 被当事人或者他人进行技术处理而无法辨明真伪的证据材料；8. 不能正确表达意志的证人提供的证言；9. 不具备合法性和真实性的其他证据材料。

（五）举证责任分配

举证责任分配是指法律按照一定的标准，规定应当由哪一方当事人对诉讼中的相关事实提供证据加以证明，否则将承担败诉的不利后果的问题。

1. 举证责任。在我国，行政诉讼法确立了被告行政机关在行政诉讼中承担主要举证责任的基本原则，这使行政诉讼举证责任的分配明显区别于民事诉讼举证责任“谁主张，谁举证”的分配。

（1）被告对作出的行政行为的合法性负有举证责任，应当提供作出该行政行为的证据和所依据的规范性文件。

（2）行政机关作出所有的行政行为，必须“先取证，后裁决”，奉行“证据在先”原则。即被告或其代理人在作出行政行为以后自行收集到的证据，法院一律不予采信。

（3）被告不提供或者无正当理由逾期提供证据，原则上应视为没有证据，将承担败诉的不利后果。但是被诉行为涉及第三人合法权益，与被诉行政行为有利害关系的第三人可以向法院提供。第三人对无法提供的证据可以申请法院调取。法院在当事人无争议、但涉及国家利益、公共利益或者他人合法权益的情况下，也可以依职权调取证据。如果第三人证据或法院调取的证据能够证明行政行为合法的，法院应当判决驳回原告的诉讼请求。

行政诉讼确立被告对被诉行政行为合法性负担举证责任的原则主要基于以下原因：（1）由被告负担举证责任，是被告行政机关在行政程序中必须遵循“先取证、后裁决”规则的自然延伸；（2）由被告负担举证责任，有利于发挥行政机关的举证优势；（3）由被告负担举证责任，有利于促进行政机关依法行政。

虽然行政诉讼中被告对行政行为承担举证责任，但不排除在特定情况下由原告提供证据的可能。根据《行政诉讼法》第三十八条和《最高人民法院关于行政诉讼证据若干问题的规定》，行政诉讼中原告提供证据仅限于下列情形。

（1）在起诉被告不履行法定职责的案件中，原告应当提供其在行政程序中曾经向被告提出申请的证据材料。值得注意的是，在起诉被告不履行法定职责案件中，原告应当提供其向被告提出申请的证据，但有下列情形之一的除外：①被告应当依职权主动履行法定职责的。即行政机关法定职责的履行不以原告申请为前提，如警察看到正在遭受不法侵害的公民，不依职权进行保护，即属此情形。②原告因正当理由不能提供证据的。这是因为实践中由于原告因正当理由不能提供证据的，再由原告承担是不适宜的。

（2）在行政赔偿、补偿诉讼中，原告应当对被诉行政行为造成损害的事实提供证据。但是，因被告的原因导致原告无法举证的，由被告承担举证责任。《行诉法适用解释》规定，在行政赔偿、补偿案件中，因被告的原因导致原告无法就损害情况举证的，应当由被告就该损害情况承担举证责任。对于各方主张损失的价值无法认定的，应当由负有举证责任的一方当事人申请鉴定，但法律、法规、规章规定行政机关在作出行政行为时依法应当评估或者鉴定的除外；负有举证责任的当事人拒绝申请鉴定的，由其承担不利的法律后果。

2. 举证期限。无论是被告、原告还是第三人，根据规定当事人申请延长举证期限，应当在举证期限届满前向人民法院提出书面申请。申请理由成立的，人民法院应当准许，适当延长举证期限，并通知其他当事人。申请理由不成立的，人民法院不予准许，并通知申请人。

3. 证据的调取。当事人举证是行政诉讼证据的主要来源，法院调取证据属次要来源。法院只是审查判断证据，但是特殊情况下，法院也可以去调取证据。与本案有关的下列证据，原告或者第三人不能自行收集的，可以向人民法院申请调取：（1）由国家机关保存而须由人民法院调取的证据；（2）涉及国家秘密、商业秘密和个人隐私的证据；（3）确因客观原因不能自行收集的其他证据。

4. 证据保全。在证据可能灭失或者以后难以取得的情况下，诉讼参加人可以向人民法院申请保全证据，人民法院也可以主动采取保全措施。当事人应当在举证期限内以书面形式提出证据保全申请。法院接到申请应当在48小时内作出裁定。裁定证据保全的，立即执行。对不符合申请条件的，裁定驳回申请。法院可以根据具体情况，采取查封、扣押、拍照、录像、复制、鉴定、勘验、制作询问笔录等保全措施。

七、起诉与受理

起诉是指公民、法人或者其他组织认为具体行政行为侵犯其合法权益，依法请求人民法院行使国家审判权给予救济的诉讼行为。

（一）起诉条件

1. 起诉人应当具有起诉资格。起诉人应当是行政行为相对人以及其他与行政行为有利害关系的公民、法人或者其他组织；有权提起诉讼的公民死亡，起诉人可以是其近亲属；有权提起诉讼的法人或者其他组织终止，起诉人可以是承受其权利的法人或者其他组织。“有利害关系的公民、法人或者其他组织”，是指有关行政行为可能侵害其合法权益的公民、法人或者其他组织。当然，实践中原告资格的判断和认定比较复杂，有些案件在立案阶段很难把相关问题都弄清楚，需要在审理过程中进一步研究和判断。从保障当事人诉权的角度出发，在此情况下不宜以起诉人不具有原告资格为由不予受理，比较稳妥的做法是先将案件受理，待进入案件审理阶段后进一步研究和判断。

2. 有明确的被告。在立案审查时对所列被告要求并不高，只要原告起诉时，所诉被告具体、明确，同时符合其他起诉条件就应当立案受理。起诉状列写被告信息不足以认定明确的被告的，人民法院可以告知原告补正；原告补正后仍不能确定明确的被告的，人民法院裁定不予立案。

3. 有具体的诉讼请求和事实根据。“有具体的诉讼请求”是指：（1）请求判决撤销或者变更行政行为；（2）请求判决行政机关履行特定法定职责或者给付义务；（3）请求判决确认行政行为违法；（4）请求判决确认行政行为无效；（5）请求判决行政机关予以赔偿或者补偿；（6）请求解决行政协议争议；（7）请求一并审查规章以下规范性文件；（8）请求一并解决相关民事争议；（8）其他诉讼请求。当事人单独或者一并提起行政赔偿、补偿诉讼的，应当有具体的赔偿、补偿事项以及数额；请求一并审查规章以下规范性文件的，应当提供明确的文件名称或者审查对象；请求一并解决相关民事争议的，应当有具体的民事诉讼请求。当事人未能正确表达诉讼请求的，人民法院应当要求其明确诉讼请求。审查过程中，如果当事人确系法律知识欠缺，法官可以给当事人必要的指导、释明。关于起诉条件中的事实根据问题，按照有关司法解释的规定，当事人一般能够证明行政行为存在即可。这里主要是证明行政行为存在的事实根据，一般不包括其他诉讼请求的事实根据。证明行政行为存在的事实根据可以是行政决定书等直接证据，也可以是能够证明存在被诉行政行为的间接证据，法院不能简单地以没有行政行为的书面法律文件为由拒绝受理案件。

4. 属于人民法院受案范围和受诉人民法院管辖。即应当符合行政诉讼法第十二条、第十三条的规定。案件符合受理法院的管辖制度，包括级别管辖、地域管辖、指定管辖等。

（二）起诉期限

1. 对复议不服的。公民、法人或者其他组织不服复议决定的，可以在收到复议决定书之日起十五日内向人民法院提起诉讼。复议机关逾期不作决定的，申请人可以在复议期满之日起十五日内向人民法院提起诉讼。法律另有规定的除外。

2. 一般起诉期限。公民、法人或者其他组织直接向人民法院提起诉讼的，应当自知道或者应当知道作出行政行为之日起六个月内提出。法律另有规定的除外。六个月的起算点是“自知道或者应当知道作出行政行为之日”，这一规定是对原法规定的“知道作出具体行政行为之日”的完善。一般情况下，行政机关作出行政行为都有相应的文书，在此情况下，行政机关完成送达程序，就属于“知道”或者“应当知道”。特殊情况下，需要结合常理和相关证据作出具体认定。“作出行政行为”包含两个要素：一是作出的主体；二是行政行为的内容。相对于六个月的一般起诉期限，本条还规定了特殊起诉期限，即“法律另有规定的除外”。正常情况下，行政机关作出行政行为，应当告知相对人行政行为的内容，以期得到相对人的配合或者履行，实现行政行为的目的。但实践中也有不少案件，由于行政机关作出行政行为时没有告知相对人及利害关系人以及其他方面的原因，导致相对人及利害关系人迟迟不知道已作出行政行为。在此情况下，如果因为当事人无法“知道或者应当知道”而无法开始计算起诉期限，就会导致行政法律关系无限期地处于不稳定状态。为了解决这一问题，有必要确定一个最长保护期限，即作出的行政行为到某一时间点后，不论当事人是否知道或者应当知道，都不能再提起诉讼。本条规定就是基于此而设定了最长起诉期限。

3. 特殊起诉期限。因不动产提起诉讼的案件自行政行为作出之日起超过二十年，其他案件自行政行为作出之日起超过五年提起诉讼的，人民法院不予受理。

公民、法人或者其他组织申请行政机关履行保护其人身权、财产权等合法权益的法定职责，行政机关在接到申请之日起两个月内不履行的，公民、法人或者其他组织可以向人民法院提起诉讼。法律、法规对行政机关履行职责的期限另有规定的，从其规定。

（三）受理

受理是指人民法院对公民、法人或其他组织的起诉进行审查，对符合法定条件的起诉决定立案审查，从而引起诉讼程序开始的职权行为。

1. 对起诉的审查。审查的内容主要是起诉的一般条件，时间条件和程序条件除此之外人民法院还要查明下列情况。

（1）被告人是否重复起诉。重复起诉的情形一是起诉人已经撤诉或者经人民法院作出裁判，但其以同一事实和理由再次向法院起诉；二是起诉人已经向人民法院起诉，人民法院受理后起诉人又再次向人民法院起诉。重复起诉，人民法院不予受理。

（2）诉讼的标的是否为生效裁判效力所羁束。即被诉的具体行政行为是否已经再其他生效的行政判决中被确认，如果被确认，当事人再对此起诉的人民法院不应受理。

（3）起诉状是否符合形式要求。行政诉讼起诉书应以书面形式，起诉状应载明起诉人、被告的有关情况，诉讼请求、起诉事由等内容。

2. 审查结果。

(1) 对于符合起诉条件的，受诉人民法院应当在收到起诉状之日起 7 日内立案，即正式受理。

(2) 不符合起诉条件的，受诉人民法院应当在收到起诉状之日起 7 日内作出不予受理的裁定。当事人对不予受理的裁定不服的，可以在接到裁定书之日起 10 日内向上一级人民法院提出上诉，上一级人民法院的裁定为终局裁定。

(3) 对起诉条件有欠缺但可以补正或者更正的，人民法院应当责令当事人在限期补正；起诉人补正后经审查符合法定条件，人民法院应当依法受理。

(4) 受诉人民法院自收到起诉状之日起 7 日内不能决定是否受理的，应当先予受理；受理后经审查不符合起诉条件的，裁定驳回起诉。受诉人民法院自受到起诉状之日起 7 日内既不立案，又不作裁定的，起诉人可以向上一级人民法院申诉或起诉，上一级人民法院认为符合受理条件的，应当予以受理，受理后可以移交或指定下级人民法院审理，也可以自行审理。

八、审理与判决

（一）审理

人民法院对被诉行政行为的合法性进行审查，审理对象只能是行政行为，不是当事人的诉讼请求。人民法院通过对被诉行政行为合法性的审查，对受到行政行为侵害的当事人合法权益进行司法救济，依法选择最有利于纠纷解决的审理方式和判决方式，实质性地化解行政争议。行政诉讼的审查重点是法律适用，人民法院依据法律、法规，参照规章，审查被诉行政行为的合法性。

1. 法律适用

(1) 在法律适用方面，法院首先从实体方面进行审查，即适用的法律规范是否准确规范或者是否存在遗漏了应当适用法律规范的情形。其次，适用的规范性文件或法律规范本身是否合法问题。包括形式审查和实质实质。

(2) 形式审查的标准方面，主要看文件制定主体是否有相应权限、适用的法律规范是否符合规定的等级、文件的制定是否符合程序等。

(3) 实质审查的标准方面，主要审查该规范性文件或法律规范是否与更高层级的法律规范相冲突或相抵触、文件的内容是否与同层级别的规范存在冲突，是否有明显不合理的情形等。

2. 重点审查

行政诉讼具有很大程度的职权性审查之特征，很多事项即使当事人之间没有争议，但人民法院也会依职权主动审查。法院在全面审查原则同时，审查重点问题。

第一，针对当事人之间的争议焦点重点审查，对当事人之间没有争议的其他问题，原则上要进行审查，但基于司法效率等方面的因素也可以不进行审查。如，可以明确判断行政机关是否拥有法定职权的，或者案件事实清楚的，则可以不再对法定权限等进行审查。

第二，对于无须进行审查的事项，法院发现行政机关明显超越职权的，即使当事人没有提出异议，行政行为的其余事项已无须审查即可作出判决。如行政机关超越职权但造成损害可能存在行政赔偿的，法院对造成损害赔偿的事实仍然要进行审查。

（二）判决

根据《行政诉讼法》规定，我国行政诉讼判决方式类型主要有驳回原告诉讼请求判决、撤销或撤销重作判决、限期履行法定职责判决、给付判决、确认违法判决、确认无效判决、变更判决七大类型。《行政诉讼法》根据被诉行政行为合法、违法，以及作为行为违法和不作为违法的区别，结合违法行政行为的违法程度和对当事人权利义务的影响程度，将行政诉讼的判决方式划分为以下七类。

1. 驳回原告诉讼请求判决

根据《行政诉讼法》第六十九条规定，驳回原告诉讼请求判决适用于以下两种情形。

（1）被诉行政行为证据确凿，适用法律、法规正确，符合法定程序。

（2）原告申请被告履行法定职责或者给付义务理由不成立的。具体包括被告已经履行法定职责、给付义务，或者申请被告履责、给付不符合法定条件的。驳回原告诉讼请求，必须符合被诉行政行为完全合法的条件，并非仅仅针对原告诉讼请求进行审理后，认为原告诉讼请求不能成立而作出的判决。

2. 撤销或撤销重作判决

根据《行政诉讼法》第七十条规定，有下列六种情形之一的，人民法院判决撤销被诉行政行为：（1）主要证据不足的；（2）适用法律、法规错误的；（3）违反法定程序的；（4）超越职权的；（5）滥用职权的；（6）明显不当的。撤销判决的适用条件，实际上是判断行政行为违法的法定条件。但是，并非行政行为违法只能判决撤销。如果行政行为违法，同时还符合确认违法、确认无效或者给付、限期履行、变更等判决形式之一适用条件的，应当适用其他判决方式作出判决，不得判决撤销。撤销判决是在行政行为违法的情况下，人民法院最后的选项。

3. 限期履行法定职责判决

根据《行政诉讼法》第七十二条规定，人民法院经过审理，查明被告不履行法定职责的，判决被告在一定期限内履行。

“逾期”是指，超过法律、法规规定的或者双方约定的行政机关向相对人单方承诺的履行相关法定职责的最后期限。根据《行政诉讼法》第四十七条规定，在法律、法规没有对行政机关履行法定职责的期限作出明确规定的情况下，行政机关应当在接到申请之日起两个月内履行法定职责，否则构成逾期不履行法定职责。

“不履行法定职责”，主要表现是：（1）拒绝履行；（2）不予答复；（3）拖延履行；（4）不完全履行；（5）不适当履行。

“法定职责”，主要包括：（1）法律、法规以及合法规章、规范性文件规定的职责义务；（2）根据上级行政机关指令产生的义务；（3）先前行为引起的随附义务（行政机关限制当事人人身自由后，有保障其人身权不受他人非法侵犯的义务）；（4）行政协议约定的义务。

4. 给付判决

根据《行政诉讼法》第七十三条规定，给付判决的适用条件有以下3个：（1）原告请求被告履行返还财物法定职责或者依法履行支付抚恤金、最低生活保障待遇或者社会保险待遇等给付义务；（2）是被告依法负有给付义务，存在不履行、拒绝履行、不完全履行给付义务的行为；（3）不履行给付义务无正当理由。“正当理由”包括原告提交的申请材料不全，或者相关申请事项正在报相关部门审核之中，或者相关争议正在处理过程中，以及因法律、政策发生变化需要进一步明确规则等。

5. 确认违法判决

根据《行政诉讼法》第七十四条规定，存在以下两种法律效果完全不同的确认违法判决。

第一，确认违法不撤销保留效力判决。行政行为有下列情形之一的，人民法院判决确认违法，但不撤销行政行为：（1）行政行为依法应当撤销，但撤销会给国家利益、社会公共利益造成重大损害的；（2）行政行为程序轻微违法，但对原告权利不产生实际影响的。

第二，行政行为程序轻微违法，但对原告权利不产生实际影响的。行政行为有下列情形之一，不需要撤销或者判决履行的，人民法院判决确认违法：（1）行政行为违法，但不具有可撤销内容的；（2）被告改变原违法行政行为，原告仍要求确认原行政行为违法的；（3）被告不履行或者拖延履行法定职责，判决履行没有意义的。

6. 确认无效判决

根据《行政诉讼法》第七十五条规定，行政行为有实施主体不具有行政主体资格或者没有依据等重大且明显违法情形，原告申请确认行政行为无效的，人民法院判决确认无效。确认无效判决的适用条件为“重大且明显违法”。《最高人民法院关于适用〈中华人民共和国行政诉讼法〉的解释》第九十九条作出明确规定有下列情形之一的，属于行政诉讼法第七十五条规定的“重大且明显违法”：（1）行政行为实施主体不具有行政主体资格；（2）减损权利或者增加义务的行政行为没有法律规范依据；（3）行政行为的内容客观上不可能实施；（4）其他重大且明显违法的情形。

7. 变更判决

根据《行政诉讼法》第七十七条第一款规定，行政处罚明显不当，或者其他行政行为涉及对款额的确定、认定确有错误的，人民法院可以判决变更。从条文规定，可以看出变更判决适用以下三种情形：（1）行政处罚明显不当；（2）行政赔偿、行政补偿案件，对行政赔偿、行政补偿案件人民法院享有司法变更权，不受“明显不当”的限制；（3）其他行政行为涉及对款额的确定、认定确有错误的。如涉及土地、房产等面积计算的数字错误等。

《行政诉讼法》第七十七条第二款规定，人民法院判决变更，不得加重原告的义务或者减损原告的权益。但利害关系人同为原告，且诉讼请求相反的除外。应当注意的是，变更判决不得加重原告的义务或者减损原告的权益的规定，应当是在被诉行政行为不损害国家利益、公共利益和他人合法权益的前提之下的。如果被诉行政行为违法侵犯国家利益、公共利益或他人合法权益的，人民法院应当通过司法建议，建议行政机关自行纠正，或者建议上级行政机关撤销下级行政机关违法的被诉行政行为；或者通过指导和释明，引导利害关系人同时也提起行政诉讼，从而达到维护国家利益、公共利益和他人合法权益的目的。

以案释法 3：涉案批复依法不属于行政诉讼受案范围

【法律要点】

上级行政机关针对下级的工作请示作出的批复属于内部行政行为，虽在刑事案件中作为证据被当事人获知并可能影响刑事案件处理结果，但未对其产生行政法上的外部法律效力，依法不属于行政诉讼受案范围。

【案情简介】

2017 年 9 月 13 日，上海市金山区市场监督管理局（以下简称金山区市场监管局）向原上海市食品药品监督管理局（以下简称原市食药监局，因机构改革，其药品安全监管职能由上海市药品监督管理局承担）提出《关于使用不符合国家药品标准规定的生草乌投料生产止痛消炎软膏问题的请示》。同年10月23日，原市食药监局针对该请示作出《关于金山区市场监管局对使用不合格生草乌投料问题的批复》（以下简称涉案批复），主要内容为“根据《中华人民共和国药品管理法》第四十八条第三款第二项的规定，使用不符合国家药品标准规定的生草乌投料生产的止痛消炎软膏应判定为按假药论处的假药。你局应依据相关法律法规处置，并做好行政执法和刑事司法衔接工作”。涉案批复发文时公开范围为免于公开。上锦公司因涉嫌制售假药由上海市人民检察院第三分院提起公诉才获知涉案批复，遂提起行政诉讼，请求撤销涉案批复。二审庭审中，上诉人陈述其在刑事案件中仅获知涉案批复的内容，直至本案一审审理中才首次获取涉案批复的复印件文本。

【裁判结果】

上海市浦东新区人民法院一审认为，涉案批复系在刑事案件程序中对上锦公司的权利义务产生实际影响，根据《最高人民法院关于适用〈中华人民共和国行政诉讼法〉的解释》的相关规定，有关机关依照刑事诉讼法明确授权实施的行为不属于人民法院行政诉讼的受案范围，裁定驳回上锦公司的起诉。一审裁定后，上锦公司不服，向上海市第三中级人民法院提起上诉称：涉案批复在刑事案件中作为关键证据，影响了上诉人的权利义务，已经产生外部法律效力，应当属于行政诉讼受案范围；被上诉人作出涉案批复在前，公安机关对上诉人立案侦查在后，故一审法院认为涉案批复是刑事司法行为错误，请求撤销原审裁定，改判支持其原审诉请。上海市第三中级人民法院二审认为，双方当事人对涉案批复系原市食药监局就金山区市场监管局的内部请示作出的上下级业务指导的内部行政行为并无异议。裁定驳回上诉，维持原裁定。

【以案释法】

本案争议焦点在于，涉案批复是否外化成为可诉的行政行为，是否属于行政诉讼受案范围。对此法院认为，内部行政行为外化后并不当然具有可诉性，只有当该行政行为与行政相对人产生行政法律关系、对行政相对人行政法上的权利义务产生实质影响时，该内部行政行为才具有可诉性，属于行政诉讼受案范围。本案中，首先，市药监局的下级机关金山区市场监管局具有查处辖区内违反药品管理相关规定行为的法定职权，亦已对上诉人进行立案调查。涉案批复仅是针对金山区市场监管局在调查过程中就涉案草乌定性问题提出的内部请示所作的回复，其作出的对象是金山区市场监管局而非上诉人，批复内容并未直接对上诉人作出处罚，未对上诉人设定一定的义务。金山区市场监管局收到涉案批复后仍需结合其调查搜集的其他证据依职权作出最终处理。其次，涉案批复作为相关刑事案件中公诉机关提起公诉时的认定事实证据之一，可能对上诉人是否应承担相应刑事责任产生一定的影响，但该影响并非对上诉人课以行政法上的义务，更无法通过行政诉讼予以解决。再次，涉案批复制作时即注明不予公开，未向上诉人送达，上诉人系在相关刑事案件中作为证据获知。综上所述，涉案批复未以上诉人为行政相对人、未与上诉人形成行政法律关系、未对上诉人的权利义务产生实际影响，构成《最高人民法院关于适用〈中华人民共和国行政诉讼法〉的解释》第一条第二款第（五）项规定的“行政机关作出的不产生外部法律效力的行为”，依法不属于行政诉讼的受案范围，已经立案的，应当裁定驳回起诉。此外，涉案批复系被上诉人履行药品监督管理职权的行政行为，并非依照刑事诉讼法明确授权的行为，原审认为涉案批复属于“公安、国家安全等机关依照刑事诉讼法明确授权实施的行为”有误，予以纠正。据此，依照《中华人民共和国行政诉讼法》第八十六条、第八十九条第一款第（一）项的规定，裁定驳回上诉，维持原裁定。

《最高人民法院关于适用〈中华人民共和国行政诉讼法〉的解释》第一条第二款第（五）项规定，“行政机关作出的不产生外部法律效力的行为”，不属于行政诉讼受案范围。如何对上述行为进行认定，审判实务上有不同认识，实践中亦有不少内部行政行为外化后被纳入行政诉讼受案范围的案件。本案的审理和裁判表明：外化后的内部行政行为并不当然具有可诉性，应结合具体案情从是否存在行政相对人、是否形成行政法律关系及是否直接对当事人的权利义务产生实际影响等三方面判断。本案明确了此类案件的具体审查标准，对进一步厘清人民法院行政诉讼受案范围提供了有益的借鉴和参考。

以案释法 4：消防灭火及应急救援行为不属于行政诉讼受案范围案

【法律要点】

消防支队实施的灭火及应急救援行为不属于行政诉讼受案范围案，消防救助行为应当被社会尊重和感恩。

【案情简介】

原告孙某某一家五口居住于丰台区某小区，2017 年 10 月 13 日下午 2：20 室内突然失火，妻儿受到严重的人身伤害，其妻子因深度烧伤不治离世。原告认为某市某某消防支队违反《中华人民共和国消防法》《某市消防安全责任监督管理办法》相关规定，没有组织实施专业技能训练，接到火警没有立即赶赴火灾现场，没有全力抢救人员生命，没有优先保障遇险人员生命安全。延误救人时间三十多分钟，是造成家人死亡的最主要原因之一。故提起行政诉讼，请求法院判决确认被告在此次失火案中行动迟缓、指挥不当、不按科学手段以抢救生命为先的行政行为违法。

【裁判结果】

法院经审理认为消防支队实施的灭火及应急救援行为是其实施的执勤战斗行动，是一种带有救助性质的行为，并非履行行政管理职权而实施的行政行为，故原告的请求事项不属于行政诉讼受案范围。对其起诉，依法予以驳回。

【以案释法】

消防队员舍己为人、无私奉献的救助行为被社会广为称赞，理应受到社会大众广泛尊重。本案中原告孙某某以被告某市某某消防支队未尽到行政管理职责为由要求对消防支队追责。法院在司法裁判中，一方面紧扣行政诉讼基本法理，再次重申能够提起行政诉讼的案件应当属于人民法院行政诉讼受案范围，对消防支队实施的灭火及应急救援行为给予明确定性，针对社会大众对本就具有救助性质的消防队员行为具有不合理期待和部分道德苛责要求的现象进行了回应，助力营造感恩有爱、和谐稳定的社会风气。

以案释法 5：物价局不受理行政复议是否属于中级人民法院管辖案

【法律要点】

本案的争执主要集中在级别管辖的确定。所谓级别管辖，是指上下级人民法院之间受理第一审案件的分工。按照《行政诉讼法》第十四条的规定，第一审行政案件一般由基层人民法院管辖。确立这一原则，主要是为了便于当事人就近诉讼，便于人民法院审判执行，并且均衡上下级法院之间的工作负担。除此之外，级别管辖还具有保障人民法院公正行使审判权的实体价值。正因为如此，《行政诉讼法》在修改时适度增加了中级人民法院管辖的第一审行政案件的范围，将被告级别由“省、自治区、直辖市人民政府”扩大到“县级以上地方人民政府”。但这里所说的“地方人民政府”，不包括地方人民政府的工作部门。

【案情简介】

单某，男，于2016年10月31日向某省省物价局邮寄了行政复议申请材料。经查询，某省省物价局于2016年11月3日签收，但某省省物价局并未在法定的复议期限60日内作出复议决定。故单某向某省省合肥市中级人民法院起诉，请求法院依法确认某省省物价局未在法定期限内作出行政复议决定的行为违法，并责令限期作出行政复议决定。

中级人民法院一审认为，根据单某的诉请，单某本次起诉的被告是某省省物价局，依法不属于该院管辖一审行政诉讼的范围。对此该院已进行了释明和告知，但单某坚持起诉。依照《中华人民共和国行政诉讼法》（以下简称《行政诉讼法》）第四十九条第四项、第五十一条第二款的规定，作出〈2017〉皖01行初72号行政裁定，对单某的起诉不予立案。单某不服，提起上诉。

省高级人民法院二审认为，根据《行政诉讼法》第十五条第一项的规定，中级人民法院管辖对国务院部门或者县级以上人民政府所作的行政行为提起诉讼的一审行政案件。单某起诉所列被告为某省省物价局，该行政机关属于省级人民政府的职能部门，以其为被告的一审行政案件原则上属于基层人民法院管辖。对此，一审法院已经向单某释明，其仍坚持向中级人民法院提起诉讼，不符合《行政诉讼法》关于级别管辖的规定。原审裁定不予立案并无不当。单某的上诉理由不能成立，不予支持。据此裁定驳回上诉，维持原裁定。

单某不服，向最高人民法院申请再审称：本案被告某省省物价局为省级行政机关，相当于市级人民政府的级别，行政级别较高。基层法院审理省级行政机关存在着诸多障碍，难以实现案件的公平公正。本案应当属于《行政诉讼法》第十五条第三项规定的重大、复杂应当由中级人民法院管辖的案件。据此，一审和二审裁定不符合法律规定，请求撤销一审和二审行政裁定，指令某省省合肥市中级人民法院对再审申请人的起诉予以立案。

【裁判结果】

最高人民法院行政裁定书认为，单某的再审申请不符合《中华人民共和国行政诉讼法》第九十一条规定的情形。依照《最高人民法院关于适用〈中华人民共和国行政诉讼法〉的解释》第一百一十六条第二款之规定，裁定如下：驳回再审申请人单某的再审申请。

【以案释法】

本案的争执主要集中在级别管辖的确定。所谓级别管辖，是指上下级人民法院之间受理第一审案件的分工。按照《行政诉讼法》第十四条的规定，第一审行政案件一般由基层人民法院管辖。确立这一原则，主要是为了便于当事人就近诉讼、便于人民法院审判执行，并且均衡上下级法院之间的工作负担。除此之外，级别管辖还具有保障人民法院公正行使审判权的实体价值。正因如此，《行政诉讼法》在修改时适度增加了中级人民法院管辖的第一审行政案件的范围，将被告级别由“省、自治区、直辖市人民政府”扩大到“县级以上地方人民政府”。但这里所说的“地方人民政府”，不包括地方人民政府的工作部门，按照《行政诉讼法》第十五条第一项的规定，只有对“国务院部门”所作的行政行为提起诉讼的案件，才由中级人民法院管辖。在本案，再审申请人以某省省物价局为被告，直接向中级人民法院提起诉讼，不符合级别管辖的规定。再审申请人主张，其直接向中级人民法院提起诉讼，是因为“本案应当属于重大、复杂，应当由中级人民法院管辖的案件”，“基层法院审理省级行政机关存在着诸多障碍”。固然，《行政诉讼法》第十五条第三项规定，中级人民法院管辖“本辖区内重大、复杂的案件”，《最高人民法院关于适用〈中华人民共和国行政诉讼法〉的解释》第六条也规定，当事人以案件重大复杂为由，认为有管辖权的基层人民法院不宜行使管辖权的，可以直接向中级人民法院起诉，但这并不意味着中级人民法院必须受理，根据不同情况，中级人民法院可以决定自行审理，或者指定本辖区其他基层人民法院管辖。经审查不存在“案件重大复杂，有管辖权的基层人民法院不宜行使管辖权”情形的，可以书面告知当事人向有管辖权的基层人民法院起诉。在本案，显然不存在《最高人民法院关于适用〈中华人民共和国行政诉讼法〉的解释》第五条所规定的属于“本辖区内重大、复杂的案件”的各种情形，一审法院经释明和告知之后裁定不予立案，符合法律规定。二审法院裁定驳回上诉，维持原裁定，也无不妥。再审申请人的再审申请理由不成立。

以案释法6：未被告知未告知诉权及起诉期限，起诉期限怎么算

【裁判要旨】

行政机关在作出行政行为时未告知诉权及起诉期限，起诉期限从知道或应当知道行政行为内容时计算。根据《最高人民法院关于适用〈中华人民共和国行政诉讼法〉的解释》第六十四条规定，行政机关作出行政行为时，未告知公民、法人或者其他组织起诉期限的，起诉期限从公民、法人或者其他组织知道或者应当知道起诉期限之日起计算，但从知道或者应当知道行政行为内容之日起最长不得超过一年。

【案情简介】

2015年9月25日，某市住建委向某公司核发预售许可证，准许某公司对坐落于密云区某公司国际休闲度假旅游区二期的多个地块住宅小区项目住宅楼进行预售。2016年8月14日，原告陈某与某公司公司签订某市商品房预售合同，购买涉案项目房屋。陈某后经自行调查等方式认为涉案建设工程施工许可证的取得时间晚于被诉预售许可证，违反了《城市商品房预售管理办法》相关规定。陈某认为商品房预售许可证的颁布合法与否将直接影响其与某公司公司之间商品房预售合同的效力、履行等，因此，2019年10月31日，陈某以某市住建委为被告提起行政诉讼，要求撤销被诉预售许可证。

【裁判结果】

一审法院经审理认为，陈某于2016年8月14日与某公司公司签订某市商品房预售合同，合同上载明了预售依据商品房预售许可证的证号及核发机关，陈某即应知晓被诉预售许可证的内容，但其于2019年10月31日提起本案诉讼，显然已超过《最高人民法院关于适用〈中华人民共和国行政诉讼法〉的解释》第六十四条第一款规定的一年起诉期限，且已超过最高法院《关于执行行政诉讼法若干问题的解释》第四十一条第一款规定的两年

起诉期限。故裁定驳回原告陈某的起诉。

陈某不服一审判决，提起上诉。

二审人民法院经审理认为，对于2018年2月8日前作出的行政行为，未告知诉权或起诉期限，当事人于2018年2月8日后提起行政诉讼的，应区分情况确定其起诉期限。如当事人自知道或应当知道被诉行政行为之日起至2018年2月8日已届满两年的，则当事人于2018年2月8日后起诉既超过两年的起诉期限，也超过一年的起诉期限，应裁定驳回起诉；如当事人自知道或应当知道被诉行政行为之日起至2018年2月8日未届满两年，其起诉期限应截至两年届满之日，但不得超过2019年2月7日。本案中，被诉预售许可证于2015年9月25日作出，陈某于2016年8月14日与某公司公司签订某市商品房预售合同，合同上载明了预售依据商品房预售许可证的证号及核发机关，陈某即应知晓被诉预售许可证的内容，但其于2019年10月31日方提起本案诉讼，显然已超过起诉期限。二审法院经审理，裁定驳回上诉，维持一审裁定。

【以案释法】

行政诉讼法的起诉期限与民事诉讼法中的诉讼时效不同。起诉期限是指权利人在法律规定的期限内不提起诉讼，其获得公权力救济的权利将予以消灭。换言之，公民、法人或者其他组织不服行政机关作出的行政行为，超过法定的起诉期限提起诉讼的，人民法院不予受理。而民事诉讼时效届满，权利人失去的是可能的胜诉权利。

通常来说，行政机关作出行政行为时会告知行政相对人行为内容、诉权和起诉期限，在行政相对人知晓行政行为内容后行政行为发生效力。但在既有行政相对人又有利害关系人等特殊情况下，行政机关可能会只告诉一个主体而忽视另一个主体。在这种情况下，判断起诉期限要区分未被告知行政行为内容的一个主体是否知道行政行为内容。若已通过其他途径知道行政行为内容，当适用《适用解释》第六十四条；若既未告知又未知晓，当适用《适用解释》第六十五条。而本案中的情形属于前者。

《最高人民法院关于适用〈中华人民共和国行政诉讼法〉的解释》第六十四条规定，行政机关作出行政行为时，未告知公民、法人或者其他组织起诉期限的，起诉期限从公民、法人或者其他组织知道或者应当知道起诉期限之日起计算，但从知道或者应当知道行政行为内容之日起最长不得超过一年。复议决定未告知公民、法人或者其他组织起诉期限的，适用前款规定。理解该条文，还需要明确以下几点。

1. 起诉人的“知道”需达到一定的程度，才能确定行政行为是否作出。这里所谓“程度”与行政行为的内容有紧密关系但并不等同，并非要求知道行政行为所有的内容，而仅需必要内容即可。判断“必要”的具体标准主要有两个：一是能使起诉人确定是否会影响其合法权益；二是能使起诉人可通过起诉方式以维护其合法权益。这要求所知内容可以使起诉人知道起诉的对象是什么，知道向哪个法院提起诉讼等即可。换言之，起诉人所知道的行政行为程度，不影响或阻碍其依法提起行政诉讼。

2. 根据行政审判的实践运用以及行政行为的特征属性，“知道”与“应当知道”存在共同之处，均已明确告知起诉人被诉行政行为内容的信息，具体方式均包括送达文书或口头告知等，其结果均为起诉人已经知晓行政行为。但是，二者之间也存在明显不同，即“知晓”是否为被诉行政行为法定程序中的独立组成部分或环节；“知道”要求为组成部分；“应当知道”则不要求。而且，让起诉人“知道”的主体限定为行政行为的作出主体，而“应当知道”则不要求，行政主体之外的第三方也可以实现。

3. 判断“行政行为作出”的核心标准为是否具有处分性，这里的“处分性”是指行政行为对起诉人的权利义务将直接产生实质性影响。只要具有处分性的行政行为，无论其法律上是否成立或生效，都应纳入行政诉讼的审查范围之内。因此，本条规定所指“行政行为作出”的范围应从广义上进行理解，不仅包括法律上已生效的行政行为，也包括事实上已成立而法律上未成立或未生效的行政行为，其主要表现为因程序瑕疵而导致不成立，如未听取申辩意见的行政处罚等。它与事实不成立的行政行为不同，后者由于行政行为在事实上根本未作出或完成，不可能实际处分权利义务，因而不能对此提请司法审查。

4. “行政机关未告知行政行为内容”包括的情形有：行政机关告知了行政相对人，未告知利害关系人；行政机关既未告知行政相对人，也未告知利害关系人；行政机关告知了利害关系人，未告知行政相对人。从相对人的角度讲，“不知道行政行为内容”一定“不知道诉权和起诉期限”，“不知道行政行为内容”吸收了“不知道诉权和起诉期限”。因此，本解释第65条仅规定了“不知道行政行为内容”。

以案释法7：诉讼请求不明确，不符合法定起诉条件被驳回案

【法律要点】

根据《中华人民共和国行政诉讼法》第四十九条第三项的规定，提起行政诉讼应当有具体的诉讼请求和事实根据。所谓“具体的诉讼请求”，前提是要有明确的被诉行政行为，并遵循“一行为一诉”的原则。本案中，李某等人起诉时的诉讼请求包含诸多独立的行政行为，既有信息公开及行政复议行为，又有环评审批等行为，各被诉行为分属不同法律关系，不属于能够合并审理的情形，李某等人的诉讼请求不明确，不符合法定起诉条件。

【案情简介】

李某等人因诉中华人民共和国生态环境部（以下简称生态环境部）行政复议及认为生

态环境部未在法定期限内履行法定职责一案，不服某市高级人民法院的行政裁定，向最高人民法院申请再审。

李某等人申请再审称，一审法院开庭只是针对修改诉状事宜，没有保障再审申请人的陈述权、法庭辩论权等权利，二审法院也未开庭审理。一、二审法院未就生态环境部作出的政府信息公开告知书和行政复议决定书违反法定程序进行审查，未对生态环境部未履行政府信息公开法定职责进行审查。生态环境部未对案涉高铁建设项目实施自然灾害环境影响评价，也未履行监督管理职责，导致李某等人的家人因遭受雷电事故而伤亡，生态环境部由此给李某等人造成的损失应予赔偿。李某等人依据《中华人民共和国行政诉讼法》第九十一条之规定申请再审。

【裁判结果】

李某等人的再审申请不符合《行政诉讼法》第九十一条规定的情形。依照《最高人民法院关于适用〈中华人民共和国行政诉讼法〉的解释》第一百一十六条第二款规定，裁定如下：驳回李某等人的再审申请。

【以案释法】

根据《行政诉讼法》第四十九条第三项的规定，提起行政诉讼应当有具体的诉讼请求和事实根据。所谓“具体的诉讼请求”，前提是要有明确的被诉行政行为，并遵循“一行为一诉”的原则。本案中，李某等人起诉时的诉讼请求包含诸多独立的行政行为，既有信息公开及行政复议行为，又有环评审批等行为，各被诉行为分属不同法律关系，不属于能够合并审理的情形，李某等人的诉讼请求不明确，不符合法定起诉条件。根据《最高人民法院关于适用〈中华人民共和国行政诉讼法〉的解释》第六十九条第一款第一项的规定，不符合行政诉讼法第四十九条规定的，已经立案的，应当裁定驳回起诉。在本案一审法院已经履行释明义务，告知李某等人变更诉讼请求的情况下，李某等人拒绝变更，一审法院裁定驳回起诉，二审法院裁定驳回上诉，并无不当。

以案释法 8：行政诉讼中第三人的举证权利

【法律要点】

行政复议与行政诉讼的立法目的均是纠正违法行政行为，保护合法权益，监督依法行政。在对原行政行为合法性审查标准上，行政复议与行政诉讼也具有一致性，以促进行政复议与行政诉讼的有效衔接。按行政案件的一般证据规则举证责任由被告即行政机关承担，被告因不提供或无正当理由逾期提供证据而败诉，是被告违反证据规则的法律制裁，但当被诉行政行为涉及第三人合法权益时，为保护第三人在被告不举证情况下的合法权益,《行政诉讼法》第三十四条第二款增加了第三人的举证权利。因此,被告不举证或逾期举证,人民法院则不能简单地判决被告败诉,复议机关也不能简单地决定撤销原行政行为。

【案例简介】

张瑞年是凌源市松岭子镇东道村东庄村民组村民。2012年10月,凌源市政府为东庄组核发了《林权证》,该证第五部分在林地四至的表述上将其持有《土地使用证》并使用的矿区用地包含在内。其向朝阳市政府申请行政复议,要求撤销凌源市政府为东庄组核发的《林权证》第五部分登记内容。因凌源市政府在复议期间未能提供证据,朝阳市政府于2017年8月17日作出朝政行复字〔2017〕60号行政复议决定,撤销了该《林权证》第五部分登记内容。东庄组不服该复议决定,提起行政诉讼。

【裁判结果】

诉讼期间,东庄组却提供了所谓的"核发林权证证据",一审法院以朝阳市政府不考虑东庄组提供的证据,未对发证行为进行全面审查为由,判决撤销朝阳市政府作出的行政复议决定。二审法院维持一审判决。即使凌源市政府核发《林权证》有证据佐证,但因林地权属存在争议,林权登记未经公示的情况下,也仍存在事实不清、证据不足的问题,也应该撤销该《林权证》。

【以案释法】

本案被诉行政行为是朝阳市政府于2017年8月17日作出的朝政行复字〔2017〕60号行政复议决定,内容是撤销凌源市政府为东庄组核发的林权证第五部分的登记内容。结合原审判决撤销上述行政复议决定的情况及张瑞年提出的再审理由,本案的争议焦点:一是行政复议程序中第三人问题;二是举证责任与证据采信问题。

首先,关于行政复议程序中第三人问题。行政复议第三人是指除申请人、被申请人外,与复议案件有利害关系,为维护自己利益而参加到复议程序中的当事人。设立第三人制度的目的在于查清案件事实,维护其他相关利害关系人的权益。《中华人民共和国行政复议法》第十条第三款规定,同申请行政复议的具体行政行为有利害关系的其他公民、法人或者其他组织,可以作为第三人参加行政复议。《中华人民共和国行政复议法实施条例》第九条第一款规定,行政复议期间,行政复议机构认为申请人以外的公民、法人或者其他组织与被审查的具体行政行为有利害关系的,可以通知其作为第三人参加行政复议。本案中,根据原审法院查明的事实,涉案林权证记载的林地使用权、林木所有权、林木使用权系由案外人张瑞增等另24户村民共有,该24户村民作为共有权利人均与涉案林权证具有利害关系,该林权证是否被撤销均对该24户村民产生权益影响,应通知其作为第三人参加到复议程序中来。朝阳市政府未通知该24户村民参加复议，存在遗漏第三人的程序违法情形。

其次，关于举证责任与证据采信问题。行政复议与行政诉讼的立法目的都是为了纠正违法行政行为，保护合法权益，监督依法行政。在对原行政行为合法性审查标准上，行政复议与行政诉讼也是一致的，以促进行政复议与行政诉讼的有效衔接。按行政案件的一般证据规则举证责任由被告即行政机关承担，被告因不提供或无正当理由逾期提供证据而败诉，是被告违反证据规则的法律制裁，但当被诉行政行为涉及第三人合法权益时，为保护第三人在被告不举证情况下的合法权益，《中华人民共和国行政诉讼法》第三十四条第二款增加了第三人的举证权利。因此，被告不举证或逾期举证，人民法院则不能简单地判决被告败诉，复议机关也不能简单地决定撤销原行政行为。本案中，凌源市政府未能在行政复议程序中提交证明颁发涉案林权证合法性的林权登记档案等证据材料，但涉案林权证的所有权权利人系东庄组，不考虑东庄组提交的证据，未对发证行为的合法性进行全面审查的情况下，只因凌源市政府未能提供相关证据而认定发证行为无证据、依据并予以撤销，有违基本法理。一审判决撤销行政复议决定，责令重新作出，二审判决予以维持，均无不当。

第三节　国家赔偿法

一、国家赔偿法概述

（一）国家赔偿立法及修正

1994年5月12日，第八届全国人民代表大会常务委员会第七次会议通过《中华人民共和国国家赔偿法》（以下简称国家赔偿法），被视为我国民主法治史上一个“里程碑”。当公民在遭遇政府违法行为的侵害后，可以向行政机关提出索赔，这项制度的确立填补了我国法制建设进程的一项空白。这部法律的贯彻实施，在我国的法制进程中发挥了重要作用。国家赔偿法是实体与程序合一的一部较为特殊的法律，国家赔偿的主体、程序、范围、方式、标准均由法律直接规定。程序上除赔偿义务机关先行处理、请求复议之外（行政赔偿又有不同），立法机关把最终处理司法赔偿案件的权限设定在了人民法院赔偿委员会。这项工作是人民法院继刑事、民事、行政审判和执行工作之后又一项新的重要的工作。国家赔偿法实施14年后，根据2010年4月29日第十一届全国人民代表大会常务委员会第十四次会议《关于修改〈中华人民共和国国家赔偿法〉的决定》进行第一次修正；根据2012年10月26日第十一届全国人民代表大会常务委员会第二十九次会议《关于修改〈中华人民共和国国家赔偿法〉的决定》进行第二次修正。

从我国现阶段经济社会发展的实际出发，分清体制机制问题和工作执行问题，针对法律实施中最突出、最急需的问题进行修改完善立法机关启动了修正程序，并强调国家赔偿法修正秉持“注意稳步推进，不求一步到位”的理念。2010年国家赔偿法修正，在满足赔偿人核心诉求上的基础上做了完善。

第一，首次将精神损害纳入国家赔偿范围。2009年底，蒙冤入狱13年后被释放的河南农民胥敬祥，在经历4年多的漫长索赔之路后，终于获得国家赔偿。但赔偿委员会在赔偿决定书中，对胥敬祥提出的精神损害抚慰金请求，以不属于国家赔偿法规定的赔偿范围为由拒绝了。

第二，鉴于国家机关及其工作人员违法侵犯公民的人身自由及生命健康权，同样会对受害人造成精神损害，此次修订明确致人精神损害的，应当在侵权行为影响的范围内，为受害人消除影响，恢复名誉，赔礼道歉；造成严重后果的，应当支付相应的精神损害抚慰金。精神损害赔偿对受害人是一种补偿和安慰，对致害者是一种警戒和教育，将会减少损害他人人格、人身权的侵权行为的发生，也体现了公民的尊严。

第二，畅通赔偿请求渠道。原来的国家赔偿法规定，赔偿请求人要求刑事赔偿，应当先向赔偿义务机关提出，由赔偿义务机关进行确认。实践中，有的赔偿义务机关以各种理由不确认或对确认申请拖延不办，申请人向上一级机关申诉更是千难万难。

修正后法律法律规定，赔偿义务机关应当当场出具加盖本行政机关印章并注明收讫日期的书面凭证。对赔偿办理时间给予了限定，例如，赔偿义务机关决定赔偿的，应当制作赔偿决定书，并自作出决定之日起十日内送达赔偿请求人等。使得赔偿期限的起点非常明确，可以杜绝赔偿义务机关任意拖延赔偿期限，也为公民到法院起诉或者到上级机关申请复议、实现自己的权益提供了便利。同时还强调，受害人在被拘留或被羁押期间死亡或者丧失行为能力的，赔偿义务机关应对自己的行为与损害结果之间不存在因果关系的主张进行举证，这将有利于遏制刑讯逼供、牢头狱霸虐待嫌疑人的行为，有利于切实保护嫌疑人的合法权益。

第三，保障赔偿费用支付。原来的赔偿费用支付的做法是，在赔偿责任确定后，由赔偿义务机关先向赔偿请求人垫付赔偿金，然后再向同级财政部门申请核销赔偿费用。但是这一做法在实施中存在一些县、市由于财政困难，多年来一直没有设置国家赔偿费用预算，用于国家赔偿的费用难以保障。此次修正增加了保障赔偿费用支付的条款：赔偿请求人凭生效的判决书、复议决定书、赔偿决定书或者调解书，向赔偿义务机关申请支付赔偿金。赔偿义务机关应当自收到支付赔偿金申请之日起七日内，依照预算管理权限向有关的财政部门提出支付申请。财政部门应当自收到支付申请之日起十五日内支付赔偿金。这意味着，受害人从递交支付赔偿金申请后，最多二十二天就可以拿到国家赔偿金。

（二）国家赔偿法立法宗旨

任何一项社会改革应当是一个“水涨船高”的过程，法律制度的变革源于公众法律观念的变化，而法律观念的变化又植根于人们生活观念的变化。

“有权力就有救济，有损害就有赔偿”，这是一条古今中外都适用的常识。而国家的权力必然连着国家责任。如果某人管理所有人类事务可以不承担责任，那么就必然产生傲慢和非正义。人民不指望国家秋毫无犯，但不能原谅国家侵权不赔；人民可以理解执法、司法发生错误的可能，但不能容忍国家有错不认、知错不赔、持错不纠。

可以说，国家赔偿工作担负着法律赋予的神圣使命，是国家行政和司法活动的晴雨表。我们国家正处于现代化的进程之中，对市场经济、人民民主、依法治国、尊重和保障人权等现代价值与现代精神的追求，构成国家治理现代化的共同要素，在现代化进程中，国家走下主权绝对和主权豁免的“神坛”，其目的在于尊重人性尊严、维护人的权利、实现人的自由发展、保存人的价值。正是国家治理的现代化催生了国家责任，而国家责任的建立又映照了现代国家诞生的过程，可以说，国家赔偿制度是国家治理现代化的历史成就。

国家赔偿法第一条就开宗明义：“为保障公民、法人和其他组织享有依法取得国家赔偿的权利，促进国家机关依法行使职权，根据宪法，制定本法。”在司法实际工作中，出现一些“掏钱了事”，对公权力违法不闻不问，要么“低调处理”把依法应当赔偿的违法错误行为理解为权力运行过程中的“瑕疵”，要么直接漠视受害人的请求，这样错误的观念和实例不在少数。而国家赔偿制度具备权利救济与制约公权的两方面功能，可以说，权利救济是国家赔偿制度的首要宗旨，制约公权是国家赔偿制度的本质要求，权利救济与制约公权不可偏废，更不可异化。

二、国家赔偿范围

国家赔偿的范围是国家赔偿法的核心问题。它是指国家对国家机关及其工作人员在行使职权中的侵权行为所承担的赔偿责任的范围。它要解决的是国家对哪些国家机关造成的哪些损害给予赔偿的问题。对相对人来说，国家赔偿范围意味着其求偿权的范围。国家赔偿范围确定的大与小、宽与窄，直接关系到国家对人民群众合法权益的保护程度。简言之，依照《国家赔偿法》的有关规定，人民法院赔偿委员会受理下列案件。

（一）行使侦查、检察、监狱管理职权的机关及其工作人员在行使职权时侵犯公民、法人和其他组织的人身权、财产权，造成损害，经依法确认应予赔偿，赔偿请求人经依法申请赔偿和申请复议，因对复议决定不服或者复议机关逾期不作决定，在法定期间内向复议机关所在地的同级人民法院赔偿委员会申请作出赔偿决定的。

（二）人民法院是赔偿义务机关，赔偿请求人经申请赔偿，因赔偿义务机关逾期不予赔偿或者赔偿请求人对赔偿数额有异议，在法定期间内向赔偿义务机关的上一级人民法院赔偿委员会申请作出赔偿决定的。从某种意义上说，国家赔偿范围是衡量一个国家民主法治进程的尺度之一。

国家赔偿一般包括行政赔偿、刑事赔偿和其他司法赔偿。

（一）行政赔偿。行政赔偿是指国家行政机关及其工作人员在行使行政职权时，违法侵犯公民、法人和其他组织的合法权益造成损害的，国家依法向受害人赔偿的制度。行政赔偿在国家赔偿中占有重要的位置。因为行政机关是国家权力机关的执行机关，国家约80%的法律法规，是由行政机关及其工作人员来实施的，因此，在国家机关中，行政机关与公民的关系最直接、最广泛、最常发生的。如果他们违法行使职权，必然直接侵犯公民和组织的合法权益，负面影响也很大。所以，行政赔偿是国家赔偿的重点。在行政赔偿中，行政机关的违法致害行为包括两类：一类是具体行政行为；另一类是事实行为。根据国家赔偿法的规定，国家只对这两类行为承担赔偿责任。行政机关的抽象行政行为不属赔偿范围。另外，国家赔偿法对公民、法人和其他组织合法权益的保护也只限于人身自由权、生命健康权和财产权的损害赔偿。

（二）刑事赔偿。刑事赔偿是指公安机关、国家安全机关、检察机关、审判机关、监狱管理机关及其工作人员违法行使职权，侵犯当事人人身权、财产权造成损害而给予的赔偿。刑事赔偿制度是人权保障的重要内容，一直以来，我国致力于防范和纠正冤假错案，并取得了较大进展，但是刑事赔偿问题却没有得到应有的重视，导致遭受国家权力机关侵害的受害人的权利难以得到彻底救济，严重影响司法权威和司法公信力。近些年来，司法实践中陆续出现了一些较为典型的国家赔偿案例，如呼格吉勒图案（宣告无罪，呼格父母获国家赔偿205万元）、念斌案（宣告无罪，获113万元赔偿）、徐辉案（再审改判无罪，获157万元赔偿）、张氏叔侄案（宣告无罪，获221万元赔偿）等。这些国家赔偿案例引起了社会的高度关注，也再次引发学者们对刑事赔偿相关问题的讨论。

国家赔偿法一方面保障宪法赋予公民依法请求国家赔偿的权利，及时救济受害人；另一方面通过国家承担赔偿责任，从而可以发挥倒逼作用，遏制国家机关违法失职行为的发生，达到监督和制约权力的目的，使国家赔偿法在救济受害人的同时，限制权力的滥用，即有效制约公权力。而刑事赔偿作为国家赔偿的重要内容，关系到受害人的生命以及人身自由权，更需要注重对受害人权利的彻底救济，以及对权力滥用的反制约作用。

（三）其他司法赔偿。其他司法赔偿是指国家司法机关及其工作人员在行使除刑事司法职权以外的其他司法职权时，侵犯公民、法人和其他组织的合法权益造成损害的，国家依法向受害人予以赔偿的制度。

国家赔偿法虽然以受害人权利救济为核心，但是需要注重维护权利和权力之间的平衡，以免阻碍国家机关正常履行职责，因此，需要规定国家在特定情况下免责，不承担赔偿责任。国家赔偿法第十九条规定了六种免责情形，即因公民自己故意做虚伪供述，或者伪造其他有罪证据被羁押或者被判处刑罚的；不负刑事责任的人被羁押的；不追究刑事责任的人被羁押的；与行使职权无关的个人行为；因公民自伤、自残等故意行为；法律规定的其他情形。但是，国家赔偿法实施以来，刑事赔偿我国家免责条款在司法实践的适用中遭受了诸多争议，主要表现在规定得过于原则和抽象；此外，还存在着兜底条款，导致一些赔偿义务机关对应当给予刑事赔偿的案件，相当普遍地存在着误用、滥用国家免责条款规避赔偿义务的行为。

三、国家赔偿义务机关

由于国家赔偿的责任主体是国家，而国家是抽象的政治实体，受害人不可能直接请求抽象的国家承担具体的赔偿义务，这就需要有一个义务主体来代表国家履行赔偿义务，这个义务主体就是赔偿义务机关。所以，赔偿义务机关就是具体履行国家赔偿义务的组织，它代表国家接受国家赔偿请求，参加国家赔偿程序，支付赔偿费用。我国国家赔偿法在确定赔偿义务机关时，基本采用的是“谁致害，谁负责”的原则，即实施侵害的机关或工作人员所属的机关负责赔偿。

赔偿义务机关的设定是赔偿请求权人能否顺利获得赔偿的第一步。国家赔偿法对于刑事赔偿义务机关做了比较简单的规定，即刑事侦查、检察、审判职权的机关以及看守所、监狱管理机关及其工作人员在行使职权时侵权的，相应的机关为赔偿义务机关；对公民采取拘留措施，依照规定应当给予国家赔偿的，作出拘留决定的机关为赔偿义务机关；对公民采取逮捕措施后决定撤销案件、不起诉或者判决宣告无罪的，作出逮捕决定的机关为赔偿义务机关；再审改判无罪的，作出原生效判决的人民法院为赔偿义务机关。

但是司法实践中针对经过两个及以上的机关作决定的，仍然会出现机关之间互相推诿，赔偿请求权人无处申请赔偿的尴尬现象。为此，最高人民法院、最高人民检察院《关于办理刑事赔偿案件适用法律若干问题的解释》对赔偿义务机关采取的是后置设定方式，以有罪方式作出过最后处理的国家机关为赔偿义务机关，便于被追诉人申请赔偿。即明确规定对公民采取拘留措施后又采取逮捕措施，国家承担赔偿责任的，作出逮捕决定的机关为赔偿义务机关。

四、国家赔偿方式和标准

国家赔偿法规定赔偿标准的原则是，既要使受害人所受到的损失得到适当的弥补，又要考虑国家的经济和财力负担状况。2010 年国家赔偿法中规定了统一适用于行政赔偿和刑事赔偿的国家赔偿标准，并且相对于修订前的国家赔偿法，赔偿标准也在逐渐提高，体现了充分保障权利的救济观念。国家赔偿的方式，即国家承担赔偿责任的各种形式。由于损害的性质、情节、程度不同，赔偿的方式也有所不同。由于国家机关承担着国家运转的各项职能，为保证公务的正常履行，赔偿的方式应力求便捷易行，以避免国家机关陷入烦琐的个案纠缠之中而贻误公务。我国国家赔偿是以金钱赔偿为主要方式，以返还财产、恢复原状为补充。2015 年，最高人民法院、最高人民检察院发布的《关于办理刑事赔偿案件适用法律若干问题的解释》，在参考和借鉴民事赔偿规定的基础上规定了医疗费、护理费、残疾生活辅助器具费、误工减少的收入、残疾赔偿金、受害公民扶养的无劳动能力人的生活费的具体标准，包括具体的计算依据和计算方法。

（一）国家赔偿的计算标准

国家赔偿的计算标准，是指国家支付赔偿金赔偿受害人的损失时适用的标准。由于国家侵权损害的类型多种多样，损害造成的结果也各不相同，设定一个计算标准尤为重要。

赔偿标准大致有如下三种。

1. 惩罚性标准。侵权主体除向受害人补足其实际损失的费用外，还应支付额外的费用，这种额外的赔偿金超出了受害人的实际损失，带有惩罚的性质。

2. 补偿性标准。侵权主体支付的赔偿金仅仅是填平补齐受害人的实际损失。

3. 抚慰性标准。国家赔偿不足以填补受害人的实际损失，仅仅是象征性、安慰性的给予一定的补偿，这种赔偿的数额往往少于受害人的实际损失。

（二）国家赔偿法第三十六条第（八）项规定，“对财产权造成损害的，按照直接损失给予赔偿”；对于财产权的损害，国家赔偿采取直接损失赔偿原则，间接损失不予赔偿。那么，国家赔偿法中直接损失怎么算呢？遵循以下原则。

1. 损失的客观性。客观性，即真实性或实在性，已经发生的不依赖于人的意志而存在。笔者认为，对于财产直接损失的判断应当纳入客观性的考量因素。

2. 利益的必然性。必然性，即不可避免性和确定性，符合客观事物联系和发展的确定不移的趋势。因必然联系，也就涵涉了侵权行为与损害后果之间直接因果关系的当然存在。必然性因素就直接排除了那些可能发生也可能不发生的损失，只保留了必然发生的利益损失。倘若违法保全或执行的财产，并未被相对人予以出租，或者相对人在此期间并未租赁类似财产继续生产或生活，则不属直接损失范畴，不予赔偿。

3. 赔偿的公平性。国家赔偿法第三十六条第（三）（四）项均提及给付相应的赔偿金，至于赔偿金的计算标准则语焉不详。一般来说，财产已经灭失，应按照市场价格结合被损物品新旧程度进行估价予以赔偿，至于是按购物时的价格，还是按损坏时的价格，还是按作出赔偿决定时的价格（重置价），有待于立法或者司法解释明确。

4. 现有财产的界分点。国家赔偿属于特殊的侵权损害赔偿。侵权损害赔偿首要功能在于补偿受害人的损失，补偿功能在于使被害人重新处于如同损害事故未曾发生之处境。而损害填补功能的实现有赖于损害的准确计算，直接损失中的现有财产以侵权行为发生时抑或国家赔偿时进行界分就非常关键。由于赔偿标准与国家财力直接相关，基于当时的经济条件，我国的赔偿基本采取的是抚慰性标准。

五、国家赔偿程序

国家赔偿程序是指国家机关受理解决国家赔偿纠纷所要遵循的步骤、顺序、方式和时限的总和。对国家赔偿请求人来说，这一程序是获得国家赔偿、实现权利救济的途径和手段。对国家赔偿义务机关来说，是确定其赔偿义务和责任的程序。对人民法院来说，则是最终解决国家赔偿纠纷案件的程序。我国国家赔偿法分别就行政赔偿和司法赔偿规定了不同的程序。其最大的区别在于行政赔偿可以由法院通过诉讼的方式解决，而司法赔偿则是法院通过非诉的方式解决。

以案释法 9：某公司申请某市中级人民法院错误执行国家赔偿案

【法律要点】

人民法院执行行为确有错误造成申请执行人损害，因被执行人无清偿能力且不可能再有清偿能力而终结本次执行的，不影响申请执行人依法申请国家赔偿。

【案情简介】

1997 年 11 月 7 日，交通银行丹东分行与丹东轮胎厂签订借款合同，约定后者从前者借款 422 万元，月利率 7.92‰。2004 年 6 月 7 日，该笔债权转让给我国信达资产管理公司沈阳办事处，后经转手由丹东益阳投资有限公司（以下简称益阳公司）购得。2007 年 5 月 10 日，益阳公司提起诉讼，要求丹东轮胎厂还款。5 月 23 日，丹东市中级人民法院（以下简称丹东中院）根据益阳公司财产保全申请，作出〔2007〕丹民三初字第 32-1 号民事裁定：冻结丹东轮胎厂银行存款 1050 万元或查封其相应价值的财产。次日，丹东中院向丹东市国土资源局发出协助执行通知书，要求协助事项为：查封丹东轮胎厂位于丹东市振兴区振七街 134 号土地六宗，并注明了各宗地的土地证号和面积。2007 年 6 月 29 日，丹东中院作出〔2007〕丹民三初字第 32 号民事判决书，判决丹东轮胎厂于判决发生法律效力后 10 日内偿还益阳公司欠款 422 万元及利息 6209022.76 元（利息暂计至 2006 年 12 月 20 日）。判决生效后，丹东轮胎厂没有自动履行，益阳公司向丹东中院申请强制执行。

2007 年 11 月 19 日，丹东市人民政府第 51 次市长办公会议议定，“关于丹东轮胎厂变现资产安置职工和偿还债务有关事宜”，“责成市国资委会同市国土资源局、市财政局等有关部门按照会议确定的原则对丹东轮胎厂所在地块土地挂牌工作形成切实可行的实施方案，确保该地块顺利出让”。11 月 21 日，丹东市国土资源局在《丹东日报》刊登将丹东轮胎厂土地挂牌出让公告。12 月 28 日，丹东市产权交易中心发布将丹东轮胎厂锅炉房、托儿所土地挂牌出让公告。2008 年 1 月 30 日，丹东中院作出〔2007〕丹立执字第 53-1 号、53-2 号民事裁定：解除对丹东轮胎厂位于丹东市振兴区振七街 134 号三宗土地的查封。随后，前述六宗土地被一并出让给太平湾电厂，出让款 4680 万元被丹东轮胎厂用于偿还职工内债、职工集资、普通债务等，但没有给付益阳公司。

自 2009 年起，益阳公司多次向丹东中院递交国家赔偿申请。丹东中院于 2013 年 8 月 13 日立案受理，但一直未作出决定。益阳公司遂于 2015 年 7 月 16 日向辽宁省高级人民法院（以下简称辽宁高院）赔偿委员会申请作出赔偿决定。在辽宁高院赔偿委员会审理过程中，丹东中院针对益阳公司申请执行案于 2016 年 3 月 1 日作出〔2016〕辽 06 执 15 号执行裁定，认为丹东轮胎厂现暂无其他财产可供执行，裁定：〔2007〕丹民三初字第 32 号民事判决终结本次执行程序。

【裁判结果】

辽宁省高级人民法院赔偿委员会于 2016 年 4 月 27 日作出〔2015〕辽法委赔字第 29 号决定，驳回丹东益阳投资有限公司的国家赔偿申请。丹东益阳投资有限公司不服，向最高人民法院赔偿委员会提出申诉。最高人民法院赔偿委员会于2018年3月22日作出〔2017〕最高法委赔监236号决定，本案由最高人民法院赔偿委员会直接审理。最高人民法院赔偿委员会于2018年6月29日作出〔2018〕最高法委赔提3号国家赔偿决定：一、撤销辽宁省高级人民法院赔偿委员会〔2015〕辽法委赔字第29号决定；二、辽宁省丹东市中级人民法院于本决定生效后5日内，支付丹东益阳投资有限公司国家赔偿款300万元；三、准许丹东益阳投资有限公司放弃其他国家赔偿请求。

【以案释法】

最高人民法院赔偿委员会认为，本案基本事实清楚，证据确实、充分，申诉双方并无实质争议。双方争议焦点主要在于三个法律适用问题：第一，丹东中院的解封行为在性质上属于保全行为还是执行行为？第二，丹东中院的解封行为是否构成错误执行，相应的具体法律依据是什么？第三，丹东中院是否应当承担国家赔偿责任？

第一个焦点问题。益阳公司认为，丹东中院的解封行为不是该院的执行行为，而是该院在案件之外独立实施的一次违法保全行为。对此，丹东中院认为属于执行行为。最高人民法院赔偿委员会认为，丹东中院在审理益阳公司诉丹东轮胎厂债权转让合同纠纷一案过程中，依法采取了财产保全措施，查封了丹东轮胎厂的有关土地。在民事判决生效进入执行程序后，根据《最高人民法院关于人民法院民事执行中查封、扣押、冻结财产的规定》第四条的规定，诉讼中的保全查封措施已经自动转为执行中的查封措施。因此，丹东中院的解封行为属于执行行为。

第二个焦点问题。益阳公司称，丹东中院的解封行为未经益阳公司同意且最终造成益阳公司巨额债权落空，存在违法。丹东中院辩称，其解封行为是在市政府要求下进行的，且符合最高人民法院的有关政策精神。对此，最高人民法院赔偿委员会认为，丹东中院为配合政府部门出让涉案土地，可以解除对涉案土地的查封，但必须有效控制土地出让款，并依法定顺位分配该笔款项，以确保生效判决的执行。但丹东中院在实施解封行为后，并未有效控制土地出让款并依法予以分配，致使益阳公司的债权未受任何清偿，该行为不符合最高人民法院关于依法妥善审理金融不良资产案件的司法政策精神，侵害了益阳公司的合法权益，属于错误执行行为。

至于错误执行的具体法律依据，因丹东中院解封行为发生在2008年，故应适用当时有效的司法解释，即2000年发布的《最高人民法院关于民事、行政诉讼中司法赔偿若干问题的解释》。由于丹东中院的行为发生在民事判决生效后的执行阶段，属于擅自解封致使民事判决得不到执行的错误行为，故应当适用该解释第四条第七项规定的违反法律规定的其他执行错误情形。

第三个焦点问题。益阳公司认为，被执行人丹东轮胎厂并非暂无财产可供执行，而是已经彻底丧失清偿能力，执行程序不应长期保持“终本”状态，而应实质终结，故本案应予受理并作出由丹东中院赔偿益阳公司落空债权本金、利息及相关诉讼费用的决定。丹东中院辩称，案涉执行程序尚未终结，被执行人丹东轮胎厂尚有财产可供执行，益阳公司的申请不符合国家赔偿受案条件。对此，最高人民法院赔偿委员会认为，执行程序终结不是国家赔偿程序启动的绝对标准。一般来讲，执行程序只有终结以后，才能确定错误执行行为给当事人造成的损失数额，才能避免执行程序和赔偿程序之间的并存交叉，也才能对赔偿案件在穷尽其他救济措施后进行终局性的审查处理。但是，这种理解不应当绝对化和形式化，应当从实质意义上进行理解。在人民法院执行行为长期无任何进展、也不可能再有进展，被执行人实际上已经彻底丧失清偿能力，申请执行人等已因错误执行行为遭受无法挽回的损失的情况下，应当允许其提出国家赔偿申请。否则，有错误执行行为的法院只要不作出执行程序终结的结论，国家赔偿程序就不能启动，这样理解与国家赔偿法以及相关司法解释的目的是背道而驰的。本案中，丹东中院的执行行为已经长达11年没有任何进展，其错误执行行为也已被证实给益阳公司造成了无法通过其他渠道挽回的实际损失，故应依法承担国家赔偿责任。辽宁高院赔偿委员会以执行程序尚未终结为由决定驳回益阳公司的赔偿申请，属于适用法律错误，应予纠正。

至于具体损害情况和赔偿金额，经最高人民法院赔偿委员会组织申诉人和被申诉人进行协商，双方就丹东中院〔2007〕丹民三初字第32号民事判决的执行行为自愿达成如下协议：（一）丹东中院于本决定书生效后5日内，支付益阳公司国家赔偿款300万元；（二）益阳公司自愿放弃其他国家赔偿请求；（三）益阳公司自愿放弃对该民事判决的执行，由丹东中院裁定该民事案件执行终结。

以案释法10：申请法定赔偿的种类和方式应符合国家赔偿范围

【法律要点】

法定赔偿是国家赔偿的基本原则，其赔偿种类和方式均应依法进行，补办护照和解决签证不属于国家赔偿案件审理范围。

【案情简介】

张某于2012年5月23日以违法执行给其造成重大损失为由，向法院请求国家赔偿，其赔偿请求额是目前我国最高的，达3亿元人民币，并且请求事项也多达七项：（一）为申请人办理护照；（二）赔偿申请人自2005年7月至今82个月的生活费；（三）赔偿申请人经济损失3021万美元；（四）赔偿申请人今后国外生活费1000万美元；（五）赔偿申请人精神损害20万美元；（六）解决申请人无法出境在我国境内的签证、居住、生活、医疗问题；（七）在当地晚报和互联网赔礼道歉、恢复名誉、消除影响。

经审理查明：张某与曲某不当得利一案，青岛中院〔2003〕青民四初字第325号民事判决，判令张某返还曲某190余万元，山东省高院〔2004〕鲁民一终字第268号判决维持一审判决。青岛中院遂于2004年11月15日，以张某可供执行财产在烟台为由，委托烟台中院，并由烟台中院指定张某祖籍所在地的芝罘区法院执行。芝罘区法院于2005年4月14日立案执行后，因张某拒不履行，法院前后采取了2005年7月26日暂扣护照、同年9月22日限制出境和2008年11月17日上级法院在当地晚报公布包括张某在内一批债务人不履行义务信息等三项措施。但即便如此，张某也没有履行判决义务。

在法院依法暂扣护照过程中，张某出现了明显过错，造成了以后护照难以补办的后果。

在法院调查笔录中，张某承认自己这次是从国外回来探亲，坚决不同意付款，要求申诉，但同意扣留护照。在法院向其送达的〔2005〕芝执字第2579号决定书中明确向其释明，根据外国人入境出境管理法第二十三条第（二）项的规定，决定暂扣留其护照，扣留期间暂不得出境，直至本案得以解决或提供有效担保为止。此时，张某若能提供担保，问题也就迎刃而解，可惜其并没有这样做。

之后因张某入境有期限，逾期不回国须持护照每三个月在当地公安办理延期手续，故芝罘区法院多次电话通知甚至在当地晚报和《人民法院报》上公告通知张某来院领取护照办理延期。在有据可查的报纸公告上，芝罘区法院明确释明逾期不来领取，造成护照过期或作废，一切责任自负。张某此后虽称其看到了公告，但结果是其对之仍不予理睬。故法院将护照交给当地公安办理护照延期，并留在该处保管。

在此期间，张某隐瞒护照被司法扣留的实情，私自到所在国驻上海领事馆重新补办了新护照。新护照也到期后，领事馆此时已知悉实情而拒绝给予张某再续期，故张某向法院要求返还已被扣留在当地公安的原护照。经张某与本院一起到当地公安联系，当地公安以该护照因未再办理延期已过期为由不同意返还。之后为了给张某补办护照，当地公安为其出具了张某个人护照报失的证明。后来，张某称，当其持该证明到所在国驻华大使馆补办护照时，被驻华使馆以该证明与护照实为司法扣留事实不符为由而拒绝补办。

以上三方面情况，已清楚地反映了张某在护照问题上的个人责任。

另查明，因张某在烟台无可供执行财产，芝罘区法院于2010年5月11日将该执行案件退回青岛中院。又因申请人张某对作为执行依据的青岛中院的判决一直不服，遂由张某启动了我国旨在能够纠正错案的申诉机制。2009年12月18日，最高人民法院指令山东省高院再审，山东省高院于2010年9月7日裁定撤销了原一、二审判决，并发回青岛中院重审。青岛中院于2011年4月12日判决驳回了曲某的诉讼请求，山东省高院于2011年11月1日二审维持了该判决。基于原执行依据被撤销，原审已改判的新情况，青岛中院于2011年4月22日向烟台中院发出了请求解除对张某限制出境措施的公函，芝罘区法院于同年8月4日作出了解除对张某出境限制裁定。2012年5月23日，张某以芝罘区法院执行中违法扣留护照使其无法出国造成国外公司重大损失等理由，向芝罘区法院申请天价的国家赔偿。

【裁判结果】

山东省烟台市芝罘区人民法院经审理认为，该案是由青岛中院委托烟台中院并由烟台中院指定本院执行的，故执行授权于法有据。执行措施并无不当，与申请人损失也无因果关系，故不构成国家赔偿。对张某的7项国家赔偿的申请全部予以驳回，不予赔偿。

【以案释法】

申请人的请求虽然多达七项，但根据相同的法律关系，可以分为以下三方面。

第一，根据民事诉讼法第一百七十八条和第二百一十条、国家赔偿法第三十八条，以及最高人民法院《关于民事、行政诉讼中司法赔偿若干问题的解释》第7条第（7）项的规定，张某执行中认为原判决错误，应当依法先履行交付160万人民币的义务，然后予以申请再审；但张某却怠于履行该法定义务，为此所造成的不利后果均应当由其个人承担。故张某申请赔偿其自2005年7月起共82个月的所有生活费的第二项请求、各项经济损失3021万美元的第三项请求，以及今后在国外生活费用1000万美元的第四项请求，与本院执行无法律上因果关系，依法不能支持，本院对其请求的真实性亦不予审查。

第二，外交部、最高人民法院等六部门的《关于处理涉外案件若干问题的规定》对司法机关扣留外国人护照进行了规范，据此法院执行中扣留护照是法律允许的。本院扣留护照后，又因被执行人仍拒不履行法律义务，本院对张某作出了限制出境的决定，并经烟台中院上报到省高院涉外办公室，这也符合上述六部门规定。张某提出补办护照签证等问题，因该护照过期及张某提出丢失的原因均不在本院，而且护照是否补办亦不是本院的职权所在，所以张某要求本院补办护照的第一项请求，以及解决其至今无法出境在我国境内的签证等问题的第六项请求，均不属于国家赔偿范围。

第三，民事诉讼法第二百三十一条规定，被执行人不履行法律文书确定的义务的，人民法院可以通过媒体公布不履行义务信息。因张某多年不执行生效判决，法院对包括张某在内的一批不履行生效判决人员信息在报纸刊登，只是对其不履行义务信息的公布，不是新闻报道，法院公布信息的行为符合相关法律规定。因此张某称本院对其案件报道给其造成精神名誉损害，要求赔偿精神损害20万美元的第五项请求，以及在当地晚报和互联网赔礼道歉、恢复名誉、消除影响的第七项请求，不符合国家赔偿法第三十五条的规定，不予支持。

本案阐明以下三个法律问题。

第一，当事人认为原判决错误，应先履行原判决或提供担保，后申请再审。否则即使将来原判决被撤销，也不能否定法院对原判决执行的合法性。

本案系据以执行之生效法律文书错误的情形，国家依法不承担赔偿责任。民事诉讼法第一百七十八条规定："当事人对生效判决不服可以申请再审，但申请期间不停止原生效判决的执行。"第二百一十条规定："执行完毕后，据以执行的判决、裁定和其他法律文书确有错误，被人民法院撤销的，对已被执行的财产，人民法院应当作出裁定，责令取得财产的人返还；拒不返还的，强制执行。"可见，在法律体系的理性设计中，已对当事人确有冤屈但处于被执行人地位时设立了申请再审的救济制度。本案中，被执行人张某认为原判错误，应当按照法律设定的程序先履行判决，然后有权另行申请再审。特别是司法实践中，执行法官在决定书中灵活允许张某可以先行提供担保，这就更平衡了各方权利。但是张某没有这么做，在法院告知不履行后果情形下，仍放任自己所称的直接间接的不利后果的发生。故基于申请人张某没有法律至上观念的法律过错，以及法院执行合法有据，本案的国家赔偿并不成立。该案对理解国家赔偿的因果关系，破解法院执行难，以及申请人依法维权，有很强的现实意义。

第二，法定赔偿是国家赔偿的基本原则，其赔偿种类和方式均应依法进行，故补办护照和签证不属于国家赔偿案件审理范围。

国家赔偿法第二条规定："有本法规定的侵犯合法权益造成损害的，受害人有取得国家赔偿的权利。"由此确定了国家赔偿的种类和方式均应依照国家赔偿法执行的法定赔偿的基本原则。国家赔偿法第三十八条规定："人民法院在民事诉讼中，违法采取对妨害诉讼的强制措施而造成损害的，赔偿请求人有取得赔偿的权利。"最高人民法院《关于民事、行政诉讼中司法赔偿若干问题的解释》第二条规定："违法采取对妨害诉讼的强制措施，是指违法的司法拘留和罚款，违反法律规定的其他情形。"现本案扣留护照和限制出境不属于司法拘留和罚款，也不属于违反法律规定。即便因为它剥夺了当事人出境自由而勉强归为侵犯人身自由权，却又与国家赔偿法规定的以羁押天数赔偿的法定赔偿方式不相符。故扣留护照和限制出境不属于国家赔偿法中可赔偿的司法行为种类，也不属于法定赔偿方式，补办护照、签证不属于国家赔偿审理范围。本案虽进行了延伸审理，但因护照过期责任在申请人，决定能否补办亦非法院职权。

第三，法院执行可以通过媒体公布不履行义务信息，即使原判被撤销，可以根据纠正的法律文书向媒体寻求更正，申请国家赔偿无依据。

根据民事诉讼法第二百三十一条："被执行人不履行法律文书确定的义务的，人民法院可以通过媒体公布不履行义务信息。"最高人民法院《关于适用民事诉讼法执行程序若干问题的解释》第三十九条规定："执行法院可以依职权将被执行人不履行法律义务的信息，通过报纸、广播、电视、互联网等媒体公布。"因此法院当时根据生效判决在报纸公布信息合法有据，申请人要求精神损害赔偿的请求不符合国家赔偿法第三十五条的规定。事实上，申请人现在既已通过再审程序得到改判，也并非没有救济途径，其法律依据可以参照最高人民法院《关于审理名誉权案件若干问题的解释》第六条之规定，"新闻单位根据国家机关依职权制作的公开的文书和实施的公开的职权行为所作的报道，其报道客观准确的，不应当认定为侵害他人名誉权；其报道失实，或者前述文书和职权行为已公开纠正而拒绝更正报道，致使他人名誉受到损害的，应当认定为侵害他人名誉权"。可见，申请人完全可以根据已依法纠正的法律文书向报社寻求更正，向法院提出精神损害赔偿无法律依据。

以案释法 11：某公司诉某国家税务局税务管理决定附带国家赔偿案

【法律要点】

税务机关应当严格依照法定职权和法定程序，对非正常户作出认定和给予相应的处罚。

【案情简介】

上海某企业管理咨询有限公司（以下简称某公司）诉称：上海市某区国家税务局（以下简称某国税局）未在行政复议举证期限内提供证据，违反规定；未组织召开听证会，程序违法。上海市某区国家税务局第五税务所（以下简称第五税务所）采取公告方式送达税务文书不合法，其提供的调查现场照片无具体时间、执法人员，缺乏拍摄时间。第五税务所剥夺了某公司陈述和申辩权的事实。第五税务所作出的非正常户认定行为违法，虽已解除，但仍应在税务系统撤销对某公司的非正常户认定公告，消除影响，恢复某公司的名誉和信用，赔偿某公司往来某的交通费、通信费、信件邮寄费用。某公司的诉讼请求：（1）撤销第五税务所作出的沪国税崇五简罚〔2016〕10011号税务行政处罚决定，并返还人民币（以下税种均为人民币）1000元及其银行利息；（2）撤销某国税局作出的沪国税崇复决〔2017〕1号税务行政复议决定；（3）撤销第五税务所对某公司作出的非正常户认定；（4）第五税务所和某国税局代其工作人员向某公司公开赔礼道歉，并在公告栏上进行公示；(5) 由第五税务所赔偿某公司因复议产生的交通费、通信费、邮费、咨询费等各项费用计1000元。

第五税务所辩称：某公司未申报2016年8月的个人所得税，根据《税收征收管理法实施细则》第一百零六条的规定，进行网上公告，限包括某公司在内的相关企业限期整改。由于某公司逾期未整改，第五税务所在现场检查后，根据《税务登记管理办法》第四十条对某公司作出非正常户的认定。在对某公司按简易程序作出行政处罚前，在税务所的办事窗口对某公司进行了口头的事先告知。现鉴于作出行政处罚的主体不适格，第五税务所自行撤销被诉的行政处罚决定，请求法院依法判决。

某国税局辩称：其作为税务行政复议机关，已履行了法定的复议职责，鉴于第五税务所自行撤销被诉行政处罚决定，故某税务局也撤销被诉的行政复议决定。请求法院依法判决。

法院经审理查明：2016年9月19日，上海市地方税务局某县分局网站发布公告，向包括某公司在内的1154户单位，送达崇地税限改〔2016〕9号责令限期改正通知书，告知被送达单位因其未按照《税收征收管理法》第二十五条及相关法律法规规定的期限办理纳税申报和报送纳税资料，限其于2016年10月21日前到上海市地方税务局某分局各办税服务厅进行纳税申报与报送纳税资料，改正税务违法行为，如逾期仍不改正的，将按照《税收征收管理法》《税务登记管理办法》的相关规定进行处理。2016年11月29日，某公司因发现无法正常开具发票，公司处于非正常户状态，故前往注册地税务机关询问。第五税务所当场对某公司作出沪国税崇五简罚〔2016〕10011号税务行政处罚，决定罚款1000元，某公司缴纳了罚款。上海市某区国家税务局第七税务所于当天解除了对某公司的非正常户认定。某公司对处罚决定不服，向某国税局申请行政复议。某国税局经审理于3月2日作出沪国税崇复决〔2017〕1号行政复议决定，维持了上述处罚决定。

【裁判结果】

一审人民法院于2017年9月15日作出行政判决：(一) 确认第五税务所于2016年11月4日对某公司所作的非正常户认定违法；(二) 驳回某公司的其余诉讼请求。

判决后，某公司不服，提出上诉。

二审人民法院于2018年2月8日作出行政判决：(一) 维持一审人民法院行政判决第一项；(二) 撤销一审法院行政判决第二项；(三) 确认第五税务所作出《税务行政处罚决定书（简易）》的行政行为违法。第五税务所应退还某公司罚款1000元及自2016年11月29日起至退还日止的利息（以1000元为基数、按银行同期存款利率计算）；(四) 确认某国税局作出的《税务行政复议决定书》的行政行为违法；(五) 驳回某公司的其他诉讼请求。

【以案释法】

第五税务所在某公司经公告限期改正而未改正的情形下，对某公司的检查流于形式，第五税务所亦未能提供充分证据证明某公司查无下落并且无法强制履行义务，故第五税务所作出非正常户认定，依据不足。因该非正常户认定已经被解除，不具有可撤销内容，一审法院依法确认其违法的判决正确。

根据《国务院办公厅转发国家税务总局关于组建在各地的直属税务机构和地方税务局实施意见的通知》，个人所得税由地方税务局负责征收和管理。第五税务所系国税局下属的税务所，对某公司未申报个人所得税行为作出处罚主体不适格。在二审审理期间，第五税务所经法院释明后，以其作出的行政处罚决定的主体不适格为由，自行撤销沪国税崇五简罚〔2016〕10011号税务行政处罚决定。某国税局也自行撤销沪国税崇复决〔2017〕1号税务行政复议决定。因此，被诉行政处罚决定已无可撤销的内容，依法确认其违法。某公司要求第五税务所退回罚款的请求应予支持。关于某公司要求赔礼道歉并进行公示的诉讼请求。根据《国家赔偿法》第三十五条的规定，只有行政机关作出的行政行为在侵犯人身权的同时，还造成受害人精神损害的，行政机关才承担消除影响、恢复名誉、赔礼道歉的责任。某公司不存在人身权受侵害的情形，故该项诉讼请求不符合法律规定，不予支持。某公司要求赔偿交通费、通信费、信件邮寄费等支出的请求，在一审审理中未能提供相关证据予以证明，且交通费等损失并非《国家赔偿法》第三十六条所规定的直接损失，也不予支持。